BIBLIOTHÈQUE DU VOYAGEUR

LE GRAND GUIDE DE LA SUÈDE

Traduit de l'anglais et adapté par Kristina Beckers

GALLIMARD

Aucun guide de voyage n'est parfait. Des erreurs, des coquilles se sont certainement glissées dans celui-ci, malgré toutes nos vérifications. Les informations pratiques, adresses, numéros de téléphone, heures d'ouverture, peuvent avoir été modifiés ; certains établissements cités peuvent avoir disparu. Nous serions très reconnaissants à nos lecteurs de nous faire part de leurs commentaires, de nous suggérer des corrections ou des compléments qui pourront être intégrés dans la prochaine édition.

1er dépôt légal : février 1992
Dépôt légal : juillet 2000
N° d'édition : 97181
ISBN : 2-07-056667-6

Imprimé à Singapour

CEUX QUI ONT FAIT CE GUIDE

La personne qui, nommée par les éditions Apa, installées à Singapour, fut responsable d'édition pour le *Grand Guide de la Suède* est la journaliste écossaise **Doreen Taylor**. C'est elle qui a réuni les équipes de rédacteurs et de photographes. On lui doit par ailleurs la rédaction de plusieurs chapitres, dont « Stockholm », « la capitale européenne que je préfère ! », selon ses termes.

Inga Wallerius n'est pas suédoise pour rien : amoureuse de son pays, passionnée de culture lapone et membre de l'association Greenpeace, elle a écrit les chapitres « Les Samis » et « Une nature à préserver ». Sa compatriote **Anita Oxburgh** a émigré en Écosse. Producteur indépendant d'émissions télévisées à Édimbourg, elle est l'auteur de « Non-alliance et neutralité », « La Suède méridionale », et « Le Göta Kanal ».

Les autres collaborateurs sont américains ou britanniques. Cela dit, **Terence Greenwood**, marié à une Suédoise, se demande parfois s'il n'est pas plus suédois que les Suédois… On lui doit le chapitre « Vive le sport ». **Bob Skole**, qui lui aussi a épousé une Suédoise et pris sa carte chez les Verts, a écrit « Une industrie prospère » et « Le nucléaire en question ».

Correspondant à Stockholm pour le *Financial Times*, **Jack Burton** est l'auteur de l'important chapitre « La société suédoise, un modèle ? ».

Taylor

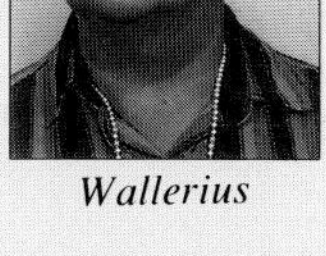

Wallerius

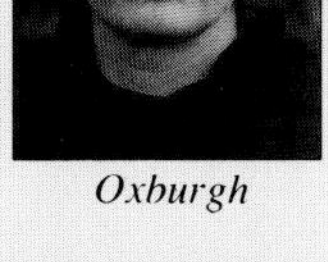

Oxburgh

Le journaliste **Louis Borgia** est lui aussi correspondant en Suède pour plusieurs journaux américains. Pour ce guide, il a écrit « Finno-finnois, finno-suédois et suédo-finnois ». **H.J. Hardy** est l'auteur de « Cultiver la tradition » et « Les environs de Stockholm », et, en collaboration avec Doreen Taylor, il a rédigé les premiers chapitres de la partie historique.

Trois journalistes britanniques se sont partagé l'essentiel de la partie « Itinéraires » : **Philip Ray** (« La route du Verre », « La Dalécarlie » et « Sur la rive du lac Siljan »), **Robert Spark's** (« La côte ouest », « La région des grands lacs », « Les provinces du Centre », « La Laponie » et « Le Nord-Est ») et **John Lloyd** (« Le traîneau à chiens »).

Les éditions Apa remercient tout spécialement l'office du tourisme suédois installé à Londres pour sa collaboration, ainsi que **Barbro Hunter** et **Brian Bell** qui, depuis la capitale anglaise, ont coordonné les différentes étapes de la réalisation du présent ouvrage.

La traduction française de ce guide a été assurée par **Kristina Beckers**, d'origine suédoise et diplômée de l'École supérieure d'interprétariat et de traduction (E.S.I.T.). Enfin, le lecteur ne manquera pas de remarquer les huit dessins qui égayent les « Informations pratiques », et que nous devons à **Vincent Brunot**.

Borgia

Ray

Greenwood

Lloyd

TABLE

TABLE

TABLE

Cartes

LA SUÈDE EN BREF

Capitale :	Stockholm (667 000 habitants ; 1,6 million avec l'agglomération)
Superficie :	450 000 km^2 (dont 38 500 km^2 d'eaux intérieures)
Point culminant :	le Kebnekaise (2 117 m)
Population :	8,9 millions d'habitants (dont 15 000 Samis)
Densité :	20 habitants/km^2
Population urbaine :	84 %
Nature du régime :	monarchie parlementaire
Chef de l'état :	le roi Charles XVI Gustave
Politique commerciale :	la Suède est membre de l'Union européenne depuis le 1er janvier 1995
Religion :	le protestantisme luthérien (95 %)
Saints patrons :	Brigitte de Suède (luthériens, le 8 octobre) Erik (catholiques, le 18 mai)
Fête nationale :	le 6 juin (élection de Gustave Vasa en 1523 et constitution de 1809)
Langue :	le suédois
Monnaie :	la couronne suédoise

TELEFON
TELEFON
TELEFONAUTOMAT FÖR
5 kr 1 kr 50 öre

Brorssons
SMÖGEN
RESTAURANG
KONDITORI
SERVICEBUTIK
TELEFON
TELEFON

HAWAIIAN
Tropic

DUX
SIEMENS

Land den naturliga veckotidningen
SABO
KUSTLINJEN

L'IDENTITÉ NATIONALE

La Suède étant le plus grand (et un des plus prospères) pays scandinave, ses habitants tendent à se considérer comme supérieurs à leurs frères nordiques. Il existe ainsi un répertoire infini de railleries sur le compte des Norvégiens, ces « grands naïfs aux yeux bleus », qui sont aux Suédois ce que les Belges sont aux Français. Leurs relations avec les Danois relèvent plutôt de la rivalité, tradition oblige. Pis encore, entre Suédois et Danois, on ne se comprend pas. Outre les problèmes de compréhension dûs aux prononciations (le fameux coup de glotte danois), les mentalités semblent par trop divergentes. Surtout, les Danois sont depuis longtemps membres de la Communauté européenne, à la différence des Suédois qui cultivent une vocation isolationniste (ils ont attendu la « crise d'octobre 1990 » pour faire leur demande d'adhésion à la C.E.E.). Et, pour un Suédois, se rendre au Danemark, c'est déjà mettre un pied sur le continent.

Même s'ils bénéficient d'une qualité de vie exceptionnelle, d'un mode de vie symbolisé par les notions de modernité et de confort, les Suédois ont su garder une certaine sagesse rurale. Enclins à la méditation (le terme *grubbla*, intraduisible, contient l'idée de réflexion et d'introversion) ils passent pour être des gens réservés et sérieux. Bien entendu ils savent rire, et ils partagent ce sens de l'humour propre aux petites communautés et si hermétique pour l'étranger. D'ailleurs, les critiques les plus sévères à l'encontre de la société suédoise sont colportées par des Suédois et entre Suédois. Cela ne les empêche pas d'entretenir un chauvinisme certain, une espèce d'auto-satisfaction qui ne va pas sans irriter les compatriotes scandinaves. Au plus profond d'eux-mêmes, les Suédois savent que leur situation actuelle est le résultat d'efforts constants, de leur aptitude à appliquer une série de principes fondamentaux : ne pas agir individuellement aux dépens d'autrui, avoir le sens de la coopération, respecter les valeurs communément établies et croire en la société. Et s'ils surmontent leurs divergences c'est bien au nom du compromis, ce fameux consensus qui n'est autre que l'expression de l'amour qu'ils portent à leur pays.

Pages précédentes : Fiskargubben, *dans la ville Hudiksvall ; parade de la marine nationale à Nynäshamm ; couleurs crépusculaires à Smögen, dans la Bohuslän ; ambiance estivale ; l'hôtel de ville et le quartier moderne de Stockholm. A gauche, fier navigateur.*

Le sens de la cohésion sociale

A l'étranger, le Suédois, tout comme le Français, reste farouchement patriote et ne manque pas une occasion d'établir des comparaisons entre le pays qu'il visite et le sien, et ce, bien sûr, toujours en faveur de sa terre natale. Cependant c'est à juste titre qu'il pourra parfois exprimer sa fierté d'être suédois. Il pourra se vanter d'un pays qui n'a pas de miséreux et de sans-abris ; qui, moyennant les impôts les plus élevés au monde, offre la meilleure couverture sociale ; et qui fait partie des nations les plus généreuses en matière d'aide au développement international.

Les Suédois ont un goût prononcé pour le débat, qui repose obligatoirement sur une exposition franche et directe de leurs opinions. Quotidien mais efficace, le débat collectif consiste à mettre en avant le pour et le contre d'une question, aussi minime soit-elle. Ce que, en France, nous pourrions considérer comme des discussions de couloir, fait chez eux l'objet de véritables concertations. La principale caractéristique du débat à la suédoise est de se concentrer unanimement sur un sujet unique. Les débats ne sont pas le fait des autorités, des journalistes ou de quelque mouvement politique. Tout le monde y prend part, aussi bien dans les foyers, au travail, qu'au sein de cercles d'études. Cet état d'esprit va de pair avec la notion de vie en communauté, clef de voûte des civilisations nordiques. L'idée d'appartenir à un clan et, plus généralement, à une collectivité est profondément ancrée dans les mentalités scandinaves et remonte à la nuit des temps. C'est que sous ces latitudes, où le froid et l'obscurité règnent pendant la moitié de l'année, on ne peut survivre qu'avec un esprit de solidarité. Le Suédois perpétue cette forme de société patriarcale et se sent concerné par les faits et gestes de son voisin. Il lui fait part en toute liberté de ses points de vue. Le sens collectif est voisin des idées d'organisation et de paix qui sont illustrées aujourd'hui par le rôle de l'*ombudsman*. Ce terme, aujourd'hui universel, désigne une autorité chargée de servir d'arbitre, de médiateur entre deux partis. S'il est mondialement connu comme personnalité diplomatique intervenant entre divers pays, l'*ombudsman* correspond en Suède à un avocat du peuple intervenant pour défendre le citoyen qui se sent lésé par l'administration publique. C'est lui qui décèle les éventuels défauts de la machine administrative et qui réclame des réformes.

Liberté et tempérance

Il est un mythe largement répandu dans le monde selon lequel la Suédoise est forcément grande, blonde et... nymphomane. La liberté des mœurs est certes une réalité en Scandinavie, mais elle ne saurait traduire un quelconque dérèglement. Le fait est que depuis longtemps, les Suédois ont admis et respecté le principe du concubinage *(sambo)* déjà revendiqué, en 1838, par le grand écrivain C.J.L. Almquist, dans *Cela peut aller*. Mais c'est là un aspect d'autant plus difficile à apprécier qu'il se double d'une mentalité puritaine issue du protestantisme. Le mot suédois *lagom* reflète à merveille la mentalité et le mode de vie des Suédois : ce « ni plus ni moins », « juste assez » résume en un mot la fameuse « voie du milieu ».

En revanche, la Suède est loin d'être laxiste en matière de consommation d'alcool, qui relève de la morale d'abstinence et des mouvements de tempérance traditionnels. Cela se traduit par des prix prohibitifs dans les restaurants et les bars, par l'obligation de se restaurer pour consommer des boissons d'une teneur supérieure à 3,6°, par des horaires d'ouverture restrictifs des System bolaget (monopoles de l'État), par une pénalisation très sévère pour conduite en état d'ivresse. En fait ces mesures provoquent des comportements excessifs. Ainsi se rend-on à une soirée muni de sa propre bouteille que l'on consomme personnellement. Cette habitude est assortie d'une autre coutume, *grunda* : on s'assure d'un état d'ébriété satisfaisant en buvant chez soi avant de se rendre à une soirée. Si le métro stockholmois est très calme en semaine, on assiste, le vendredi et le samedi soir à une débauche de chansons paillardes et de plaisanteries grivoises. Le métro n'en devient pas dangereux pour autant car la majorité des Suédois rentrent en taxi. L'alcool au volant est socialement inacceptable, et après une soirée ou un dîner on se fait ramener par un taxi ou par un *nykterist* (abstentionniste) désigné volontaire. Ces abus ne durent que le temps d'un week-end.

Fêtes et vie en plein air

Le visiteur pourra également juger de la cohésion sociale lors des jours de fête, qui sont particulièrement propices aux manifestations patriotiques. Le ciel suédois se pare alors de mille et un drapeaux jaune et bleu. Certes, les couleurs nationales ne servent pas à décorer bermudas et tee-shirts ; les Suédois, respectueux de nature, se contentent de hisser leurs couleurs partout où ils le peuvent : dans les rues, dans les magasins, dans leur jardin, à l'arrière de leur bateau. De même, en été, les eaux de Stockholm sont parsemées d'une myriade de petits rectangles d'azur et d'or voguant vers l'archipel. Les Suédois revêtent à ces occasions leurs tenues traditionnelles, chantent et dansent au son de mélodies anciennes. La reine Silvia, d'origine allemande, a su conquérir les Suédois en arborant, lors de la fête nationale, ou à l'occasion de la nuit de la Saint-Jean, le costume jaune et bleu. Les fameuses *stugor* sont repésentatives à la fois de la mentalité et des paysages suédois. Ces maisons de bois, souvent transmises de génération en génération, ont gardé leur caractère authentique. Au début du siècle, 90 % de la population vivait encore de la terre, si bien que le pays a pu conserver un nombre impressionnant de *gård*, des propriétés rurales pouvant regrouper plusieurs habitations, et de maisons de campagne. Il existe une variété infinie de *stugor*. Elles peuvent aller du plus rustique au plus sophistiqué, de la simple cabane, au pavillon luxueux. Nombre d'entre elles allient subtilement décoration traditionnelle et confort moderne. Souvent, ce sont des maisons de bois rouge aux fenêtres encadrées de blanc, avec au fond du jardin (où est-ce déjà la forêt) des toilettes extérieures.

A gauche, fête folklorique estivale ; à droite, sur les marches de la salle des concerts, à Stockholm.

La vie en plein air est primordiale. Outre les excursions en bateau, se rendre dans une *stuga* perdue au beau milieu de la nature, pour un week-end ou pour les vacances, constitue l'activité favorite des Suédois. C'est là un aspect essentiel de la vie en Suède. Un tel engouement pour l'environnement n'est pas allé sans favoriser le parti écologique, *miljöpartiet*, qui siège au Parlement depuis 1988.

FORMATION ET PEUPLEMENT

La Suède partage avec la Norvège la péninsule scandinave qui forme, avec le Danemark, un ensemble géographique de l'Europe septentrionale appelé Scandinavie. D'un point de vue strictement géologique, on y inclut la Finlande ; et le tout forme le bouclier scandinave. Ce socle précambrien plonge, au sud de la Suède, sous les terrains sédimentaires de l'ère primaire. Au dévonien, s'est développée, à l'ouest du bouclier, la masse montagneuse des Scandes qui, une fois nivelée par l'érosion, a été soulevée à l'époque tertiaire et s'est dressée au-dessus de la mer du Nord. La Suède comprend la partie orientale des Scandes, où les sommets atteignent 2000 m et où les plateaux sont creusés de vallées. Au début de l'ère quaternaire, les glaciers écrasèrent le pays, rabotant les hautes surfaces, élargissant les seuils pour en faire de vastes portes (porte lapone), et recreusant les vallées. Ces mêmes vallées furent barrées par des moraines, rapportées par la fonte des glaciers, qui retinrent l'écoulement de l'eau pour former les innombrables lacs que nous voyons aujourd'hui en amont de ces vallées. Le plateau suédois s'incline du pied des Scandes vers le golfe de Botnie et la mer Baltique et s'achève en plaines basses. Au début du quaternaire, toute la péninsule scandinave s'affaissa sous l'énorme poids des glaciers. Leur fonte permit aux terres basses d'émerger des eaux qui recouvraient toute une partie de la Suède méridionale. Ce phénomène se poursuit toujours ; à Stockholm par exemple, les terres se soulèvent de 0,40 m par siècle. Autre trace importante des glaciers, les *ôs*, qui abondent dans tout le pays. Il s'agit de levées de terre d'une hauteur allant jusqu'à plusieurs dizaines de mètres pour une épaisseur de quelques mètres seulement, et qui s'allongent sur une centaine de kilomètres. Le réchauffement climatique permit l'installation des premières peuplades. Le nom du pays vient de celui du premier peuple connu : les Suiones, mentionnés par Tacite, qui, au premier siècle de notre ère, avaient une grande activité maritime. Divers vestiges (tombes, pierres ou objets gravés) témoignent de l'évolution progressive des tribus primitives — des nomades vivant de la pêche, de la chasse et de la cueillette — et de leur passage à la sédentarisation, à l'agriculture et à l'élevage. On distingue trois grandes périodes préhistoriques après l'ère glaciaire : l'âge de la pierre ancien (10000 av. J.-C.) ; l'âge de la pierre récent (3000 av. J.-C.) ; durant lequel l'agriculture a fait son apparition ; et l'âge du bronze (1 000 av. J.-C.), auquel remontent les premières

A gauche, gravures rupestres de Tanum ; à droite, pierre runique viking, à Täby, au nord de Stockholm.

gravures rupestres. C'est sans doute à cette époque que les premiers marchands firent, dans les régions danubiennes, la découverte du bronze, rapportant aussi bien la matière première que les techniques d'exploitation, en échange d'esclaves, d'ambre et de fourrures. En effet, curieusement, les fabuleuses réserves de cuivre n'allaient être découvertes que bien plus tard. De même, il fallut attendre l'âge du fer romain (0-500 apr. J.-C.) pour que soit entreprise l'exploitation du minerai de fer.

Pendant l'époque des grandes migrations, *folkvandringstid*, période de troubles et d'insécurité, la tribu des Svear s'établit autour de Gamla Uppsala (le vieux

Uppsala). Puis, l'âge du fer germanique récent (600-800 apr. J.-C.) vit une culture en plein essor. Ce fut la brillante expansion de la civilisation de Vendel, à qui l'on attribue la fondation de comptoirs sur la rive sud de la Baltique, et dont les formidables bateaux-tombes abondent en richesses.

En Uppland, berceau de la civilisation suédoise, la population se sédentarisa et l'agriculture devint la pierre angulaire de la vie économique et sociale du pays. Petit à petit, dans la région du lac Mälaren, Birka se développa en un centre politique, économique et religieux. La Suède était alors divisée en de nombreux petits royaumes dirigés par différentes tribus dont les plus importantes étaient les Svear et les Gots. Les Svear finirent par imposer leur suprématie et fondèrent ainsi le royaume de Suède (Sveariki/Sverige, « royaume des Svear ») dont la capitale, qui abrita un temple païen, fut Uppsala, tandis que Birka, grand port fortifié, demeurait un centre commercial important. Le roi, élu parmi les membres de la famille royale, était investi de plusieurs fonctions : grand prêtre sacrificateur, chef des armées, il devait aussi assurer l'ordre et la paix publiques, *til ars ok fridar* : « pour des années fécondes et un temps propice ». La vie s'organisait autour du *thing*. Ancêtre du parlement, le *thing* était une assemblée générale en plein air chargée des questions courantes, des affaires économiques et juridiques et des actes religieux. Témoin de cette époque, le récit de Beowulf, qui date du VIIIe siècle, est davantage une légende qu'un récit historique. Il relate les exploits des roitelets suédois avec une admiration mêlée de peur, décrivant des hordes d'hommes aux casques surmontés de cornes, armés d'épées et de lances ornées d'incrustations. Selon *L'Ynglingatal*, poème scaldique du Xe siècle (Ynglingar désignant une dynastie de Svear), les trois tertres funéraires que l'on peut encore voir dans le vieux Uppsala sont les tombeaux de trois membres de la famille royale : Aun, Egils et Adils. Au XIXe siècle, ces tertres ont fait l'objet de fouilles archéologiques dont les précieuses trouvailles ont fourni nombre de renseignements sur la vie et la religion des anciens Scandinaves. Les caveaux abritaient non seulement des squelettes humains et des ossements d'animaux, mais aussi une foule d'objets divers. En effet, la mort était alors considérée comme un grand voyage durant lequel compagnie et victuailles étaient indispensables.

L'idée que l'on se fait souvent des Vikings est celle de gaillards barbus au casque orné de cornes, buvant dans des crânes humains le sang de leurs ennemis et mourant dans de grands éclats de rire. Viking viendrait du norrois *vik*, « baie », et du collectif *ing*, d'où l'idée d'hommes allant de baie en baie. Une autre étymologie donne à *vik* une origine latine, *vicus*, « village », « bourg », « quartier d'une ville ». Les Vikings auraient avant tout été des commerçants qui s'arrêtaient dans les agglomérations. Longtemps les Vikings furent appelés les Normands, c'est-à-dire les « hommes du Nord » par les méridionaux surpris de l'apparition subite de ces étrangers venus de Scandinavie, et dont on

ne savait point préciser l'origine. Les Suédois, comme les autres Scandinaves, prirent part, au IXe siècle, au premier mouvement des Vikings. Le nom de Varègues (du vieux scandinave *vara*, « marchands ») qualifie mieux ces Vikings suédois qui allèrent pour la plupart vers l'est, tandis que les Danois et des Norvégiens menèrent leurs expéditions vers l'ouest (Irlande, Angleterre, France, Islande, Groenland et Amérique). Les Vikings avaient une arme redoutable, le *knorr* (et non « drakkar »),

A gauche, ruines de la première ville de Suède, Birka ; ci-dessus, divinité de la fécondité du Södermanland, statuette de bronze du XIe siècle.

qui leur permit de jouir d'une suprématie navale et militaire. Avec sa proue ornée d'une décoration amovible (une tête de dragon ou de serpent pour effrayer les étrangers) il était une merveille artistique et technique. Léger et rapide, d'une élasticité totale, il pouvait naviguer par tous les temps. Très maniable, il était parfaitement adapté aux tactiques des Vikings dont la stratégie était d'attaquer par surprise pour se retirer aussitôt.

Les Varègues remontèrent les grands fleuves de la Russie et firent le commerce entre la Scandinavie et la mer Noire. Ils créèrent des places de traite dans les pays Baltes (Grobina, en Lettonie) et fondèrent, vers 860, la principauté de Novgorod (par le prince Riourik). Le prince Oleg le Sage succéda à Riourik et conquit Kiev qui devint la capitale d'un État russe (les Varègues étaient également appelés Rus) sous contrôle varègue. Cet État, qui s'étendit de la Néva à la mer Noire, s'organisa autour d'une route commerciale reliant les pays nordiques aux contrées méditerranéennes. Oleg le Sage obtint des Byzantins, en 907, un traité de commerce. Métaux, soies, épices, pierres précieuses, vins étaient troqués contre force peaux, fourrures et esclaves. Nombre de Varègues ont même intégré la garde impériale de Byzance (Miklagård, « La Grande Ville »).

Certes, le pays souffrait d'une surpopulation, d'autant plus que le sol était peu fertile, mais les causes déterminantes de ce phénomène d'expansion d'une étonnante longévité (du IXe au XIe siècle) étaient en fait tout autres. Comme le rappellent les inscriptions runiques, le renom, celui de la famille, était une valeur éthique fondamentale. Le Havamal, grand texte eddique, dit en effet :

« Meurent les biens
Meurent les parents
Et toi, tu mourras toi-même
Mais la réputation ne meurt jamais
Celle que bonne l'on s'est acquise »

Aussi fallait-il parcourir le monde pour acquérir richesses et prestige. Aujourd'hui, dans les régions de Skåne, d'Öland, d'Uppland et sur l'île de Gotland, les pierres runiques témoignent encore de leur renommée : « A la mémoire de Wulf et d'Alderik morts au combat à l'est, près de la Grande Ville. Cette pierre a été érigée par leur mère, Bodil. »

UN ROYAUME CHRÉTIEN

Saint Anschaire (Amiens, 801-Brême, 865), moine de l'abbaye de Corbie, fut le premier missionnaire chargé de l'évangélisation des pays scandinaves. Sous l'ordre de Louis le Pieux, il opéra d'importantes incursions en Suède, jusqu'à Birka, mais il fut vite chassé par les communautés autochtones. Le roi Olaf Skötkonung se convertit en 1008, puis son fils Anund Jacob. En revanche, leurs sujets maintinrent leur fidélité au grand sanctuaire païen d'Uppsala ; et il fallut attendre 1060 pour qu'une nouvelle famille royale issue du Götaland commence d'imposer le christianisme. En réalité, l'importance naissante de la religion chrétienne était davantage le fait des contacts qu'avaient entretenus les commerçants nordiques avec le monde chrétien, car ils avaient dû s'initier à la culture locale. En outre, les esclaves ramenés d'incursions, avaient continué de pratiquer leur religion, contribuant eux aussi à sensibiliser le monde scandinave à la foi chrétienne. On organisa des diocèses dans la première moitié du XIIe siècle, et un archevêché fut établi à Uppsala en 1164. Les survivances païennes persistèrent encore pendant près de deux siècles. Erik IX Jedvardsson (« le Saint »), roi de Suède de 1156 à 1160, christianisa le nord du pays et tenta, en vain, d'évangéliser la Finlande.

L'alternance, jusqu'à 1250, de deux dynasties au pouvoir, les Erik et les Sverker, retarda le développement du pays. A la mort d'Erik XI Erikson cette année-là, qui sonnait le glas de la dynastie des Erik, son conseiller, Birger Jarl, fonda la dynastie des Folkungar en faisant nommer roi son propre fils, Valdemar, et exerça la régence. Birger Jarl détenait depuis quelque temps la réalité du pouvoir : c'est lui qui délivra Lübeck assiégée par les Danois (1236), qui conquit la Finlande et qui donna à la Suède une capitale et une métropole économique : Stockholm. Enfin, il fit construire la cathédrale d'Uppsala par un architecte français, marquant ainsi son rapprochement avec la civilisation de l'Occident. Jusqu'à la moitié du XIIIe siècle, Les provinces constituaient des unités administratives dotées de leur propre organisation et législation. Le roi imposa son pouvoir et fit valoir, par la création d'administrations provinciales, les *landslagar*, lois et décrets applicables dans tout le royaume. En 1280, un décret promulgué par Magnus Ladulås, donna naissance à une noblesse séculière, organisant la société selon un modèle féodal. Le souverain s'entoura d'un Conseil composé des membres de l'aristocratie et de l'Église et régna à coups de décrets.

A gauche, Thor, dieu du tonnerre et de la pluie. Son char est tiré par deux boucs et son arme est le marteau Mjöllnir. Il combat les géants et le serpent Jörmundgand. A droite, croix en argent du Xe siècle.

Le monopole de la ligue hanséatique

Depuis longtemps, les commerçants germaniques étaient devenus des visiteurs habituels de ce qui allait être Stockholm, à l'embouchure du lac Mälaren. Au cours du XIIIe siècle, les échanges s'intensifièrent, en particulier avec les villes allemandes regroupées dans la ligue hanséatique, sous la houlette de Lübeck. La Hanse finit par occuper une position dominante en Suède. Les descendants des Vikings avaient perdu leur suprématie navale et commerciale et ne pouvaient empêcher les marchands allemands de s'installer dans les ports. Le commerce ne reposait plus sur l'échange d'esclaves, de fourrures ou d'ambre, mais sur des matières plus encombrantes et pondéreuses, rendant caduque le bateau viking, qui n'avait qu'une faible capacité de charge. Vers la fin du XIIe siècle, on vit apparaître dans le Nord un navire de grande taille appelé *kogge*, ou *coggo*. La cogue fut, aux XIIIe et XIVe siècles, le navire hanséatique par excellence, qui permit aux Allemands de la Basse Saxe de coloniser les villes suédoises et d'accaparer le contrôle du commerce, de la vie économique et politique locale. Les négociants allemands étaient plus présents encore dans l'île de Gotland, qui constituait une d'une culture urbaine. Au XIVe siècle, la vie intellectuelle et religieuse s'intensifia. L'un des premiers hôpitaux fut construit à l'initiative d'une femme de la noblesse, Heliga Birgitta (1303-1373). Femme d'Église et d'État, elle mit en garde la famille royale contre sa mauvaise politique, et fit bâtir un couvent à Vadstena. Ses *Révélations* ont contribué à l'évolution de la pensée européenne. Elle fonda le seul ordre religieux né en Scandinavie et exerça une grande influence sur la papauté. A la fin de sa vie, Brigitte se rendit à Rome pour y établir son ordre. Elle fut canonisée en 1391.

escale sur la longue route vers les comptoirs de l'est. A Visby on admire encore de vieilles murailles, la haute nef de la cathédrale Sainte-Marie, ainsi que de nombreuses autres ruines. Au cours des siècles suivants, l'influence hanséatique s'accentua, imprégnant le monde de la culture et des arts. On retrouve des traces de cette influence dans Gamla Stan, la vieille ville de Stockholm, où la « Grande église » abrite la statue de *saint Georges terrassant le dragon* due à un sculpteur hanséatique de la fin du Moyen Age.

L'hégémonie hanséatique s'exprima également dans les domaines administratif et juridique et favorisa le développement

L'union de Kalmar et le Riksdag

Progressivement, l'identité politique suédoise et, corrélativement, un mouvement de défense contre l'Empire hanséatique s'exprimèrent. En 1319, les couronnes de Suède et de Norvège par le hasard successoral furent réunis sur la tête de Magnus Eriksson (1316-1374). Cela eut pour effet la consolidation de leur frontière en Finlande, face aux Russes, et l'annexion de la province danoise de la Scanie. Celle-ci fut d'ailleurs perdue en 1360 et, l'année suivante, les Danois s'emparèrent de l'île de Gotland. A la suite d'héritages et d'alliances divers, le pouvoir royal de la

Suède, de la Norvège et du Danemark se concentra entre les mains de la Danoise Marguerite Ire (1353-1412), belle-fille de Magnus Eriksson. Elle fonda l'union de Kalmar (1397-1521), qui regroupait le pouvoir des trois pays entre les mains d'un seul souverain. De tous les souverains du triple royaume, elle seule sut le défendre contre les menaces internes et externes. Bien que les Allemands aient encore exercé des siècles durant une grande influence politico-économique dans les pays scandinaves, Marguerite atténua déjà leur emprise. Le Danemark domina l'ensemble de la Scandinavie durant l'Union, mais celle-ci

fut émaillée de conflits entre la monarchie et la noblesse et de sursauts bourgeois et paysans épisodiques.

Ces troubles, assortis du mécontentement suscité par les taxes très élevées imposées par les Danois, finirent par provoquer, en 1435, une rébellion contre le successeur et neveu de Marguerite, Erik (XIII) de Poméranie. Cette révolte fut fomentée par le premier héros national suédois, Engelbrekt. Il avait réuni une assemblée et s'était fait proclamer commandant en chef de l'armée suédoise. Il mena une campagne victorieuse, en soulevant les paysans et les mineurs de sa Dalécarlie natale. Assassiné en 1436, il resta dans la mémoire collective comme le symbole de la Suède libre et de l'éveil du sentiment patriotique suédois. Erik XIII fut donc destitué dans les trois pays. Cependant, le conflit entre les pro-unionistes et les anti-unionistes se prolongea. La ligue hanséatique, bien souvent aidée des Suédois, organisa des conspirations contre les Danois décidés à réduire le pouvoir germanique. Parmi les autonomistes, Sten Sture, autre figure nationale, marqua une étape importante dans l'histoire de la Suède en supprimant une loi selon laquelle la moitié des conseillers municipaux devaient être allemands. Il est surtout resté célèbre pour la bataille de Brunkeberg, en 1471, où il remporta une victoire décisive contre les Danois. Bien que l'union de Kalmar dût encore se maintenir pendant une cinquantaine d'années, cette victoire permit à la Suède de préserver son indépendance. Le pays affirma plus encore son identité en développant l'assemblée, créée plus tôt par Engelbrekt, en une assemblée nationale, le *Riksdag*, ou « conseil du royaume », qui réunissait la noblesse, le clergé, la bourgeoisie et la paysannerie.

Par ailleurs, la montée du nationalisme et la formation de nouvelles alliances avec la ligue hanséatique, conjuguées à des oppositions entre l'État et l'Église, entraînèrent de nouveaux conflits avec les Danois. Le *Riksdag* décida alors de réduire à néant la forteresse de l'archevêque prodanois Gustav Trolle, aussitôt fait prisonnier. La cour papale décida alors, en 1520, d'excommunier Sten Sture le Jeune, donnant ainsi à la couronne danoise une nouvelle impulsion sur le territoire suédois. Soucieux de protéger leur ville d'un désastre, les Stockholmois ouvrirent les portes de la capitale et laissèrent la voie libre au roi danois Christian II. Ce dernier s'installa avec faste dans le palais et s'entoura de quelques membres de la haute noblesse suédoise. Pour mieux asseoir son autorité, il fit exécuter, lors du « bain de sang de Stockholm » (1520), quatre-vingt-deux notables du pays. Ce drame provoqua une révolte à l'issue de laquelle le roi danois fut déposé.

A gauche, la plus vieille tapisserie de Suède, conservée au musée national d'Histoire ; ci-dessus, figure viking en bronze du XIe siècle.

GUSTAVE Ier ET LA DYNASTIE DES VASA

En 1518, deux années avant le « bain de sang de Stockholm », Gustave Eriksson Vasa, avait été emmené et fait prisonnier au Danemark. Il évita ainsi les violences au cours desquelles plusieurs membres de sa famille trouvèrent la mort. Après s'être enfui à Lübeck, où il trouva un accueil favorable et un appui financier appréciable, il rentra en Suède. Adversaire de la collusion dano-hollandaise, en Baltique, il réussit, avec l'appui de Lübeck, à bouter les Dano-Norvégiens hors de son pays. Entouré d'une armée de paysans, Gustave Vasa libéra tout d'abord la Dalécarlie avant de prendre la capitale. Encouragées par ces victoires, d'autres provinces se joignirent à la rébellion contre l'envahisseur danois. Il fut élu régent à Vadstena en 1521 et proclamé roi le 6 juin 1523 (aujourd'hui fête nationale) par le Riksdag de Strängnäs sous le nom de Gustave Ier. Au cours de son long règne (1523-1560), il fut le bâtisseur du royaume et le fondateur d'une dynastie qui régna en ligne directe jusqu'à Christine.

Son deuxième souci fut de libérer le pays, une fois la dette de Lübeck remboursée, de l'emprise hanséatique. Pour ce faire, il ouvrit les ports de commerce aux Hollandais, concurrents des Lübeckois, et abolit les privilèges de ces derniers en 1536. Bien qu'il se heurtât tout au long de son règne à de grandes résistances, une grande partie de la population étant restée attachée aux Sture, il centralisa et conforta le pouvoir monarchique par une réforme administrative, jetant ainsi les bases de l'État national suédois. En 1544, il fit abroger, par l'intermédiaire du Riksdag, l'ancienne loi qui rendait la couronne élective et la déclara héréditaire dans sa maison. Aussi, pour des motifs politiques plus que par conviction religieuse, Gustave Ier ouvrit la voie à la Réforme évangélique, qui devint le bouclier de la Suède et le creuset de la culture nationale.

La puissance de la couronne et l'influence du protestantisme évoluaient conjointement. Commencée par la prédication des disciples de Luther, Olaf et Laurent Petri, et Laurent Nadersen, archidiacre de Srägnäss, la Réforme avait triomphé lors de la diète de Vesteras de 1527. Réunie afin de faire face aux problèmes économiques, elle permit au roi d'obtenir la quasi-totalité de la fortune de l'Église. Par ailleurs, dans le but de maintenir son autorité contre le clergé hostile à ses idées nationalistes, Gustave Vasa se substitua au pape pour faire des clercs de simples sujets. Devenu chef de l'Église, le roi put renforcer son emprise ; une monarchie luthérienne s'était établie.

L'un des conseillers les plus proches du roi fut Olaus Petri, célébré par August Strindberg, dans *Mäster Olaf*, comme le symbole de l'intégrité. Il contribua à la normalisation de la langue suédoise en traduisant la Bible, en 1541, et en publiant maints textes religieux en langue vulgaire. Il fut avant tout le père du protestantisme, auquel il donna une orientation luthérienne. Cependant, un conflit sépara le roi, pour qui les évêques devaient être des fonctionnaires, et Olaus Petri qui voulait conserver à l'Église toute sa spiritualité. C'est ainsi qu'en 1539, Olaus Petri fut arrêté et condamné à mort pour trahison, accusé d'avoir omis de divulguer l'existence d'un complot contre le roi. Après avoir été gracié, moyennant de lourdes cautions, il rédigea l'une de ses œuvres les plus célèbres, une histoire de Suède, intitulée *Une chronique suédoise*.

Le pays avait été ruiné par les dettes contractées auprès de Lübeck et par les frais engagés dans les opérations militaires destinées à contrecarrer les groupes rebelles. Il devint donc indispensable d'assainir la situation économique. Le roi réorganisa les finances publiques et régularisa l'administration en nommant des baillis provinciaux.

Autoritaire et paternaliste, Gustave Eriksson Vasa fut souvent l'auteur de décisions dures, voire cruelles, mais sans lesquelles il n'aurait pu unifier son pays, moderniser l'administration et instaurer la paix. Il fut aussi à l'origine de ce qui allait être plus tard une forme de service militaire, faisant de la Suède le premier pays européen à être doté d'une armée en temps de paix. Grand orateur au charisme certain, cultivé, manifestant un goût prononcé pour la musique, il contribua à l'enrichissement de la couronne comme en témoigne notamment le somptueux château de Gripsholm. Grand génie politique, Gustave Eriksson Vasa sut avant tout donner son identité à la Suède. Mort en 1560, il laissa derrière lui un pouvoir fort, un pays unifié et désormais doté d'une puissante dynastie royale.

Page de gauche : portrait de Gustave Eriksson Vasa ; sa statue à Mora. Ci-dessus, le château de Vadstena, l'un des nombreux édifices érigés par le père de la Suède moderne.

GUSTAF VASA
ERIK XIV
JOHAN III
SIGISMUND
CARL IX
GUSTAF II ADOLF
KRISTINA
CARL X GUSTAF
OSCAR II
CARL XI
ULRIKA ELEONORA
GUSTAF III
FREDRIK I
ADOLF FREDRIK
CARL XII
GUSTAF IV ADOLF
CARL XV
CARL XIII
CARL XIV JOHAN
OSCAR I

Les successeurs de Gustave Ier

Le fils aîné de Gustave Vasa lui succéda à partir de 1560. Erik XIV (1533-1570), cultivé, raffiné et populaire, a souvent été considéré comme le représentant de la Renaissance suédoise. Grâce à lui et à son frère Jean, qui l'assistait au début de son règne, la Suède connut une période d'expansion et de prospérité. C'est l'époque où l'université d'Uppsala, fondée en 1477, devint florissante. Par ailleurs, nombre d'artisans wallons, écossais et allemands, réputés pour leur technique de travail de l'acier destiné à la fabrication d'épées et de canons, furent invités dans le pays pour y apporter leur savoir-faire. La Suède était en effet pourvue de ressources minérales abondantes, en particulier de minerais de cuivre et de fer très purs, principalement localisés dans le Bergslagen. Le métal précieux qui était extrait à l'aide d'outils rudimentaires et, bien souvent, au prix de nombreuses vies humaines, devait donc être exploité efficacement. Erik XIV put ainsi se doter d'une infanterie dûment armée et faire de la Suède une puissance militaire à même de réaliser ses rêves de grandeur. Il entendait mener une politique extérieure offensive pour assurer à sa nation une expansion territoriale et une prospérité économique. De son côté, le Danemark, qui désirait rétablir l'Union scandinave, envisageait de conquérir la Suède. C'est ainsi qu'éclata, en 1563, la guerre de Sept Ans, au terme de laquelle (paix de Stettin) le Danemark dut renoncer à ses prétentions sur la couronne suédoise.

Parallèlement, la Suède fut le théâtre de conflits internes. Erik XIV souffrait de la maladie de la persécution, et ses accès de démence s'aggravaient. En 1567, il fit exécuter plusieurs membres de la noblesse suédoise. Rendu impopulaire par ses assassinats et par son mariage avec une paysanne, il fut déposé au profit de son frère Jean III (1568-1592). Il épousa la sœur du roi de Pologne, ce qui le rapprocha des puissances catholiques. Son fils, Sigismond, roi de Pologne, puis de Suède en 1592, voulut régner sur la Suède depuis la Pologne et, de surcroît, y rétablir le catholicisme. Son oncle, Charles de Sudermanie, soutenu par le Conseil et le parti protestant de Suède, profita de son absence pour fomenter une révolte et se faire nommer régent par le Riksdag en 1595. Sigismond, défait à Stangebro en 1598, fut déposé l'année suivante et son oncle le remplaça sous le nom de Charles IX (1604-1611). Avec la même brutalité qui avait caractérisé son père Gustave Vasa, Charles IX affirma son autorité en réduisant le pouvoir de la noblesse par des condamnations et des exécutions massives. En outre, il dut faire face simultanément, à l'extérieur, à la Pologne, à la Russie et au Danemark.

A gauche, rois et reines de Suède, de Gustave Ier à Oscar Ier ; à droite, la statue de Gustave II Adolphe, à Göteborg.

Une ère de gloire

C'est grâce à l'avènement de Gustave II Adolphe (1611-1632), fils de Charles IX, que la Suède put devenir une véritable puissance militaire. Gustave Adolphe était un homme brillant, qui avait bénéficié d'une éducation complète, et qui, de mère allemande, était parfaitement bilingue. Il avait la force, la détermination et l'ardeur qui autrefois avaient caractérisé Gustave Vasa. Mais, contrairement à ce dernier, Gustave Adolphe était un fervent protestant, et sa piété était telle qu'il récitait des prières pour son armée au combat. Tout au long de son règne, il fut secondé par le chancelier Axel Oxenstierna. Tous deux rêvaient de faire de la Baltique un « lac suédois ». C'est ainsi que dès le début de son règne, en 1613, le roi reprit au Danemark certaines parties du sud de la Suède, (guerre de Kalmar), et put affermir sa position à l'est en 1617 (paix de Stolbova) en enlevant à la Russie l'Ingrie et la Carélie orientale (golfe de Finlande). De son côté, en Pologne, Sigismond avait encore des prétentions sur la couronne suédoise. Gustave Adolphe envoya alors ses troupes par-delà la Baltique et, au terme de six semaines de siège, Riga dut capituler. Puis, c'est toute la Livonie que Gustave Adolphe enleva à la Pologne (1621-1626). Afin de préserver son hégémonie sur la Baltique, Gustave Adolphe, « l'homme de l'épée et de la Bible », entraîna son pays dans un conflit international, en intervenant en faveur des protestants dans la guerre de Trente Ans (1618-1648). Fort de ses différentes victoires, Gustave Adolphe entreprit de longues années durant des négociations diplomatiques intenses avec le Danemark, mais sans grand succès, et s'efforça d'autre part d'unir les nations scandinaves aux autres belligérants. C'est lors de sa dernière campagne que Gustave II Adolphe joua en Europe un rôle prédominant. En 1630, il débarqua en Poméranie, franchit l'Elbe et s'opposa, lors de la bataille de Breitenfield, à la cavalerie impériale. Après un combat de cinq heures, l'armée suédoise remporta la victoire. Le roi marcha même jusqu'à Munich, puis remonta près de Leipzig où commença, le 16 novembre 1632, la bataille de Lützen durant laquelle Gustave Adolphe succomba. L'annonce de sa mort se propagea aussitôt, mais l'armée suédoise, dirigée alors par Oxenstierna, lutta jusqu'à la victoire,

mais perdit un tiers de ses soldats. Gustave II Adolphe, surnommé « le Lion du Nord », a ainsi été considéré comme le plus grand chef militaire que la Suède ait connu. Il avait su réorganiser, moderniser et entraîner son armée, la doter d'un équipement supérieur et mettre au point de nouvelles tactiques. Grâce à lui, la Suède était devenue une grande puissance dominant aussi bien la Baltique que de vastes étendues à l'est, à l'ouest et même, au sud, en Prusse polonaise. Pour la première fois, en prenant le contrôle des détroits, la Suède put imposer sa suprématie face au Danemark. Nombre de palais encore dotés des richesses acquises lors de ses conquêtes témoignent aujourd'hui du rôle prépondérant qu'il a joué en Europe.

Christine

Lorsque Gustave Adolphe mourut, sa fille Christine (1626-1689) n'avait que six ans. Le chancelier Axel Oxenstierna assura la régence jusqu'à sa majorité. Il poursuivit, à l'intérieur comme à l'extérieur, la politique de Gustave Adolphe. Grâce à l'efficacité de son armée, la Suède occupa de nouveaux territoires allemands et slaves, et, en 1645 (paix de Brömsebo), le Danemark dut céder certaines régions du sud de la Suède. Parallèlement, Oxenstierna et l'aristocratie suédoise introduisirent en 1634 une nouvelle constitution qui conféra à la noblesse le contrôle de l'État. Christine se fit couronner « roi » en 1650 et inaugura une période de luxe et de faste, comme en témoignent les nombreux châteaux datant de son règne (Läckö, Karlberg, Ulriksdal, Makalös...). Avec elle, la France allait jouir en Suède d'un rayonnement culturel important et la langue française devint très à la mode. En effet, son goût pour les arts, le monde cultivé et raffiné (qui lui a valu le surnom de « Pallas nordique ») l'amena à s'entourer d'une cour « à la française » à laquelle les esprits les plus brillants furent conviés. Elle y reçut notamment Descartes, qui mourut à Stockolm des suites d'une pneumonie. Cependant, ses relations avec le chancelier s'envenimèrent et ce dernier fut bientôt écarté du pouvoir. Puis, en 1654, Christine décida d'abdiquer, sans doute pour pouvoir se convertir, un an plus tard, au catholicisme, ce qu'elle n'aurait pu faire en tant que souveraine d'un royaume protestant. De plus, en s'installant définitivement à Rome, elle fut enfin libre de satisfaire pleinement sa soif d'érudition. Cet acte, qui malgré tout reste inexpliqué, choqua le peuple suédois, d'autant plus qu'elle était la fille du grand défenseur du protestantisme et qu'elle emporta avec elle les richesses accumulées par son père lors de ses conquêtes dans les pays catholiques. Elle laissait le trône à son cousin Charles Gustave qui, de 1654 à 1660, devint Charles X. Avec lui, la Suède étendit encore son pouvoir. Le roi profita d'un hiver particulièrement rude (1657-1658) pour attaquer le Danemark par surprise en lançant son armée à travers les détroits gelés. Quelque cinq mille hommes réussirent à

A gauche, Vue du fort de Kronan, à Göteborg ; ci-dessus, tableau de la bataille de Lützen.

franchir le Petit Belt pour assiéger ensuite les îles de Fionie, Lolland, Falster et Seeland. Le traité de Roskilde (1658) constitua pour les Danois une paix sévère. Ils durent céder la Scanie (aujourd'hui la terre la plus fertile de Suède) et se défaire ainsi de la ville de Lund qui, depuis le Moyen Age, avait été le siège de l'Église danoise et un centre de commerce florissant. Sous Charles XI (1660-1697), le Danemark tenta de reprendre la Scanie et fut une nouvelle fois vaincu à la bataille de Lund, en 1679.

Par ailleurs, Olof Rudbeck, célèbre professeur d'Uppsala et premier scientifique

suédois à connaître une renommée internationale grâce à sa découverte du système lymphatique, annonçait déjà l'éveil de l'esprit scientifique, rationnel et philosophique qui, comme la liberté d'opinion et d'expression, devait être caractéristique du grand siècle des lumières.

Charles XII

Le fils de Charles XI, Charles XII (1682-1718), grand guerrier, allait rester dans l'histoire comme le personnage le plus illustre et le plus romanesque de toute la royauté suédoise. Sur les vingt et une années de son règne (1697-1718), il en passa dix-huit à combattre à l'étranger, sans jamais retourner à Stockholm. Cependant, pour beaucoup, et sûrement pour les âmes les plus romantiques et nationalistes, il fut le plus grand souverain de Suède. Tous les combats qu'il livra furent liés aux grands événements européens. Il impliqua son pays dans le conflit qui opposa les catholiques aux protestants et l'entraîna dans la course aux voies maritimes et commerciales. Cherchant à profiter de la jeunesse du roi (Charles XII fut proclamé roi à 15 ans) le Danemark, la Pologne et la Russie se lièrent contre la Suède. A dix-huit ans, Charles XII assiégea Copenhague, ce qui amena le Danemark et la Suède à conclure une paix rapide qui laissa le jeune roi libre d'agir à l'est, où le pays était menacé par l'armée de Pierre le Grand, tsar de Russie. Charles XII pénétra alors en Estonie pour libérer Narva et remporta ainsi, en 1700, sa première grande bataille. Un an après, les troupes de Charles XII déferlèrent sur la Pologne, qui avait déclaré la guerre, et assaillirent Varsovie, Cracovie et Gdansk. En 1705, après avoir exigé la destitution du souverain polonais, Auguste le Fort, Charles XII s'allia avec la Pologne contre la Russie. Il entreprit de libérer l'Europe de l'envahisseur russe et pénétra en Allemagne et en Russie. C'est ainsi qu'il livra, en 1709, l'une des batailles les plus importantes du XVIIIe siècle, mais qui fut surtout sa plus grande défaite (bataille de Poltava). Son armée faite prisonnière en Sibérie, il s'enfuit en Turquie. Il entreprit alors de convaincre le sultan d'entrer en guerre contre la Russie et, devant son refus, il tenta contre lui un coup d'État (bataille de Bender), après quoi il fut fait prisonnier puis forcé de quitter le pays. La coalition nordique profita de l'exil de Charles XII pour se partager l'héritage de Gustave Adolphe. Charles XII décida d'envahir la ville fortifiée de Fredriksten, en Norvège (alors sous tutelle danoise). Mais, tandis qu'il inspectait ses troupes, il fut tué d'une balle à la tempe. Il laissait derrière lui un pays dévasté et ruiné, avec pour unique possession, la Finlande.

A gauche, la reine Christine, dernière représentante de la maison de Vasa, par David Beck (1650) ; à droite, Charles XII, qui inspira à Voltaire son Histoire de Charles XII.

CARL XII.

LE XVIIIe SIÈCLE

La Suède sortit affaiblie de ces longues années de guerre. Elle avait dû céder ses possessions outre-Baltique et perdre ainsi son hégémonie. Le Conseil et le Riksdag, désireux de mettre un terme à cette politique d'expansion ruineuse, décidèrent donc d'abolir le pouvoir abusif de la monarchie absolue. Aussi profitèrent-ils de ce que le roi n'avait pas d'héritier pour s'imposer. En 1719, une nouvelle constitution fut imposée qui réduisit le pouvoir du monarque désormais obligé de reconnaître les lois votées par l'Assemblée. Ainsi commença l'ère de la liberté, ou *Frihetstiden*.

Redressement économique et rayonnement culturel

Charles XII mort, sa sœur Ulrika Eleonora, monta sur le trône, mais son règne fut de courte durée. En effet, très tôt, elle céda la couronne au profit de son époux, Frédéric Ier de Hesse (1720-1751). Ce dernier dut se confronter à de nombreux prétendants au trône, et cette période fragile fut en réalité dominée par l'énergique chancelier Arvid Horn. Jusqu'en 1738, c'est lui qui gouverna le pays. Il était à la tête des *Mössor* (le parti des « Bonnets », la bourgeoisie) opposés aux *Hattar* (le parti des « Chapeaux », les marchands nobles, favorables aux privilèges). Ces partis, dont la formation avait été encouragée par la nouvelle constitution, reposaient sur les divergences des classes sociales. Arvid Horn rénova l'économie du pays et avec lui s'amorça une période prospère, paisible et heureuse. En dépit de quelques révoltes mineures, d'incursions russes, et de divergences d'allégeance aux pouvoirs étrangers des deux partis, il sut maintenir la paix avec les ennemis traditionnels qu'étaient le Danemark, la Russie et la Prusse. Aux conséquences des guerres s'ajoutèrent bientôt les mauvaises récoltes et la famine qui menaçait. Diverses mesures s'imposèrent. La reconstitution de la propriété paysanne et un début de remembrement, en 1757, encouragèrent l'agriculture. Surtout, le gouvernement encouragea l'exploitation des minerais de cuivre et de fer, notamment dans la grande mine de Falun. Le commerce se développa grâce à la fondation de la Compagnie suédoise des Indes orientales, en 1731, et à la libéralisation du marché des grains. Les navires suédois drainaient les produits nationaux, principalement des minerais de fer, à travers l'Europe, jusqu'aux Indes, pour revenir chargés de marchandises précieuses telles que soies et épices.

A gauche, le naturaliste Carl von Linné (1707-1778), médecin et botaniste du roi, représenté en costume local lors de son voyage en Laponie ; à droite, Gustave III.

A partir de 1770 commença une période d'enrichissement culturel, symbolisée par la loi sur la liberté d'expression (1776). Elle donna une impulsion à la démocratisation et au renforcement de l'identité culturelle suédoise. Parallèlement, la Suède s'ouvrit aux influences extérieures. En 1738, avec la victoire des Hattar qui jugeaient Horn trop prudent en matière de politique étrangère et qui, une fois obtenue la majorité au Riksdag, pressèrent ce dernier de se retirer, les liens avec la France s'intensifièrent et donnèrent un élan et un éclat nouveaux aux mondes scientifique et culturel. De grands noms marquèrent cette période. L'écrivain Olof von Dalin fonda le premier journal du pays, *L'Argus suédois*. Emanuel Swedenborg (1688-1772), à la fois philosophe, homme de science et grand mystique (il inspira à Baudelaire sa théorie des correspondances), fut l'auteur de nombreuses inventions et fonda la première revue scientifique suédoise. Nils Rosén fut l'un des premiers à étudier et à pratiquer la pédiatrie et, en tant qu'anatomiste, à établir le principe de l'inoculation du virus pour lutter contre la maladie. Parmi les élèves du grand scientifique et philosophe Olof Rudbeck figurait Carl von Linné (1707-1778, dont le nom suédois Lindholm

a été latinisé en Linnaeus, puis francisé, en Linné). Il élabora une théorie sur la reproduction sexuelle des plantes, point de départ de sa vaste entreprise de classification des végétaux, *Species Plantarium*, qui ne compte pas moins de huit mille espèces différentes. Il introduisit en outre le réalisme dans la littérature avec ses récits de voyage qui comportent des tableaux très détaillés des provinces suédoises.

C'est à cette époque qu'Anders Celsius (1701-1744) mit au point son échelle thermométrique, et fit construire le premier observatoire suédois, à Uppsala. Torbern Olof Bergman fonda les principes de l'analyse chimique, tandis que Wallerius et Alex Fredrik Cronstedt établirent la classification des minéraux. Carl Wilheim Scheele isola l'hydrogène (1768) puis bien d'autres composés organiques. Ce foisonnement de génies, dont beaucoup travaillèrent en collaboration, aboutit en 1753 à la création de l'Académie des sciences. La Suède jouit ainsi d'un rayonnement culturel et devint un pôle d'attraction, de nombreux botanistes étrangers venant notamment admirer le jardin botanique de Linné à Uppsala. Toutes ces recherches et découvertes furent, bien entendu, de la plus haute importance dans le développement de l'industrie et de l'agriculture.

Gustave III, despote éclairé

Gustave III (1746-1792) avait bénéficié d'une éducation brillante. Sa mère, Louise-Ulrique, sœur de Frédéric le Grand de Russie, avait été en relation étroite avec les célèbres écrivains du siècle des lumières français, et entendait importer leur culture par l'intermédiaire de son fils. La langue maternelle de Gustave III fut donc le français, et, durant son règne, l'influence française connut son heure de gloire. Aussi, lorsqu'il monta sur le trône, à l'âge de 23 ans, Gustave III, grand admirateur de Louis XIV, décida de restaurer le pouvoir personnel du roi pour affirmer l'identité culturelle de la Suède. Il inaugura ainsi l'âge d'or de la culture nationale. Louise-Ulrique était intervenue dans la vie politique du pays et avait préparé le pouvoir du roi en fondant un troisième parti, *hovpartiet*, le parti de la cour. Mais ce n'était là que les prémices du renforcement du pouvoir monarchique. En effet, en 1772, le roi organisa un coup d'État contre le régime des partis, à la suite duquel les prérogatives de l'aristocratie furent réduites à néant et l'ancienne constitution à nouveau rétablie ; le monarque reprenait le pouvoir absolu. A l'instar de ses prédécesseurs, Gustave III ne fut pas à l'abri de conflits avec la Russie. La guerre fut déclarée en 1788. Le roi franchit les frontières, récemment établies, de la Finlande vers la Russie, mais ne fut pas suivi par ses officiers finlandais. En effet, il avait déclaré la guerre illégalement, sans l'accord du Riksdag. Certains de ses officiers adressèrent une lettre à l'impératrice Catherine II de Russie dans le but d'instaurer la paix et de rétablir les frontières de 1721 (Acte d'alliance de Nanjala). Parallèlement, le Danemark et la Norvège se déclarèrent prêts à venir en aide à la Russie, et l'armée norvégienne menaçait bientôt d'attaquer Göteborg. Le roi retourna en Suède et mena victorieusement le combat naval de Svendsund, durant lequel une cinquantaine de navires de la flotte russe sombrèrent. Le jeu diplomatique des grandes puissances se mit alors en place et l'Angleterre et la Prusse pressèrent le Danemark et la Norvège de se retirer. En 1789, la paix était signée et le roi renforça à nouveau son pouvoir à l'intérieur en promulguant un décret d'union et de sûreté sans consulter la noblesse. Nouvelle forme d'absolutisme, cet acte lui conférait les pleins pouvoirs en cas de guerre et rendait accessibles aux roturiers les fonctions élevées qui jusque-là avaient été réservées aux nobles. Le roi mécontenta ainsi la noblesse alors dépouillée de son rôle et de son pouvoir politiques traditionnels. S'il n'était ni un génie militaire ni un grand homme politique, Gustave III sut en revanche rénover l'économie suédoise. De même, il marqua l'histoire sociale du pays en instituant le monopole de l'État sur l'alcool (encore en vigueur aujourd'hui et ô combien sujet à controverses) ; désormais, les distilleries d'eau-de-vie devaient être régies par la Couronne. En réalité, Gustave III était

A gauche, la cour de Gustave III au château de Drottningholm ; ci-dessus, ballet en costumes d'époque au théâtre de Drottningholm.

avant tout un homme de lettres. Passionné d'art dramatique, il encouragea les talents de son époque en fondant le théâtre national de Stockholm, Dramaten, où les comédiens français engagés par sa mère furent remplacés par des Suédois. Il fut également à l'origine de la création de l'Operan, à l'embouchure du lac Mälaren. Auteur de nombreuses pièces, et parfois même comédien, il mit également en scène six grandes tragédies. Carl Michael Bellman (1740-1795) est une grande et originale figure littéraire, qui, dédaignant la littérature mystique et didactique de son époque, célébra sur le mode burlesque la

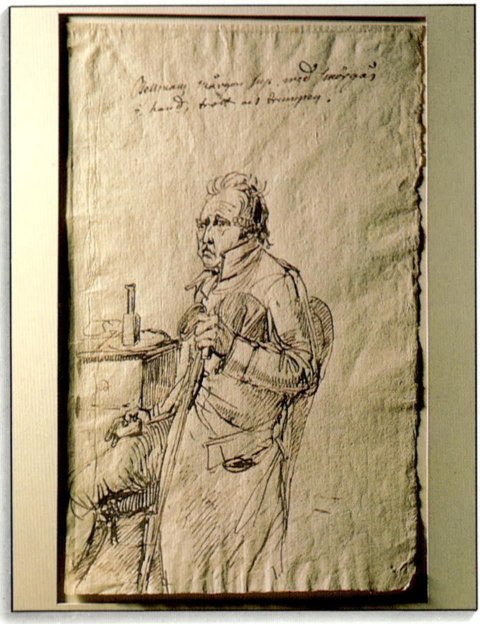

vie des cabarets. Issu de la haute noblesse et vivant de sa plume, il connut presque la misère. Il était fasciné par les ivrognes de la capitale, et composa pour eux des chansons pleines de lyrisme et de mélancolie, aujourd'hui encore très populaires (le 26 juillet, on fête à Stockholm la *journée de Bellman*). J.G. Oxenstierna introduisit, avec ses *Moissons*, un genre littéraire nouveau en Suède, appelé « la poésie de manoir ». Ce chef-d'œuvre, inspiré par son

A gauche, le poète Carl Michael Bellman (1740-1795), dont les chansons sont toujours populaires, par Tobias Sergel ; à droite, le théâtre dramatique royal de Stockholm.

séjour à Vienne, lui valut l'admiration de Voltaire. Grand poète distingué, Kellgren fut aussi chargé de traduire les pièces que le roi avait rédigées directement en français. En 1786, Gustave III fonda, s'inspirant du modèle français, l'Académie suédoise. Forteresse du classicisme et du rationalisme à la française, celle-ci avait pour but de protéger et de promouvoir la langue suédoise et la littérature d'expression suédoise. C'est elle, aujourd'hui, qui décerne le prix Nobel de littérature. Enfin, c'est encore à Gustave III que l'on doit la création des Académies de musique, d'histoire antique et des beaux-arts. Despote éclairé, Gustave III avait renforcé son autorité plus par souci d'enrayer les tensions sociales et la montée des périls (il était prêt à intervenir contre la Révolution française) que dans le but de tyranniser ses sujets. Son assassinat, par un groupe de nobles rebelles, lors d'un bal masqué, bouleversa le peuple suédois qui lui était resté largement favorable.

Pérennité de l'absolutisme gustavien

L'absolutisme gustavien se poursuivit pendant encore dix-sept ans et se renforça même sous le règne de Gustave IV Adolphe (1778-1837). Sa seule grande contribution, une réforme agraire, permit aux paysans suédois de retrouver la liberté de leurs ancêtres vikings. Cette époque fut avant tout marquée par les dernières tentatives suédoises d'expansion territoriale. Après son échec contre la Poméranie, le roi entra en guerre contre la France, alors sous le régime de la Terreur, puis contre la Russie, qui abrogea le traité de neutralité armée par lequel la Finlande était devenue une province suédoise. En 1808, le tsar Alexandre envahit la Finlande et engagea ce qui pour les Suédois fut un combat désastreux, à la suite duquel la Suède céda la Finlande à la Russie (traité de Fredrikshamn, 1809). Au terme de cet épisode dramatique, tant pour la Suède que pour la Finlande, le roi fut déposé au profit de son oncle. Sous le nom de Charles XIII (1748-1818), ce dernier introduisit une nouvelle Constitution, consacrant la séparation des pouvoirs préconisée par Montesquieu. Petit à petit, l'absolutisme laissa place à une monarchie parlementaire et démocratique.

LE XIXe SIÈCLE

Le maréchal de France Charles Jean-Baptiste Bernadotte (1764-1844), était devenu gouverneur des villes hanséatiques au début du XIXe siècle. En guerre contre la Suède, il décida d'arrêter les opérations après que Gustave IV Adolphe eut été, en 1808, chassé par un coup d'État militaire. Il se brouilla avec Napoléon après la bataille de Wagram, et, reconnaissant de la politique qu'il avait eue à leur égard, les Suédois voulurent l'accueillir. Il fut élu prince royal de Suède le 20 août 1810, et Charles XIII l'adopta avec l'accord de Napoléon. La même année, il se convertit au luthéranisme ; il succéda à Charles XIII, huit ans plus tard, sous le nom de Charles XIV Jean. L'aristocratie était hostile à son arrivée au pouvoir, mais il sut renverser l'opinion par une politique extérieure pacifiste et neutraliste. En 1812, il rompit le traité d'alliance avec la France, et, en 1813, après avoir mené une longue campagne en Europe, s'allia avec la Russie et la Prusse contre Napoléon. Suite à sa prise de position en faveur du Danemark, il dut céder la Poméranie, dernière possession suédoise outre-baltique. En contrepartie, les Danois laissèrent la Norvège (traité de Kiel, 1814) à la couronne suédoise. Bien que le règne de Charles XIV Jean eût évolué sous le sceau du conservatisme, une opposition libérale commença à s'exprimer, pour s'imposer progressivement durant les règnes de son fils Oscar Ier et de son petit-fils Charles XV.

Entre 1865 et 1867, la Suède procéda à une réforme constitutionnelle. Les quatre États présents au Riksdag (la noblesse, le clergé, la bourgeoisie et la paysannerie) ne correspondaient plus à la réalité sociale. En effet, ils étaient loin d'embrasser toutes les couches de la population, et les catégories représentées ne constituaient qu'une minorité. Toute la « classe moyenne », notamment, était sous-représentée. C'est pourquoi une nouvelle constitution fut rédigée en 1867 instaurant un parlement composé de deux chambres élues. Ce système subsista jusqu'à l'instauration, en 1971, du monocamérisme, lequel évolua en 1974 pour n'octroyer au monarque que des fonctions honorifiques. Depuis 1867 jusqu'à cette date, le pouvoir royal fut à peine plus important que celui dont jouit actuellement le roi Charles XVI.

Les guerres napoléoniennes et la perte de la Finlande avaient laissé la Suède affaiblie et appauvrie, plus qu'elle ne l'avait jamais été pendant tout un siècle. L'époque de la prospérité commerciale était désormais révolue, et l'agriculture devenait synonyme de pauvreté et de famine pour la grande majorité de la population. La terre ne suffisait plus à nourrir les hommes nombreux à en dépendre, d'autant plus que la Suède connut alors une véritable explosion démographique. En un siècle, la population doubla, pour s'élever jusqu'à cinq millions d'habitants, grâce surtout à la baisse de la mortalité. Cela provoqua un exode massif. Rutger Mac Lean, propriétaire terrien de la région de Scanie, véritable grenier de la Suède, fut à l'origine d'une véritable révolution agraire. Il introduisit les nouvelles techniques d'assolement et de rotation. Vingt ans auparavant, Gustave IV Adolphe avait promulgué des lois de clôture afin d'empê-

A gauche, le roi Charles XVI Gustave et la reine Silvia dans les appartements Bernadotte du château royal ; à droite, Charles XIV Jean.

DÉPARTS POUR LE NOUVEAU MONDE

Entre 1850 et 1930, plus d'un million de Suédois quittèrent le pays natal pour les États-Unis. La majorité d'entre eux étaient originaires de régions agricoles pauvres telles que le Småland, le Bohuslän et le Värmland. Les vagues de départ furent d'une ampleur telle qu'une fois arrivés aux États-Unis les Suédois fondèrent de véritables communautés, principalement dans le Wisconsin et dans le Minnesota, où seule la langue suédoise était parlée. Les Suédois avaient toujours été de grands migrants, les Varègues l'avaient prouvé, ô combien, et, aujourd'hui, le terme intraduisible de *längtan* (à la fois aspiration et nostalgie) caractérise encore la mentalité suédoise. Mais ces vagues migratoires furent surtout déclenchées par la crise céréalière et le spectre de la famine. De plus, la réforme agraire avait transformé le paysage rural, autrefois caractérisé par des communautés patriarcales de petits fermiers, en un conglomérat de terres détenues par de gros propriétaires.

Les remembrements et la rationalisation des techniques d'exploitation avaient fait apparaître un prolétariat et un sous-prolétariat conditionnés par l'*utaktionering*, une sorte de vente aux enchères de familles de paysans. Les vieilles communautés furent ainsi éclatées, les familles et les proches séparés et parfois même arrachés à la terre natale. Certains cherchèrent refuge dans les villes, et d'autres, encouragés par l'Acte d'hébergement des États-Unis promulgué en 1862, embarquèrent pour le Nouveau Monde. Une fois implantés, ils se mirent à exploiter les innombrables ressources que la terre promise mettait à leur disposition. Nombre d'entre eux firent fortune et envoyèrent alors à leur famille restée en Suède une part de leur nouvelle richesse accompagnée de lettres exaltées, provoquant ainsi de nouveaux départs. Certains, fortune faite, revinrent au pays, montrant par là leur réussite. Petit à petit, l'émigration prit une tournure purement lucrative, et les armateurs battirent tambour. Ainsi, pour accroître le nombre de passagers, certaines compagnies maritimes engagèrent des agents chargés de l'hébergement des immigrés et élaborèrent un système de billets payables à l'avance que les voyageurs devaient ensuite envoyer à leurs parents. Ce système engendra d'inévitables abus. Il arrivait aussi que les nouveaux venus soient dévalisés dès leur arrivée à Manhattan. Cependant, la plupart des émigrants purent s'établir dans la tranquillité et contribuer à la prospérité de leur terre d'adoption.

La deuxième vague de départs coïncida avec le début de la révolution industrielle qui se traduisit, comme ailleurs, par l'instabilité de la population ouvrière agricole et son long cortège vers les villes et leurs usines. Peu à peu, on prit conscience de cette hémorragie humaine qui affectait la population dans la force de l'âge. Ainsi fut fondée, au début du XXe siècle, une association chargée de mettre en œuvre les moyens nécessaires pour endiguer les départs et inciter les retours. L'une de ces mesures consistait à procurer des logis et des lopins de terre aux plus démunis. Il fallut attendre trois ou quatre générations pour voir revenir des émigrants. Un cinquième de la population émigrante rentra en Suède, contribuant alors dans une large mesure à l'enrichissement des régions les plus pauvres.

Bien que tardive, l'œuvre de Vilhelm Moberg constitue un témoignage intéressant de ce phénomène. Sa vaste fresque épique transposée à l'écran par Jan Troell) relate la vie de plusieurs générations de Suédois aux États-Unis. Moberg figura également parmi les fondateurs de la Maison des Émigrants, créée en 1968 à Växjö, dans le Småland. Cet institut conserve un nombre inégalé d'archives concernant l'émigration, recense près de deux mille églises suédo-américaines et abrite une bibliothèque de plus de vingcinq mille volumes. L'émigration joua le rôle d'une soupape et facilita le passage de la société pastorale au monde industriel. Enfin, elle fut, dans une certaine mesure, à l'origine de cette longue série de dispositions qui allaient faire de la Suède à son tour un État-Providence.

cher le morcellement. Mac Lean avait déjà entrepris la transformation de ses terres en parcelles exploitables et, surtout, il avait aboli les devoirs quasi féodaux de ses paysans. Cette réforme reçut dans un premier temps un accueil mitigé voire hostile, notamment en Dalécarlie où les traditions devaient rester inchangées jusqu'au XXe siècle. Il est vrai que lorsqu'un paysan indépendant avait de mauvaises récoltes, il était souvent réduit à l'état de petit fermier ou de fermier sans terre. Cependant Mac Lean ne se laissa pas décourager et, à sa mort, en 1816, la plupart de ses métayers étaient à même de se procurer leur propre ferme. Le temps finit par imposer la politique de Mac Lean, et, si elle ne fut pas adoptée dans toutes les régions, elle contribua indéniablement à pallier la crise céréalière.

A partir de la deuxième moitié du XIXe siècle, la Suède fit d'énormes progrès dans le domaine des transports. L'eau, sur laquelle voyageaient hommes et marchandises, constituait un réseau naturel de la plus haute importance ; mais il fallut attendre le Göta Kanal de Baltzar von Platen, construit en 1832, pour mieux en exploiter le potentiel et faire des deux grands lacs du centre, Vänern et Vättern, une fenêtre entre l'Est et l'Ouest. En 1853, l'ingénieur Nils Erikson organisa le chemin de fer, à demi nationalisé, afin de relier les villes existantes et de créer des réseaux ferroviaires propices au développement de nouvelles villes. Il permit ainsi de tracer la Route du fer (chemin ferroviaire le plus septentrional du monde) qui, au cours des deux guerres mondiales, allait jouer un rôle capital. Le transport par voie ferrée donna une impulsion aux industries forestières naissantes et permit l'exploitation d'immenses étendues de forêts destinées aux scieries et, par la suite, à la fabrication de pâte à papier. A cette époque on assista à une formidable floraison d'ingénieurs-inventeurs, encouragée par la création de l'Académie des ingénieurs. Gustave Pasch inventa l'allumette. Lars Magnus Erikson perfectionna le combiné téléphonique, jetant ainsi les bases de la firme internationale qui porte aujourd'hui son nom. Sven Wingquist, grâce au roulement à billes, révolutionna la technologie des machines. Gustaf Laval inventa la centrifugeuse, Lagerman le procédé d'emballage automatique des boîtes

A gauche, la statue des Émigrants, à Karlshamn, dans le Blekinge ; ci-dessus, départ d'émigrants du port de Göteborg, par Hagdahl.

d'allumettes ; enfin, Alfred Nobel la dynamite (1866). Cet industriel et chimiste est mondialement connu pour avoir légué sa fortune pour la création de cinq prix annuels récompensant les bienfaiteurs de l'humanité dans les domaines de la chimie, la physique, la médecine, la physiologie et la paix. Le Riksdag décréta l'enseignement général obligatoire et créa l'école primaire en 1842. A cette époque, la Suède fut le théâtre de mouvements populaires, avec, tout d'abord, l'éveil du féminisme. Le mouvement se manifesta notamment par la voix de célèbres écrivains tels que Fredrika Bremer, dont les œuvres,

Esquisses de la vie quotidienne et *Hertha*, étaient de véritables plaidoyers pour la liberté et, partant, pour la cause des femmes. Au tournant du siècle, Ellen Key (bien que manipulée à son corps défendant par les féministes) choqua le peuple suédois en revendiquant le principe du concubinage. Il est vrai cependant que, dans les campagnes, les affaires sexuelles étaient considérées comme un fait de la nature et, souvent même, on attendait une naissance pour se marier. La Suède fut d'ailleurs le deuxième pays, après la Finlande, à accorder le droit de vote aux femmes (établissement du suffrage universel en 1918). L'industrialisation, qui certes n'en était alors qu'à ses balbutiements, donna progressivement naissance à une nouvelle classe, celle des ouvriers. Suite à l'abolition des guildes médiévales d'artisans, en 1846, le mouvement ouvrier se consolida et donna lieu à diverses associations. Le premier grand conflit du travail, en 1879, ouvrit l'ère des négociations collectives. Sur les bords de la Baltique, à Sundsvall, la mauvaise conjoncture avait suscité le mécontentement dans les scieries. Dans l'espoir d'obtenir une hausse de salaire, les travailleurs avaient entrepris de faire la grève, mais le gouverneur de la province fit aussitôt appel à l'armée. Cette action n'eut, au profit des ouvriers, qu'une valeur d'exemple. Ainsi, en 1898, on créa la Confédération générale du travail de Suède, Landsorganisation (L.O).

Le XIXe siècle vit également l'éclosion d'autres puissants mouvements populaires, tels que les mouvements de liberté religieuse, avec la formation d'églises autonomes, et les ligues de tempérance, en réaction contre la surconsommation d'eau-de-vie. Le désenclavement des régions et la mobilité croissante de la population aboutirent à de nombreux regroupements dont le rôle fut capital pour la vie sociale et politique du pays. En effet, c'est dans cette mouvance que le parti social-démocrate trouva ses racines, avec le pionnier August Palm. Ce dernier s'était converti à la doctrine socialiste au Danemark, mais jugé extrémiste, il fut emprisonné après avoir été expulsé d'Allemagne. De sa cellule, il fonda un journal radical et établit les bases du congrès socialiste suédois. Hjalmar Branting fut dans les faits à l'origine du parti social-démocrate. Ancien proche de Palm, il s'était rendu compte que son extrémisme était un danger pour leur faction. En 1892, il prit seul la direction du parti, et il en fut le seul représentant au Riksdag pendant des années. Entre 1895 et 1905, le parti enregistra un nombre croissant d'adhérents et eut treize sièges au Riksdag. Soutenu par une population ouvrière massive, le parti ne pouvait échouer. D'une longévité sans exemple, les sociaux-démocrates suédois allaient ainsi régner pendant la majeure partie du XXe siècle.

A gauche, August Palm ; à droite, Fredrika Bremer.

LE XXe SIÈCLE

Bien que tardive, la révolution industrielle suédoise contribua largement au passage sans brusquerie d'une société pauvre à une société prospère. Lorsque le pays se lança dans cette voie nouvelle, la scolarité était largement répandue, et le réseau ferroviaire desservant des espaces vierges avait favorisé la création de nouvelles villes. Après plus d'un siècle de paix, la nation se stabilisa, et la population croissante forma de petites communautés disséminées à travers le pays. La main-d'œuvre était alors très qualifiée. Dans les communautés traditionnelles, le petit fermier était à la fois forgeron, charpentier, maçon, autant de qualifications essentielles non seulement pour ceux qui émigrèrent aux États-Unis, mais aussi pour ceux qui se contentèrent de quitter la campagne pour chercher fortune en ville. Là, les nouveaux ouvriers étaient préparés aux différentes tâches qu'on leur attribua. Les villes attirèrent des milliers de nouveaux habitants, certains s'installant dans des foyers industriels moins importants. Bien que la misère fût souvent le lot des nouveaux arrivés, dont les logis, au beau milieu des usines et du vacarme, ressemblaient davantage à des taudis qu'à des abris, la Suède ne connut pas la formation de cités industrielles surpeuplées et sordides. L'Europe était grande consommatrice de bois et de fer, besoins que la Suède pouvaient aisément satisfaire. Sans son pragmatisme, typiquement suédois, le pays aurait pu se contenter de vivre de ce que lui rapportaient ses exportations de matières premières. Au contraire, les revenus furent utilisés pour construire de nouvelles usines et développer le savoir-faire et les capacités de la main-d'œuvre. Dès le début de l'industrialisation, l'État intervint pour tout un ensemble d'activités trop lourdes pour être prises en charge par le secteur privé : mise en place des infrastructures nécessaires (réseaux routier et ferroviaire) à l'ouverture de nouvelles mines dans les régions du Nord... Déjà, la Suède découvrait les avantages d'une économie mixte. De même, elle comprit rapidement que production et commercialisation étaient tout aussi importantes. Si la Suède a su amorcer en douceur l'ère industrielle, elle ne put cependant échapper à la dépression de la fin des années vingt. Les prix de l'acier et des céréales chutèrent, le chômage grimpa de façon vertigineuse, entraînant avec lui une montée de mécontentement. Des conflits éclatèrent entre les ouvriers, les directeurs de mines et d'usines et le gouvernement. Ces tensions atteignirent leur point culminant lors du lock-out d'Ådalen (1931), en Ångermanland, épisode dramatique lors duquel des soldats tirèrent sur la foule, causant la mort de cinq personnes dont une fillette.

A gauche, image de l'aciérie de Nyby Bruk ; à droite, Börsen, la Bourse de Stockholm.

Face aux deux conflits mondiaux

Avant même le début du XXe siècle, la Suède avait déjà commencé à énoncer les principes d'une politique pacifiste de non-alignement. En 1912, les trois pays scandinaves s'entendirent sur les termes d'une politique de neutralité ; en conséquence de quoi la Suède n'intervint pas lors de la Première Guerre mondiale. Au cours de la Seconde Guerre mondiale, la neutralité de la Suède fut quelque peu remise en question, ses trois pays voisins, la Norvège, le

Danemark et la Finlande étant passés à leur corps défendant dans le camp des belligérants. Les liens de la Suède avec la Finlande étaient restés très forts, et le pays entier s'émut de l'invasion de la Finlande par l'Union soviétique. En vertu de sa politique, la Suède ne pouvait intervenir pour la défendre ; aussi envoya-t-elle à la Finlande provisions et armes, et nombre de volontaires suédois s'engagèrent aux côtés des soldats finlandais. Malgré les attaques allemandes au Danemark et en Norvège, la Suède put maintenir sa neutralité, au prix cependant de quelques concessions. Le gouvernement dut en effet, en vertu du *nödrätt* (nécessité fait loi) accepter le transit de convois allemands sur son territoire. Le Premier ministre Hansson s'efforça d'expliquer cette décision pour le moins délicate : « Chaque fois, notre objectif primordial était de tenir la Suède à l'écart de la guerre, dès lors que nous pouvions le faire sans renoncer à notre indépendance. Il est évident qu'alors, nous ne pouvions ignorer les “ rapports de force ”. Nous n'avons pas été en mesure de nous en tenir à une politique stricte — d'ailleurs, existe-t-il un pays qui y soit parvenu ? — et, chaque fois, il nous a fallu évaluer ce qui était compatible avec notre objectif primordial. »

L'avènement de la social-démocratie

Le début du siècle fut également marqué par le passage à un régime démocratique, et plus particulièrement par l'instauration, entre les deux guerres, du règne social-démocrate. Certes, pendant des siècles, la monarchie n'avait cessé de se heurter aux revendications de la noblesse, mais la transition se déroula sans effusion de sang. Encore plus surprenant fut le basculement d'une société (qui jusqu'au siècle dernier était restée profondément hiérarchisée et divisée entre une paysannerie sans pouvoir et une aristocratie forte de ses privilèges) dans un régime égalitaire. Si la Révolution russe et la violente guerre civile en Finlande ont eu lieu tout près à leurs frontières, les sociaux-démocrates suédois se sont d'emblée refusés de recourir à des tactiques radicales, préférant même, sous le gouvernement Branting, former une coalition avec les libéraux. Karl Hjalmar Branting (1860-1925) fut le premier chef d'État social-démocrate, en 1921. Per Albin Hansson lui succéda à la tête du pays de 1932 à 1976 (avec une interruption en 1936), et s'allia parfois avec le parti agrarien (aujourd'hui le parti du centre). Très populaire (on l'appelait Per Albin), il

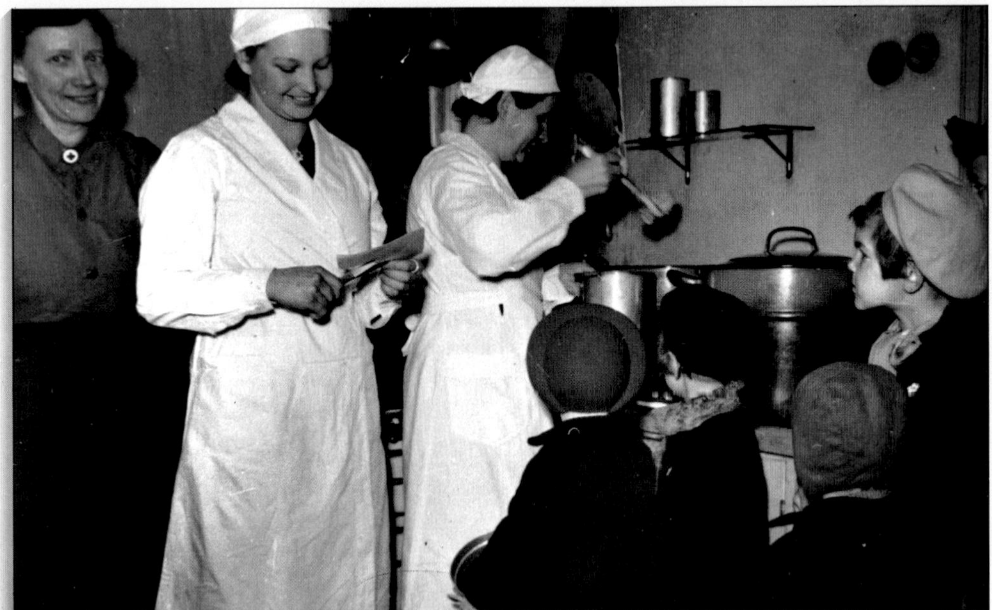

est l'un des rares à avoir pu imposer son parti à la tête d'un gouvernement pendant une si longue période. En effet, le parti bourgeois ne reprit le pouvoir qu'entre 1976 et 1982. Si, à ses débuts, le parti social-démocrate fut influencé par les idéologies marxistes et les mouvances socialistes, il a su préserver sa spécificité et son autonomie, sans rattachement d'aucune sorte au bloc de l'Est. Longtemps soutenu par un petit parti communiste, il a su mener une politique parfaitement adaptée à la mentalité et au mode de vie suédois, sans jamais oublier les principes essentiels du capitalisme.

L'Etat-Providence

Avec l'arrivée au pouvoir de Per Albin Hansson, les sociaux-démocrates, encouragés par les écrivains socialistes engagés Gunnar et Alva Myrdal, élaborèrent les principes d'un État-Providence. Du fait de la guerre, leurs mesures ne purent être appliquées instantanément, mais elles furent introduites aussitôt la paix rétablie. C'est alors que Hansson enclencha le long processus qui allait faire de la Suède un modèle de paix sociale. Cette politique reposait sur une plate-forme de réformes dont le but était de niveler les avantages et les injustices sociaux, ce à quoi tous les chefs sociaux-démocrates, Erlander et, après lui Olof Palme et Ingvar Carlsson, sont parvenus. Il est vrai qu'en Suède, il n'existe pas de pauvreté et que le paysage social semble parfaitement uniforme. Néanmoins, il existe encore des inégalités : « certains sont plus égaux que d'autres ! » dirait Orwell. En effet, la répartition de la richesse n'est pas toujours équitable, et si les femmes salariées sont aussi nombreuses que les hommes, beaucoup n'ont pas encore accédé aux échelons supérieurs. D'autre part, le niveau très élevé des impôts ne cesse de susciter le mécontentement de l'opinion publique ainsi que le départ de nombreuses personnalités, telles que Björn Borg ou Ingmar Bergman. La paix dans le monde du travail a été largement favorisée par les relations étroites qu'entretenaient le parti au pouvoir et les mouvements syndicaux, et qui étaient fondées sur des négociations collectives entre les syndicats, le patronat et le gouvernement. Ces négociations ont pu être maintenues tant que les syndicats poursuivaient une politique de solidarité.

A gauche, la Suède accueillit beaucoup d'enfants finlandais durant la Seconde Guerre mondiale ; ci-dessus, Globen, le nouveau palais des Sports, des Expositions et des Congrès de Stockholm.

Elles perdent aujourd'hui de leur force, à l'heure où des organisations indépendantes cherchent à obtenir des accords encore plus avantageux pour leurs membres. Le ministère Palme, en place depuis 1969, dut laisser sa place en 1976 à une coalition des trois partis de droite : les libéraux, les modérés et les centristes, mais le modèle suédois n'en fut pas ébranlé pour autant. Olof Palme (1927-1986) redevint Premier ministre en 1982 et joua un rôle de plus en plus important sur la scène internationale. Son assassinat, en 1986, fut un choc terrible pour le monde entier et un énorme pavé dans la mare de la politique suédoise (scandales politiques, mépris croissant pour l'esprit de consensus qui pendant si longtemps avait caractérisé le monde politique suédois).

A la veille des élections de 1988, le parti social-démocrate avait été miné par des indiscrétions politiques et l'opposition de droite divisée pour des raisons d'ordre idéologique. Et, pour la première fois depuis de longues décennies, un nouveau parti (le parti écologique) put s'introduire au Riksdag.

Enfin, après avoir traversé, en octobre 1990, une grave crise économique, la Suède était même en passe d'enterrer son modèle pour lui préférer des mesures « à l'européenne ». Si bien que le 1er janvier 1995, deux ans après l'ouverture des négociations d'adhésion à Bruxelles, le pays est devenu membre de l'Union européenne. Son objectif est d'encourager l'Union à favoriser le libre-échange et d'élargir sa coopération avec les états Baltes et les pays d'Europe centrale et orientale. Fidèle à sa politique de neutralité, la Suède maintiendra sa non-participation aux alliances militaires.

Une tradition d'hommes de paix

Si la Suède, avec à peine plus de huit millions d'habitants, a fourni autant de pacifistes engagés de renommée internationale, c'est peut-être parce qu'elle a su maintenir pendant longtemps une politique de neutralité tout en jouant le rôle de médiateur et de pays tampon entre les grandes puissances. Après la Seconde Guerre mondiale, qui le laissa indemne, le pays s'érigea en défenseur de la paix. Son premier pas dans cette voie fut d'accueillir de nombreux enfants finlandais lors de la Guerre d'hiver de Finlande contre l'Union soviétique, en 1939-1940. Puis, suite aux attaques allemandes en Norvège et au Danemark, nombre de réfugiés franchirent les frontières pour chercher asile dans le pays neutre.

Dans le même temps, deux grands noms s'imposèrent sur la scène diplomatique mondiale et firent valoir avec éclat l'idéal de paix : Bernadotte et Wallenberg. Le comte Bernadotte, neveu du roi Gustave V, était officier de l'armée et président de la Croix-Rouge suédoise. Brillant négociateur, il fut un des premiers à considérer qu'il valait mieux traiter avec le régime nazi plutôt que de laisser ce dernier parvenir à ses

fins ultimes. Sa première grande contribution fut de libérer des camps de concentration des milliers de prisonniers scandinaves, ainsi que nombre d'autres ressortissants étrangers. En 1947, ses actions et son talent lui valurent d'être nommé au Conseil de sécurité des Nations Unies qui cherchait à dépêcher un médiateur pour régler la question palestinienne. Bernadotte se rendit en Palestine mais, bien qu'il parvînt à établir un cessez-le-feu, les communautés arabe et juive rejetèrent ses modalités de paix. Après avoir fait l'objet de nombreuses menaces, Bernadotte fut assassiné dans sa voiture lors d'une embuscade menée en septembre 1948 par un groupe d'extrémistes.

L'ambition de Raoul Wallenberg était de se porter au secours de la communauté juive. Lorsqu'en 1944 les États-Unis mirent sur pied un conseil de réfugiés de guerre visant à protéger les Juifs des menaces nazies, le représentant du conseil à Stockholm convoqua un groupe de Juifs suédois afin de désigner les personnes les plus à même de mener des opérations de sauvetage à Budapest. Bernadotte fut d'abord pressenti mais, ayant été refusé par le gouvernement hongrois, c'est à Wallenberg que l'on assigna la mission. A 32 ans, Wallenberg, issu de la famille la plus riche du pays, la puissante dynastie industrielle et financière, fut nommé premier secrétaire de la délégation suédoise à Budapest. Ce titre constituait un réel atout puisqu'il lui conférait une position suffisamment importante pour pouvoir négocier avec les différentes autorités. Cependant, cela ne l'empêcha pas d'avoir souvent recours à des procédés diplomatiques peu orthodoxes (corruption, menaces, chantage). A son arrivée dans la capitale hongroise, cependant, deux tiers de la population juive avaient été déportés. Pour sauver les deux cent mille Juifs restants, Wallenberg entreprit de délivrer des faux passeports et fonda des refuges, les « Maisons suédoises », à travers le pays. Wallenberg aurait ainsi contribué à la survie de cent mille personnes. Sa disparition reste un mystère. Il fut emprisonné à la fin de la guerre par les autorités soviétiques qui l'auraient considéré comme un espion. L'Union soviétique fit savoir par la suite qu'il était mort en détention en 1947, et a depuis refusé de donner de plus amples informations. Or, encore aujourd'hui, des témoins affirment l'avoir vu en prison bien après cette date. Sa famille ainsi que de nombreuses autres associations poursuivent encore des recherches. Succédant au Norvégien Trygve Lie, Dag Hammarskjöld, fils de l'ancien Premier ministre, professeur d'économie, spécialiste des questions financières et ministre d'État, occupa les fonctions de secrétaire général des Nations Unies à partir de 1953. Il fut à l'origine de l'établissement des modalités d'intervention militaire de l'O.N.U. et joua un rôle capital dans la libération des pilotes américains détenus en Chine. Surtout, il se fit l'avocat des petits États membres des Nations Unies, agissant en particulier en faveur des pays

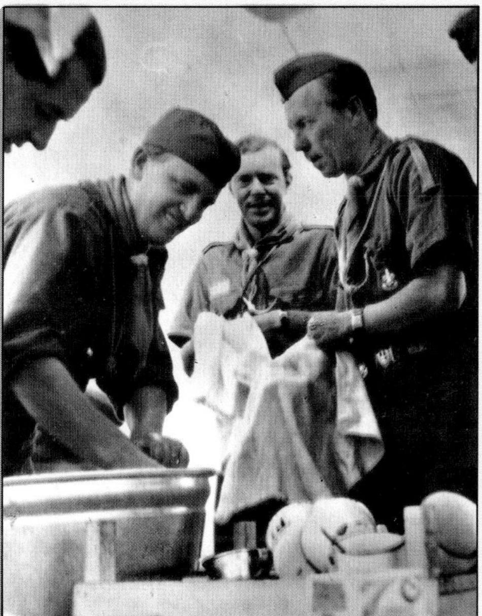

A gauche, Raoul Wallenberg ; ci-dessus, le comte Folke Bernadotte (sur la droite) lors d'un camp scout avant la guerre ; à droite, Dag Hammarskjöld.

du tiers-monde. Son intervention dans la guerre civile du Congo, à partir de juillet 1960, agita l'ensemble du monde politique, et lui valut en particulier une extrême animosité de la part de l'Union soviétique qui demanda, en vain, sa démission. C'est précisément en se rendant au Congo, en 1971, qu'il trouva la mort dans un accident d'avion qui ne fit aucun survivant. Les causes du sinistre demeurent obscures, et d'aucuns n'hésitent pas à parler d'assassinat. Nommée à la tête du département des affaires sociales, Alva Myrdal, la plus célèbre des pacifistes féminines suédoises, fut la première femme à accéder à un poste de commande au sein de l'O.N.U. Elle fut très remarquée pour ses efforts constants en matière de désarmement, notamment durant les négociations de Genève de 1960 auxquelles elle prit une part importante. Elle participa à la fondation de l'Institut international de recherches sur la paix à Stockholm dont elle a été la présidente. Auteur de nombreux ouvrages et articles, Alva Myrdal reçut en 1980 le prix Albert Einstein de la paix et, en 1982, le prix Nobel de la paix, avant de s'éteindre en 1986.

Olof Palme fut assassiné la même année. Déjà en 1969, avant même d'être Premier ministre, son intervention dans l'affaire du Viêt-nam lui avait valu une renommée internationale. Ses critiques constantes à l'égard de la politique des États-Unis envenimèrent ses relations avec Washington. Sans cesse, il condamna le colonialisme et la course aux armements et, durant les années 1970 et 1980, se fit le grand défenseur des peuples opprimés. Membre de la commission Brandt, il participa à l'élaboration des propositions visant à réduire le déséquilibre Nord-Sud, et son propre comité élabora un vaste plan de désarmement et de renforcement de la sécurité mondiale. Il intervint comme médiateur, pour le compte des Nations Unies, dans la guerre Iran-Irak.

Aujourd'hui, la Suède poursuit ses actions humanitaires et pacifistes. En 1998, 1 % de son revenu national brut fut consacré à l'aide au développement international. Le pays participe au Partenariat pour la paix et a fourni des troupes à la Forpronu, à l'Ifor et à la Sfor, en ex-Yougoslavie. En 1999, Carl Bild, président depuis 1986 du principal parti d'opposition et Premier ministre de 1991 à 1994, a même démissionné afin de se consacrer entièrement à son rôle d'émissaire de l'O.N.U. pour les Balkans.

Ci-dessus, Alva Myrdal et Olof Palme aux Nations-Unies ; à droite, à bord d'un destroyer.

NON-ALLIANCE ET NEUTRALITÉ

Le roi Charles XIV Jean fut le premier à formuler les principes de la politique de neutralité de la Suède. En 1830, il assura les gouvernements russe et britannique que la Suède avait abandonné toute idée de reconquête des territoires sur les côtes est et sud de la Baltique, qui avaient été perdus à la suite des guerres napoléoniennes. Mais cette politique affichée était en contradiction avec les ambitions nationales en faveur de la suprématie du pays dans le nord de l'Europe. La perte de la Finlande, en 1809, avait été vexante. Tissés par des siècles de vie commune, les liens entre les deux pays étaient restés très forts. Bien qu'elle obtînt sa réunion avec la Norvège, la Suède se remettait difficilement de cette perte, d'autant plus que les termes de la nouvelle union, fixés par Charles Jean, faisaient de la Norvège un partenaire égal. Aussi le parlement norvégien tenta-t-il à diverses reprises de reprendre le contrôle de la politique extérieure, craignant d'être entraîné dans des conflits décidés par les activistes suédois. Seule une politique de force pouvait donc maintenir l'union, mais, malgré bien des efforts, les sources de conflit ne purent être contenues et devinrent même si nombreuses que la Suède dut céder son indépendance à la Norvège en 1905. Dans les années dix, la Suède, craignant des attaques de la Russie, se rapprocha de plus en plus de l'Allemagne, mais comprit les intentions de ce dernier de se servir de la Suède contre la Russie. Elle réaffirma alors sa politique neutraliste et, quelques jours après le début de la guerre, les pays scandinaves déclarèrent leur neutralité, rétablissant ainsi une nouvelle forme d'union « du cœur et de la compréhension » selon les termes du roi de Suède, Gustave V. La guerre civile de Finlande (1918), qui opposa les Blancs, coalition bourgeoise, et les Rouges, ouvriers socialistes soutenus par les bolchéviques, déclencha des remous en Suède où le pouvoir était partagé entre les libéraux, favorables aux Blancs, et les sociaux-démocrates, du côté des Rouges. La victoire des Rouges constitua une menace à la sécurité du pays, mais la Suède resta sur son quant-à-soi. En 1920, tandis que l'Allemagne et la Russie étaient toutes deux sorties perdantes de la guerre, que la Finlande avait acquis son indépendance, que les pressions allemandes au Danemark s'étaient tues, qu'aucun pays scandinave n'était plus lié à une grande puissance, et que les pays Baltes étaient devenus indépendants, la Suède put alors s'employer, dans le cadre de la Société des Nations, à limiter la montée des puissances en prônant le désarmement, dont elle appliqua elle-même les mesures de façon unilatérale, en 1925. Si le pays resta à l'écart de la Seconde Guerre mondiale, nombre de soldats se portèrent volontaires pour s'engager dans l'armée Blanche et combattre l'ennemi russe aux côtés des Finlandais. Après les attaques éclairs de 1940, l'opinion publique demanda aux autorités de prendre position. Le gouvernement Hansson décida de rester en dehors du combat quoi qu'il advînt, mais il dut autoriser le transit des troupes allemandes sur son territoire. Cette option n'a cessé de susciter l'indignation dans le monde. Certains, néanmoins, estiment que ce choix permit à la Suède de se consacrer à des actions humanitaires, dont l'ampleur paraissait bien plus impressionnante que n'importe quelle opération militaire. Au lendemain de la guerre, le Danemark et la Norvège, soucieux de bénéficier d'une protection dans le cadre d'une alliance, rejoignirent les pays de l'O.T.A.N., tandis que la Finlande signait un traité de paix et d'assistance mutuelle avec l'Union soviétique. Seule la Suède maintint sa politique de « non-alliance en temps de paix visant à la neutralité en temps de guerre », poursuivant ses efforts, au sein de l'O.N.U., pour promouvoir la paix et le désarmement. Or pour préserver sa défense, le pays dut disposer d'une industrie d'armement et, ne pouvant pas se permettre de donner naissance à un complexe militaro-industriel sans trouver des débouchés au-delà de ses frontières, il en est arrivée à la situation paradoxale selon laquelle, tout en prônant la paix, il compte parmi les plus gros exportateurs d'armes.

LA SOCIÉTÉ SUÉDOISE, UN MODÈLE ?

La vie de famille

Rien ne saurait mieux décrire la vie de famille suédoise qu'une toile du célèbre peintre Carl Larsson. Là, tout n'est que chaleur, espace, clarté et simplicité. Il faut dire que le froid et les longues distances isolent les individus et confèrent à la cellule familiale un rôle de premier plan.

La vie de famille fait l'objet de préoccupations constantes et, aujourd'hui, des mesures visent à en protéger et à en améliorer les conditions. Près de 83 % de la population actuelle vit dans des zones urbaines et, pour la majorité, dans des immeubles. Il s'agit pour la plupart de locations contractées auprès de la municipalité ou par le biais de sociétés immobilières communales dont les loyers doivent être conformes aux prix modérés généralement admis. Même en immeuble, le confort reste une priorité et les conditions de vie sont plutôt bonnes. Environ trois quarts des logements ont été construits après 1948 et les plus vétustes ont fait l'objet de rénovations. Actuellement, la grande majorité des ménages dispose, hormis la cuisine et la salle de séjour, d'au moins une pièce par personne. Les pièces sont obligatoirement spacieuses, et tous les appartements sont pourvus en électricité, eau courante, chauffage central et appareils ménagers des plus sophistiqués. Au sous-sol ou au rez-de-chaussée, des aménagements sont prévus pour les bicyclettes, ainsi que pour des machines à laver et des séchoirs collectifs. Dehors, espaces verts et jeux d'enfants donnent une dimension humaine à ces grands ensembles.

De plus en plus, cependant, les Suédois sont mus par le désir d'habiter leur propre maison, et, dans les agglomérations, se greffant sur un vaste tissu d'immeubles construits après guerre, s'étendent dans l'uniformité la plus totale de longs rubans de lotissements, ou *radhus*. Certes, les façades en bois peint leur confèrent un certain aspect traditionnel, mais l'ensemble reste monotone. Aussi, curieusement, ces *radhus* sont-ils l'illustration parfaite de la société suédoise : personne ne doit avoir plus, ou moins, que son voisin. Pour apprécier l'habitat, il faut donc jeter un œil à travers le double vitrage qui laisse voir de véritables cocons, douillets et spacieux où il fait bon vivre pendant l'hiver. Quant à l'environnement, même à la périphérie de Stockholm, il suffit de s'éloigner un peu de son jardin pour se retrouver en pleine forêt. Et les routes, systématiquement assorties de pistes cyclables, et bordées de verdure et de fleurs sauvages en été, longent d'innombrables lacs bordés de sapins et de bouleaux. Partout, c'est la campagne.

A gauche et à droite, vivre au cœur de la nature est, en Suède, tout naturel...

La famille suédoise classique est petite, (le nombre moyen d'enfants est de 1,7 en 2000, mais ce chiffre ne reflète ni le taux de natalité bien plus élevé des immigrants, ni les naissances après remariage). Bien que la Suède connaisse un des taux de divorce les plus élevés d'Europe, la grande majorité des enfants vit avec les deux parents. Ceux-ci peuvent être aussi bien mariés que concubins. Souvent, même, le mariage est précédé d'une période de cohabitation et n'est contracté qu'après une naissance. La loi suédoise ne prévoit pas de différence, en matière de propriété de biens et d'héritage, entre les couples mariés et les concubins. En cas de divorce, la garde des enfants est la plupart du temps confiée aux deux parents.

Très souvent, l'étranger s'étonne des relations amicales qu'entretiennent les parents divorcés. Tout se fait dans l'intérêt de l'enfant. En effet, en Suède, l'enfant est roi. Nombre de lois et d'associations diverses ont vu le jour pour en assurer la protection. C'est le cas notamment de l'Ombudsman (médiateur entre les fonctionnaires et le public, il est chargé de veiller au respect de la loi) spécialement destiné à garantir les droits de l'enfant. Par ailleurs, les normes en matière de jouets et d'équipements divers sont très strictes et la vente de jouets incitant à la violence tout simplement interdite. Les aménagements des appartements, en particulier des cuisines et des pièces d'eau, sont conçus pour ne pas constituer un danger pour la santé de l'enfant.

La scolarité ne commençant qu'à l'âge de sept ans alors que la plupart des femmes exercent une activité professionnelle, les structures d'accueil de l'enfance sont nombreuses et adaptées. Le système de crèches collectives municipales, *daghem* ou *dagis*, s'est développé très tôt. Tout comme pour la politique du logement, de l'éducation et de la santé, le but initial de ce service, créé en 1930 par le parti social-démocrate, n'était pas tant de venir en aide aux ménages que de donner aux plus défavorisés les mêmes chances qu'à la petite minorité de privilégiés. Le prix annuel d'une place au *dagis* est de l'ordre de soixante mille couronnes, mais les parents ne paient que 10 à 15 % de cette somme, le reste étant assuré par les impôts locaux. Cependant, dans de nombreuses localités, les places tendent à se raréfier alors que le gouvernement s'était engagé à ce que toute famille intéressée puisse profiter de cette prestation. Aussi bon nombre de familles ont développé leur propre système de foyer nourricier, dans lequel la prise en charge collective des enfants a lieu à domicile. Quel que soit le lieu d'accueil, l'enfant bénéficie d'un cadre confortable et bien équipé. Enfin, il existe des centres aérés *fritid* (loisir) qui accueillent les écoliers après la classe en attendant le retour des parents.

Le coût de la vie et le système fiscal sont tels que le revenu des deux conjoints est devenu indispensable pour assurer une vie décente. De plus, le succès des mouvements féministes a fini par entraîner nombre de réformes largement favorables à la vie active de la femme. En 1974, dans le but de faire valoir le fait que la naissance d'un enfant est autant l'affaire de l'homme que de la femme, le gouvernement a aboli le congé maternité pour le remplacer par un congé parental. Le couple dispose d'un total de quinze mois de congés indemnisés à se partager (chaque parent doit prendre au moins un mois) et à prendre à n'importe quel moment avant les huit ans de l'enfant. Durant la même période, ils peuvent en outre choisir de ne remplir que 75 % de leur temps de travail pour 75 % de leur salaire. Certes l'attitude des hommes a changé en Suède plus que partout ailleurs en Europe. Pourtant seulement 20 % d'entre eux prennent vraiment le congé parental et restent au foyer pendant plus d'un mois. De même, ils sont peu nombreux à opter pour des journées de travail plus courtes, parce que les salaires des femmes sont encore malgré tout inférieurs aux leurs. C'est pourquoi certains couples (de profession libérale surtout) choisissent de travailler tous deux à temps partiel et de se partager les journées de travail réduites. Ce mode de vie est aujourd'hui tellement répandu que les rares femmes sans profession sont considérées avec désapprobation.

Si les femmes se réjouissent de leurs acquis, il n'en reste pas moins que le rythme de vie est éreintant. La journée de travail commence de bonne heure et, en hiver, quand le soleil se lève à onze heures pour se coucher à quinze heures, on vit dans l'obscurité la plus profonde. En semaine, c'est tout juste si la famille a le temps de se réunir et de profiter du confort du foyer.

Très tôt, les jeunes apprennent à se prendre en charge. En outre, les lycéens sont invités à faire des stages en entreprise dès l'âge de quatorze ans et ont la possibilité de prendre une année sabbatique (*sabbatsår*) durant leur scolarité afin de s'exercer à la vie professionnelle. Si les adolescents suédois sont largement protégés et si l'ennui semble les guetter (les journées d'école sont courtes et le système scolaire est tel qu'il ne favorise pas l'émulation), leurs problèmes sont, en fait, les mêmes que partout ailleurs en Occident. Cela dit, le vandalisme et autres signes de détresse sont rares. Heureusement les week-ends sont largement consacrés à la vie de famille, même s'il subsiste encore un sentiment général de frustration. La notion de succès a même dû être redéfinie

A gauche, à trois sur un tandem ; ci-dessus, scène classique de la sortie du dagis.

à l'échelon du débat national en fonction de l'épanouissement personnel et de l'harmonie en famille. La réussite ne serait-elle plus synonyme de prospérité?

Le modèle suédois

« La voie du milieu » : c'est ainsi que fut baptisé le modèle suédois après la publication d'un ouvrage du même nom. Paru en 1936, ce livre attira l'attention internationale sur la Suède, ce petit pays qui était parvenu à éloigner le spectre du chômage, qui hante les sociétés industrielles. La Suède, autrefois un des pays les plus pauvres d'Europe, s'est hissée au rang des plus riches. Outre un niveau de vie très élevé, son système, fondé sur le contrôle et le rééquilibrage des chances, a donné naissance à une société affranchie des inégalités. Plus de soixante ans après avoir vu le jour, le modèle suédois a continué de susciter l'intérêt des autres nations. Inquiets de la perte de vitesse de leur compétitivité, les Américains, auraient envisagé des remèdes à la suédoise. Un rapport du Sénat disait en effet : « La Suède, qui a su imposer sa compétitivité à l'étranger et assurer un niveau de vie élevé à l'intérieur de ses frontières, est un exemple qui mérite toute notre attention. » Les Soviétiques, pour leur part, ont cité la Suède comme un exemple à suivre en matière de perestroïka, et de nombreux spécialistes ont été envoyés à Stockholm pour étudier la question *in situ*.

Hormis une interruption de six ans, entre 1976 et 1982, la Suède a été sous la houlette du parti social-démocrate pendant plus d'un demi-siècle. Au vu de ses résultats, d'aucuns seraient tentés de parler de « socialisme à visage prospère ». Or, cela serait erroné, car le système suédois ne répond pas aux critères habituels du socialisme, puisque 85 % de l'industrie est concentrée entre les mains du secteur privé. C'est pourquoi il vaudrait mieux parler de « capitalisme à visage humain ». En effet, les sociaux-démocrates se sont longtemps assigné la tâche d'assurer le plein emploi assorti d'une large palette de prestations sociales, dans le but de réduire le fossé entre riches et pauvres. Si la Suède d'aujourd'hui a été façonnée par la social-démocratie, cela n'a pas été le fruit d'un vaste programme préalablement établi. Certes, le parti est animé par un but idéologique, celui d'une société égalitaire, mais les moyens employés pour y parvenir sont restés d'ordre pragmatique. Ils ont été déterminés par les circonstances et non par des dogmes. Cela reflète le caractère d'une société déterminée à négocier pour aboutir à une solution d'entente plutôt que de se livrer à des conflits d'idées.

Le modèle suédois est né de la grande dépression de 1930. Lorsque les sociaux-démocrates sont arrivés au pouvoir, une personne sur quatre était au chômage. Cependant, le parti profita d'un climat favorable à l'instauration du plein emploi. En effet, il a d'emblée bénéficié de la confiance des organisations syndicales dont il s'est fait l'apôtre. De plus, au fil des années, les tensions entre patronat et syndicats finirent par se dissiper.

En 1929, le pays avait été frappé de plein fouet par la grève dans le site industriel d'Ådalen durant laquelle des soldats avaient tiré sur la foule, causant la mort de plusieurs personnes, dont une petite fille. Cet événement, d'une violence sans précédent en Suède, fit l'effet d'un signal d'alarme, d'autant plus qu'il coïncidait avec le

A gauche, usine de pâte à papier ; à droite, père et fils.

suicide du grand financier de l'époque, le géant de l'allumette, Ivar Kreutser, dont l'empire venait de s'effondrer (il contrôlait 60 % de la production mondiale d'allumettes). De tels épisodes ont contribué à mettre en garde le pays contre les conflits sociaux et surtout à ébranler la fermeté du monde industriel jusqu'alors hostile aux revendications des travailleurs. Ainsi, ce sont bien des événements concrets qui ont jeté les bases du consensus, pierre angulaire de l'édifice social-démocrate.

Par ailleurs, dès leur arrivée, les sociaux-démocrates ont occulté leur inspiration marxiste. En outre, ils ont dû s'allier avec le parti agraire (les centristes aujourd'hui) pour se hisser à la tête du gouvernement, la coalition modérant ainsi leur radicalisme. Le gouvernement social-démocrate Hansson eut la chance également d'avoir en son sein le ministre des Finances Ernst Wigforss, un adepte avant l'heure des théories de Keynes. C'est ainsi que, bien avant les autres, les Suédois ont appliqué des mesures en faveur de l'emploi et de la demande, pour relancer la machine économique et sortir de la dépression, parvenant à réduire le taux de chômage sans accélérer le rythme inflationniste. Le gouvernement comprit aussi que la prospérité du secteur privé stimulait la création d'emplois ; un des éléments clefs de la politique fut de maintenir les charges des entreprises à un niveau aussi bas que possible tout en évitant les nationalisations. Il ne fallut rien de plus pour gagner la confiance du monde industriel.

Toutefois, afin de s'assurer que les profits seraient bien recyclés dans le circuit économique, le gouvernement créa, en 1938, un fonds de réserves pour investissements. Ce système, qui existe toujours, consiste pour les entreprises à placer jusqu'à la moitié des bénéfices enregistrés à la Banque centrale, en échange d'exonérations d'impôts. Il revient ensuite au gouvernement de décider du moment où ces fonds pourront être mobilisés en vue de maîtriser les fluctuations dues aux vicissitudes des cycles économiques, de contrôler la création excessive de bénéfices ou de créer des emplois en période de récession. Ces fonds peuvent également servir à orienter les investissements vers les régions en difficulté et à harmoniser la répartition des industries dans le pays.

La conception des entreprises comme source du bien-être social ne s'arrête pas là puisqu'elles disposent de fonds non imposables visant à favoriser la recherche et à encourager la hausse des salaires. De même, un ensemble de règles libérales en faveur de réductions des taux d'intérêt, des dividendes et des taux d'imposition, a été établi dans le but de stimuler l'expansion des entreprises, la modernisation des capacités de production mais aussi la création d'emplois. En effet, en comparaison avec les firmes étrangères, les entreprises suédoises consacrent une part importante de leurs bénéfices à la recherche et au déve-

loppement, ce qui leur permet de se maintenir à un niveau technologique hautement compétitif sur le marché mondial. De plus, si le taux marginal d'imposition sur le revenu s'élève à 52 % pour les particuliers, l'entreprise moyenne ne paie que 14 % d'impôts sur ses bénéfices.

A la base, le consensus

La plus grande étape dans l'édification du modèle suédois remonte à décembre 1938, date à laquelle fut signée la fameuse convention de Saltsjöbaden entre L.O. (Landsorganisation), la confédération générale du travail, et S.A.F. (Svenska

Arbetsförening), la confédération patronale. Cet accord définissait les procédures de négociations et de règlements de litiges entre les partenaires sociaux. Le début du siècle avait été le théâtre de constantes confrontations entre les deux parties ; grèves et lock-out se succédaient, entravant le développement industriel et économique. Le gouvernement menaçant alors d'intervenir et d'imposer ses lois dans le marché du travail, les deux organisations, soucieuses de conserver leur pouvoir, entreprirent de régler entre elles le contentieux ; ce qui aboutit à l'accord historique de Saltsjöbaden. Les termes de cet accord stipulaient entre autres que les syndicats devaient donner des préavis de toute action dirigée contre les entreprises, et garantissaient ainsi une détente propice à la concertation et aux négociations. Ainsi, la main-d'œuvre suédoise devint l'une des plus pacifiques du monde entier. Par ailleurs, la convention jeta les bases des négociations salariales collectives qui contribuèrent à stabiliser l'économie et à contenir aussi bien les revendications salariales que l'inflation.

A gauche, à l'usine de camions Scania de Södertälje dans les environs de Stockholm ; ci-dessus, signature de l'accord de Saltsjöbaden, en 1938.

A l'aube de la Seconde Guerre mondiale, les piliers du modèle suédois étaient donc en place. Le parti social-démocrate au pouvoir jouissait depuis longtemps de la confiance des mouvements ouvriers et avait gagné le soutien des industriels qui à leur tour avaient établi un climat d'entente avec les travailleurs. Le succès de ces relations tripartites dépendait en fait largement de la mentalité des Suédois, disciplinés et respectueux de l'autorité. De plus, jusqu'à une date récente, la population suédoise est restée très homogène, formant ainsi un terrain propice à la concertation et au consensus. Par ailleurs, survivance des communautés agraires patriarcales, les valeurs sociales ont traditionnellement favorisé la collectivité au détriment de l'individu, et, pour ces hommes soucieux depuis toujours de faire régner l'ordre et la sécurité, l'unanimité fait la paix. Aujourd'hui, la Suède est sans doute le pays le plus organisé du monde occidental, et compte une multitude de formations et d'organisations diverses qui sous-tendent le bien-être de la société.

L'idée de concertation et de solidarité étant profondément ancrée dans la mémoire collective, le terrain était donc favorable à la coopération entre les organisations syndicale et patronale. La S.A.F.

a imposé sa loi dans le secteur privé. Le L.O. des cols bleus est le porte-parole de la majorité des syndiqués suédois et compte 2,3 millions d'adhérents, soit 90 % des ouvriers. Son action a même une influence sur l'autre grande organisation syndicale, la Confédération générale des fonctionnaires et employés de Suède, T.C.O., qui domine le secteur cols blancs et regroupe un quart des employés. L'État, lui, dispose, depuis le milieu du XVIe siècle, d'une administration très élaborée et très centralisée.

De plus, tous les secteurs d'activité officiels font l'objet d'un ultime processus de consultation par la voie du *remiss*. Dès lors que des mesures législatives ou politiques doivent être amendées ou modifiées, une commission d'enquêtes est convoquée. Celle-ci publie le résultat de ses recherches dans un rapport, lequel est ensuite transmis pour examen (*remiss*) aux organes administratifs et organisations non gouvernementales. Les recommandations qui en résultent sont souvent le fruit d'un compromis recherché par chacun des participants.

En dépit de son succès, le modèle suédois a souvent été accusé d'être à l'origine d'un État corporatiste, bien que démocratique, régi par un consortium réunissant les magnats du monde industriel, les hauts fonctionnaires et les dirigeants de syndicats. Ce creuset d'intérêts est symbolisé par les réunions des différents dirigeants dans la résidence du Premier ministre à Harpsund, où sont débattues, d'une manière informelle, les affaires courantes.

Les failles du système

Si la Suède s'efforce de construire une société égalitaire, il y a fort à penser qu'elle subit un régime oligarchique, que domine une poignée de puissantes dynasties. A elle seule, la famille Wallenberg détiendrait, grâce à ses sociétés holding dans nombre des plus grandes multinationales du pays, le tiers du P.N.B. suédois.

Les mesures telles que la politique de solidarité salariale tendent en effet à favoriser la concentration et à évincer les entreprises jugées non rentables. Le gouvernement encourage les grandes entreprises en contrôlant des fonds destinés à l'achat de participations, et se donne ainsi les moyens de promouvoir la croissance de telle ou telle société. En fait, explique-t-on souvent, une nation aussi tributaire de ses exportations que la Suède a tout intérêt à privilégier ses grandes entreprises si elle veut demeurer compétitive et tout simplement survivre face aux géants industriels étrangers. Récemment, une commission parlementaire chargée d'étudier ce système corporatiste en défendait le principe, expliquant que plus les détenteurs sont puissants, plus les entreprises sont performantes. Un exemple souvent cité de collaboration entre l'industrie et l'État est celui du démantèlement du secteur naval. Jusqu'au début des années 1970, cette industrie se situait au deuxième rang mondial. Progressivement, les constructeurs d'Extrême-Orient sont devenus plus compétitifs, et la demande extérieure plus importante, si bien que le gouvernement a entrepris la fermeture des chantiers navals. Cependant, grâce au programme de formation et de recyclage, les ouvriers ainsi licenciés ont pu occuper de nouveaux postes dans les usines de construction automobile proches de leur ancien lieu de travail. Selon les partisans du principe d'ingérence de l'État, c'est grâce à de telles collaborations que la Suède a pu maintenir le plein emploi depuis la Seconde Guerre mondiale.

Cependant, la croissance avait éveillé des ambitions et des désirs nouveaux, ainsi qu'un certain mécontentement, et le modèle était menacé par des forces internes. Les syndicats ne se satisfaisaient plus de salaires confortables et commencèrent à se soulever, au milieu des années 1970, en faveur de la démocratisation des entreprises. Ils sont ainsi parvenus à s'introduire au sein des conseils d'administration des entreprises comptant plus de vingt employés. En réalité, ce principe fut très bien accueilli par les dirigeants d'entreprises. En effet, à leurs yeux, cette participation devait permettre à la main-d'œuvre d'avoir une vision plus réaliste des problèmes auxquels se confrontait le monde industriel, et donc de renforcer leur coopération. Cependant, le patronat s'opposa violemment à l'application d'un nouveau projet visant à renforcer le rôle des syndicats. Ce programme consistait à soumettre à ces derniers des fonds financés par les impôts sur les bénéfices afin de permettre de racheter les stocks des entreprises pour progressivement en prendre le contrôle. Ces « fonds salariaux » marquèrent un tournant important. C'était la première fois que les mouvements syndicaux menaient une campagne ferme pour que les ouvriers détiennent les moyens de production. Pour le monde industriel, il s'agissait davantage du premier grand pas vers le socialisme, et le débat qui suivit menaça bientôt de faire voler en éclats l'esprit de concertation. Le problème fut réglé à la suédoise : le Parlement présenta une version édulcorée du projet en accordant aux ouvriers une faible partie des moyens de production. Ainsi, on estime que les « fonds salariaux » contrôlent uniquement 1 % de la valeur totale de la bourse de Stockholm.

L'édifice fut également menacé dans les années 1980 par des dissensions croissantes au sein de mouvements syndicaux autrefois solidaires dans leur luttes salariales. En effet, des divergences commençaient à opposer les cols bleus aux cols blancs qui revendiquaient des hausses de salaire plus importantes. Parallèlement, le secteur privé se dressa contre un secteur public pléthorique où se concentre aujourd'hui 40 % de la main-d'œuvre nationale pour la gestion du système de protection sociale. Les employés du secteur privé sont favorables à une paix sociale et se soumettent volontiers aux employeurs, considérant que leur bien-être dépend du bon fonctionnement de leur entreprise. Aussi, nombreuses sont les critiques selon lesquelles la main-d'œuvre du secteur public ne fait rien pour maintenir des relations stables entre les différents membres. Dans les années 1980, elle a mené des grèves non conventionnelles, s'imposant comme le mouvement le plus militant de l'ensemble de la main-d'œuvre. L'affaiblissement de la cohésion du mouvement syndical a ainsi à son tour entraîné la décentralisation des négociations salariales, laissant aux organisations libérales le soin d'obtenir des améliorations des grilles de rémunération. Si dans l'ensemble, les industriels approuvent cette évolution, dans le sens où elle prend en compte les différences de profit selon les entreprises, elle présente l'inconvénient de déstabiliser les planifications économiques et d'accélérer l'inflation. Cette dernière, cependant, est restée faible tant que le plein emploi renforçait le pouvoir des syndicats en matière de négociations salariales.

Intérieur d'une société d'assurances à Bergshamra.

La Suède et l'Union européenne

Après avoir atteint son principal objectif – instaurer une société prospère sous-tendue par le plein emploi –, le gouvernement s'est attaché à renforcer la libéralisation du système en s'orientant davantage vers la compétitivité et l'économie de marché, à travers, par exemple, une large réforme fiscale. L'Acte unique a bien évidemment hâté cette décision, et si la Suède a longtemps refusé d'adhérer à la C.E.E., en raison notamment de sa politique de neutralité, elle s'est efforcée de s'adapter aux réalités européennes. Et, à la suite du référendum de novembre 1994, la Suède a fini par devenir membre de l'Union le 1er janvier 1995.

En fait, la crise d'octobre 1990 avait bouleversé l'économie du royaume à tel point que ce furent les sociaux-démocrates eux-mêmes, revenus au pouvoir en 1994 après quatre ans de coalition avec les conservateurs, qui s'en prirent au fameux modèle suédois. Des économies budgétaires de plus de 125 milliards de couronnes (soit 93 milliards de francs) furent entreprises sous la direction du ministre des finances de l'époque, Göran Persson, futur chef du gouvernement. Sans doute est-ce pour avoir touché ainsi à l'État-Providence qu'aux législatives de 1998, malgré le retour à la croissance et la maîtrise de l'inflation, les sociaux démocrates réalisaient leur plus mauvais score depuis 1921. Le cabinet minoritaire de G. Persson dut dès lors s'appuyer sur les anciens communistes et les verts, opposés à l'Union économique et monétaire, au moment même où le chef du gouvernement envisageait de préparer l'opinion au passage à l'euro. C'est ainsi que Stockholm décidait de ne pas intégrer la zone euro (voir aussi p. 133).

Au sein de l'Union, la Suède, attachée à son principe de neutralité, poursuit une politique de non participation aux alliances militaires. Cependant, les bouleversements des années 1990 en Europe l'ont amenée à adapter sa défense en fonction des nouveaux risques. Le pays contribue ainsi aux efforts en vue d'instaurer une nouvelle structure de sécurité euro-atlantique englobant la Russie. Au moment où elle s'apprête à exercer la présidence de l'Union européenne (en 2001), la Suède n'a pas fini d'être confrontée à ses contradictions.

ALFRED NOBEL, INVENTEUR HUMANISTE

Alfred Nobel est né à Stockholm en 1833, de parents suédois. Mais après avoir fait faillite en Suède, son père devint un grand industriel à Saint-Pétersbourg, où la famille s'était installée. Dès l'âge de neuf ans, Alfred bénéficia d'une éducation cosmopolite et, bientôt, il parlait cinq langues. Après de nombreux voyages d'études à travers le

monde, il vécut aux États-Unis où il reçut une formation de chimie.

L'intérêt de Nobel pour les explosifs fut suscité par les travaux de son père qui, lors de son séjour en Russie, avait inventé un nouveau type de mines utilisées par l'armée russe lors de la guerre de Crimée. Prolongeant ces travaux, Nobel mit au point différentes inventions, dans des domaines aussi variés que les matériaux synthétiques, les télécommunications et les systèmes d'alarme, et déposa ainsi quelque trois cent cinquante-cinq brevets. Mais il fut surtout le créateur de la dynamite. Élaborée à partir d'un explosif hautement sensible, la nitroglycérine, la dynamite révolutionna le monde industriel, en particulier les techniques utilisées pour l'exploitation des mines, la construction de routes et le percement des tunnels. Plus tard, il inventa la « dynamite extra-Nobel », plus connue sous le nom de plastic. Il se chargea lui-même de l'exploitation de ses découvertes en créant près de quatre-vingt-dix entreprises dans vingt pays sur les cinq continents. Parallèlement, il s'associa à ses deux frères qui avaient exploité avec suc-

cès les gisements de pétrole de Bakou. Précurseurs du modèle suédois, les frères Nobel passaient pour des employeurs généreux et soucieux d'assurer une certaine protection sociale à leurs employés.

Se décrivant lui-même comme *« un avorton misérable qui aurait dû être étouffé par un médecin philanthrope dès qu'il poussa son premier cri »*, Nobel, exceptionnellement intelligent, était aussi un jeune homme susceptible, rêveur et porté à l'introspection. Bien que disposant d'un pied-à-terre dans six pays, il mena une vie d'errant. De tous les endroits où il vécut, Paris, puis Bofors, avaient eu sa préférence. Solitaire, il ne se maria pas mais connut une grande histoire d'amour avec une jeune Autrichienne, dont il était l'aîné de vingt-trois ans. Son âme complexe et torturée l'empêcha de surmonter les différences qui les séparaient et Nobel finit par mettre un terme à cette liaison après une vingtaine d'années. Plus tard, il se lia d'amitié avec la baronne autrichienne Bertha von Suttner, qui fut l'une des pionnières du mouvement pacifiste et qui dirigea un congrès pour la paix. Elle pourrait bien avoir été à l'origine du prix Nobel de la paix, dont elle fut la première lauréate. Néanmoins, Nobel semble avoir été préoccupé par la question bien avant leur rencontre. Dans sa jeunesse, s'essayant à la prose et à la poésie, il avait été profondément influencé par le pacifisme de Shelley pour qui la guerre était *« le plus grand de tous les crimes »*.

En 1895, un an avant de mourir, à San Remo, en Italie, Nobel rédigea son testament. En moins de trois cents mots, il stipulait que sa fortune devait être partagée *« sous la forme de prix pour récompenser ceux qui, dans l'année écoulée, auront rendu les plus grands services à l'humanité »*. Trois prix devaient concerner les matières scientifiques et récompenser les auteurs de la découverte ou de l'inventions la plus importante dans les domaines de la physique, de la chimie et de la physiologie (ou de la médecine) ; un prix devait être décerné à qui aura produit dans le domaine littéraire l'œuvre la plus remarquable d'inspiration idéaliste ; et un autre à celui (celle ou ceux) qui aura agi le plus ou le mieux pour le rapprochement des peuples, l'abolition ou la réduction des armées permanentes et pour organiser et promouvoir des congrès pour la paix. Tous les prix devaient être remis par des institutions suédoises, mais Nobel tint à ce que le prix de la paix soit décerné par la Norvège qui longtemps avait fait des efforts dans cette voie. A l'occasion du tricentenaire de sa création, en 1968, la Banque de Suède instaura à la mémoire d'Alfred Nobel le prix de sciences économiques.

A gauche, la famille royale lors d'une remise de prix Nobel ; ci-dessus, Alfred Nobel.

NED

Le travail en question

Si, traditionnellement, les Suédois ont toujours été industrieux et, avec l'influence luthérienne, profondément marqués par la morale du travail, ils sont de plus en plus nombreux aujourd'hui à préconiser un rythme de travail plus lent et à promouvoir le temps libre. Une grande importance est désormais accordée à l'épanouissement de l'individu et à la vie de famille. L'ampleur du phénomène est telle que la plupart des employés se refusent à faire des heures supplémentaires, les syndicats, de leur côté, revendiquant une réduction des journées de travail assortie d'un prolongement du temps de vacances. Cette baisse d'intérêt pour le travail est en partie due au système fiscal qui lamine les revenus. C'est que le système suédois est loin d'encourager l'effort. Jusqu'à une période récente où l'État a procédé à une réforme fiscale susceptible de remédier à cette situation, les heures supplémentaires étaient si lourdement imposées que personne ne voulait être payé en conséquence. En revanche, il était très intéressant de prendre deux fois plus de congés. Ainsi, en travaillant un jour de plus une semaine, on gagnait deux jours de congé pour la semaine suivante ! Voilà pourquoi pendant longtemps cette société, qui en même temps a bénéficié de nombreuses prestations sociales grâce à la redistribution des impôts, a été plutôt découragée de travailler. Malgré tout, ce petit pays est à l'origine d'un nombre d'inventions et de prouesses industrielles très élevé si l'on tient compte de sa faible population, et les entreprises suédoises sont réputées pour la qualité irréprochable de leurs produits.

Comme dans tout pays industriel avancé, la population ouvrière a décliné au cours des dernières années pour laisser la place à la robotique et à l'informatique. La société suédoise dans sa globalité est considérée comme une vaste et unique classe moyenne, quelle que soit la nature du travail. En effet, le système fiscal décourage de devenir un travailleur indépendant, en conséquence de quoi seuls 7 % des Suédois travaillent à leur compte.

L'usine Volvo de Göteborg accueille les visiteurs à bord de véhicules ad hoc.

Comparé à d'autres pays, le taux de chômage est resté très faible durant de nombreuses années équivalant pratiquement à une situation de plein emploi. Soudainement, il atteignit 12 % au début des années 1990 (contre 2 % au cours de la décennie précédente). En 1998, la politique d'austérité de Göran Persson l'avait ramené à 8 % avec l'objectif de 4 %. Établi à un peu moins de 6 % en 2000, niveau très honorable comparé à celui des autres pays européens, le chômage reste un sujet préoccupant dans la mesure où la politique fiscale incite les fleurons de l'industrie à s'installer à l'étranger. Plusieurs grosses

entreprises ont déjà déménagé leur siège social comme le géant de la pâte à papier et du papier Stora, parti à Helsinki, la société de téléphonie Ericsson, installée à Londres depuis 1999, ainsi que le groupe pharmaceutique Astra. L'inquiétude se fonde également sur le rachat de plusieurs symboles forts de l'économie nationale, tels que Volvo et Saab, par des sociétés étrangères.

Avantages ou égalité

Si les allocations de chômage et les mesures prévues pour le combattre sont généreuses, elles ne sont pas pour autant destinées à encourager l'inaction. Au contraire, le gouvernement invite les jeunes sortis du système scolaire à travailler au sein de services hospitaliers ou de centres d'accueil pour enfants, stipulant qu'ils doivent mériter les avantages sociaux dont ils disposent.

Parallèlement, les employeurs mettent l'accent sur l'importance de l'épanouissement personnel sur le lieu de travail. Fréquemment, les employés bénéficient de stages de formation ou de perfectionnement, et de nombreux Suédois complètent leur formation en réintégrant l'enseignement supérieur ou en s'inscrivant dans des centres d'éducation pour adultes. Les syndicats, tels que la centrale ouvrière L.O., encouragent vivement leurs adhérents à profiter de ces possibilités, ne montrant aucun signe d'hostilité, comme c'est le cas dans nombre de pays, face à l'adoption de nouvelles technologies. Voilà une preuve supplémentaire du pragmatisme du mouvement syndical — et des Suédois en général — et de son aptitude à coopérer pour le bien de la communauté.

La priorité accordée à l'épanouissement personnel a donné une impulsion et un aspect nouveaux à la vie de famille. En effet, un père peut désormais se consacrer autant que sa femme aux diverses tâches familiales. Si l'égalité des chances assure à chacun l'indépendance économique par l'exercice d'une activité rémunérée, elle a également entraîné des mutations dans la prise en charge de l'enfance. Le but est de concilier la vie professionnelle avec celle de parents, aussi bien pour les femmes que pour les hommes. Ainsi, outre le congé avec indemnité parentale (à l'occasion d'une naissance), accordé indifféremment au père ou à la mère pendant une durée de quinze mois, tous les pères ont droit, à la naissance d'un enfant, à un congé de dix jours. Chaque parent a également la possibilité de s'absenter, à raison de soixante jours par an et par enfant, pour s'occuper de lui en cas de maladie. Enfin, dans le but de mieux concilier vie professionnelle et vie familiale, les parents peuvent écourter leur journée de travail de deux heures, moyennant une réduction de salaire proportionnelle. Cette égalité des chances a de fait rendu nécessaire la création de divers centres d'accueil de l'enfance, de foyers nourriciers et de foyers d'étude. Voilà aussi pourquoi nombre d'observateurs étrangers considèrent que les Suédois sont tout sauf ambitieux et acharnés ; où ailleurs qu'en Suède pourrait-on croiser un directeur désireux de prendre un congé parental « pour encourager son personnel », ou voir un homme d'affaires préférant rester auprès de son enfant qui traverse une période difficile, à une promotion ? Cependant, l'égalité concerne également les relations entre employeurs et employés. C'est pourquoi, par exemple, tous les dirigeants membres du patronat S.A.F. sont eux aussi obligés de pointer, de façon que personne ne puisse penser qu'ils jouissent de privilèges. Néanmoins, cette constante quête pour l'égalité expliquerait la faiblesse relative du secteur tertiaire.

Les employeurs sont les premiers à reconnaître que seuls les avantages non imposables sont appréciables. Ainsi s'est développé un système de compensation en nature, dont la forme la plus originale consiste en un voyage d'entreprise, auquel participe l'ensemble du personnel, aussi bien les directeurs que les employés. Ce sont souvent des croisières en bateau aux destinations les plus diverses. Le travail lui-même reste secondaire et est ouvertement reconnu comme tel, l'accent étant mis sur l'amélioration du climat entre les différents membres du personnel. La grande majorité des Suédois dispose de cinq semaines de congé par an. D'une façon générale, ils prennent leurs vacances au mois de juin, lorsque le soleil se couche à peine, ou au mois de juillet. Ils désertent les villes et la capitale alors entièrement à la disposition des touristes, mais restent dans leur pays. Durant les longs et pénibles mois d'hiver, en revanche, ils migrent vers les pays chauds et ensoleillés. Les Suédois aiment vivre en plein air, et la pêche et le bateau à voile comptent parmi leurs occupations favorites. Leur idéal de vacances consiste à passer de douces journées dans une *stuga*, petite maison de bois, souvent peinte de la traditionnelle couleur rouge de Falun (mine de cuivre). On retrouve ces *stugor* partout, depuis les côtes et les archipels, jusqu'aux bords des lacs, en passant par les forêts. Comme les deux générations précédentes étaient pour la plupart composées de paysans, nombre de Suédois peuvent aujourd'hui profiter de la ferme familiale (*gård*). Ceux qui en sont privés louent des maisonnettes de campagne, quand ils ne partent pas sur les routes, une énorme caravane à l'arrière de la Volvo.

A gauche, l'artisanat du verre suédois est réputé ; ci-dessus, dans un dagis.

L'absentéisme

Fléau du marché du travail, l'absentéisme, encouragé par le système, atteint un niveau particulièrement élevé, surtout dans l'industrie. Ainsi les constructeurs automobiles comme Volvo et Saab, qui ont parfois enregistré un taux d'absentéisme de près de 16 %, ont dû faire appel à de véritables pools d'intérimaires pour remédier à la pénurie de main-d'œuvre. En effet, l'ouvrier moyen prend vingt-sept jours de congé maladie par an. Ce phénomène a donc entraîné à la fois un contrôle renforcé des congés maladie au moyen d'inspections, et une plus grande attention accordée à l'égard de l'amélioration des conditions et de l'environnement du travail.

Volvo avait conçu dans ce sens un nouveau procédé d'assemblage de voitures fondé sur le principe du travail d'équipe. Nombre d'entreprises ont suivi son exemple, certaines instaurant même un système de rotation pour les postes où les tâches sont par trop ingrates. Enfin, toutes mettent à la disposition des employés des salles de sport et de sauna. Il va de soi que les mouvements syndicaux contribuent largement à une telle évolution, les employés étant par ailleurs vivement invités à se réunir pour débattre des problèmes. Car la participation du groupe est un facteur essentiel, aux yeux d'une société fondée sur le consensus, à la fois pour préparer l'avenir et pour jouir de la rançon du succès.

Le nivellement social

Au début du siècle, la Suède était encore marquée par d'importants clivages sociaux. La pauvreté, le surpeuplement, la faim et la maladie étaient chose commune, et la classe supérieure s'élevait, dans sa magnificence et sa richesse, bien au-dessus du reste de la population. Entre les deux, une petite classe de propriétaires fermiers, de commerçants et d'employés inspirait le mépris de la classe dirigeante et la convoitise de la masse ouvrière. A cette époque, l'usage voulait que le petit peuple s'adressât aux membres de l'élite — les nobles, les hauts dignitaires, les officiers militaires et les professeurs —, avec le *Ni*, vouvoiement

Un foyer suédois sur cinq possède un voilier.

C-30177

de politesse, tout en mentionnant le titre de l'interlocuteur. Les distinctions sociales se reflétaient également dans les transports, la compagnie de chemin de fer comprenant trois classes différentes et les compagnies maritimes quatre. Enfin, les ouvriers travaillaient douze heures par jour tandis que les employés de bureau se contentaient de quatre ou cinq heures de travail journalier. Aujourd'hui, la situation a bien changé et, au vu du mode de vie général, l'observateur étranger a bien du mal à déceler quelque différence de statut social.

En effet, les Suédois bénéficient d'un des niveaux de vie les plus élevés au monde. L'uniformité du tissu social se manifeste également dans le paysage urbain. Ainsi, il n'existe pas en Suède de quartier pauvre ou de cité-dortoir et, si de nombreux Stockholmois vous disent qu'Östermalm correspond au seizième arrondissement de Paris, et que les quartiers de Norrmalm et de Kungsholmen sont ceux de la classe moyenne, Söder étant celui de la classe ouvrière, les différences tendent à s'estomper. De fait, rares sont les symptômes de malaise social tels que les agressions ou tout autre acte de violence. Le Suédois lui-même ne pourrait pas déterminer de quelle classe est issu son voisin. Nombre de signes extérieurs ont en effet disparu depuis longtemps, et s'il subsiste encore des différences dialectales, le vouvoiement est désormais périmé. De même, le *hej* (salut) a supplanté le *goddag* (bonjour) quelle que soit la personne à qui l'on s'adresse.

Il y a encore vingt-cinq ans, la majorité des Suédois s'identifiait à la classe ouvrière. Aujourd'hui, presque tous disent appartenir à la classe moyenne. Cette transition s'est manifestée par une tendance sans cesse croissante à changer de nom de famille. En effet, nombre de Suédois ont abandonné leur patronyme traditionnel finissant par l'incontournable *son* (Eriksson, Andersson) pour choisir des noms plus sophistiqués tels que Sommarlejon, ou reprendre les noms latinisés (Beckerus, Glanzelius) typiques de l'*intelligentsia* du XVIIIe siècle qui voulait ainsi donner l'impression d'être issue de l'élite. Parallèlement, les nobles, moins marqués par le snobisme, préféraient masquer leur titre plutôt que d'en faire étalage.

L'homogénéité, pratiquement inégalée, de la société suédoise tient à trois facteurs. Premièrement, au cours de ce siècle, la Suède a connu la croissance économique la plus rapide des pays industrialisés après celle du Japon. De plus, avec une population réduite à 8,4 millions d'habitants, le pays a pu aisément procéder à une répartition équitable des ressources. Enfin, celle-ci a été doublement avantagée dans la mesure où elle constituait la préoccupation majeure des sociaux-démocrates et où ces derniers sont restés suffisamment longtemps au pouvoir pour parachever leurs réformes.

A gauche, le rêve suédois : la stuga *et le bateau ; à droite, Eva Goës, qui a représenté le parti vert au Parlement à partir de 1988.*

Lors de leur arrivée au pouvoir, en 1932, les sociaux-démocrates ont d'emblée mis de côté les doctrines socialistes visant à nationaliser les moyens de production. En fait, plutôt qu'une socialisation de l'industrie, le but du gouvernement était une « socialisation de la vie quotidienne », c'est-à-dire une répartition équitable des profits du secteur privé, et l'instauration de l'égalité. Cet objectif a toujours reçu un accueil très favorable de la part du public.

Selon un sondage récent, 55 % des Suédois estiment que l'égalité prévaut sur la liberté de l'individu, et ne s'opposent donc pas au principe d'ingérence de l'État. Les clivages sociaux ont bien sûr été atténués par la réduction des écarts entre les revenus. Celle-ci tient à une politique de solidarité salariale (un même effort mérite un même salaire) qui a pu voir le jour grâce à la montée en puissance des mouvements syndicaux et au succès des négociations avec le patronat. Dans les années 1960, par exemple, les ouvriers qualifiés avaient un revenu supérieur de 54 % à celui des ouvriers agricoles non qualifiés. Au cours de la décennie quatre-vingt, cet écart a été réduit de plus de moitié. En outre, ces divergences ont ensuite été largement estompées par le système fiscal.

En effet, la redistribution des impôts constitue l'élément clef du modèle suédois. Instrument de nivellement, les impôts sont les piliers mêmes de l'État-Providence, et son arsenal de protections sociales est le moyen par lequel les défavorisés, les personnes âgées, les malades et les handicapés sont assurés de conditions de vie décentes. D'ailleurs, le système fiscal lui-même est assujetti aux principes d'égalité. Le montant des impôts locaux, qui financent la majeure partie des services sociaux, ne varie que très peu d'une région à une autre.

Le modèle suédois, c'est aussi l'égalité en matière de logement et d'éducation. A l'aube de la Seconde Guerre mondiale, la moitié des citadins habitait de petits appartements tout juste composés d'une pièce et d'une cuisine. Le gouvernement amorça alors un large programme de construction. Des allocations-logement devaient permettre aux familles ne disposant que d'un faible revenu de vivre dans des logements plus spacieux. Cependant, le nombre de constructions n'a pas suffi pour abriter les personnes de plus en plus

nombreuses à vouloir s'implanter en ville. Paradoxalement, les immeubles exigus du centre de Stockholm, bâtis au tournant du siècle et destinés à abriter la classe ouvrière, sont de nos jours très convoités. Ainsi, la vieille ville, Gamla Stan, qui, il y a encore cinquante ans, était le quartier des ouvriers et des étudiants, est aujourd'hui le centre touristique de la capitale et un des quartiers les plus courus de la ville.

Aux yeux des sociaux-démocrates, le système de l'éducation était également hiérarchisé dans la mesure où il tendait à encourager une certaine élite. Peu à peu se sont développées des écoles polyvalentes pour permettre aux enfants des familles d'ouvriers d'obtenir les diplômes requis pour l'admission en enseignement supérieur. Par rapport au reste de l'Europe, la Suède compte ainsi la plus grande proportion d'étudiants provenant de la classe ouvrière.

A la fin des années 1960, fort de ses progrès en matière d'équité économique, le gouvernement s'engagea à promouvoir l'égalité des sexes. Suite à une modification d'une règle sur l'imposition, selon laquelle les deux conjoints devaient remplir une déclaration d'impôts, et qui pénalisait donc les ménages ne bénéficiant que d'un revenu, les femmes sont devenues de sexe. En effet, les femmes n'occupent que rarement des postes de commande et sont encore souvent moins bien rémunérées que leurs homologues masculins. Cependant, elles sont très bien représentées au sein du gouvernement (11 membres sur 20) ainsi qu'au parlement, Riksdag, et aux postes de cabinet où elles occupent la moitié des sièges depuis que la parité a été instaurée, en mars 1996.

La question de l'immigration

Bien souvent, lorsque des immigrés se rencontrent, ils ne tardent pas à déplorer telle

plus en plus nombreuses à intégrer le monde du travail. Le pourcentage de femmes actives s'est hissé à 82 %, grâce notamment à la mise en place d'une structure d'accueil de l'enfance. Cependant, la lutte pour l'égalité des sexes s'est soldée par un succès mitigé. Si l'on voit relativement des femmes au volant des bus ou dans la police, une étude récente menée par le gouvernement montrait que les activités étaient malgré tout très nettement réparties et déterminées en fonction du

A gauche, atelier de couture du début du siècle ; ci-dessus, atelier de montage automobile automatisé.

ou telle réalité suédoise : la rigueur du climat, la cuisine insipide, les impôts élevés, les gens fermés, les enfants nonchalants..., tout est prétexte au mécontentement des nouveaux venus. En réalité, ce sentiment de frustration semble être commun à toute personne restée longtemps dans le pays, voire aux Suédois eux-mêmes. Cela serait-il dû aux longs hivers froids et sombres ? Malgré leurs griefs, la plupart des immigrants restent en Suède, souvent en raison de leur situation professionnelle ou familiale, parfois parce qu'ils ne peuvent tout simplement pas retourner dans leur pays d'origine. Mais ils manifestent souvent avec une impatience non dissimulée leur

désir de quitter la Suède pour retrouver la chaleur du climat et des gens qu'ils ont laissés derrière eux, et on a parfois l'impression qu'ils attendent le moindre événement favorable pour retourner dans leur pays, même si beaucoup ne passent jamais à l'acte.

En 1950, le nombre d'étrangers en Suède ne représentait que 1,8 % de la population, qui ne comptait alors que 6,9 millions d'habitants. Entre 1944 et 1980, l'immigration contribuait pour près de 45 % à l'accroissement démographique, un enfant sur quatre étant d'origine étrangère. Ainsi, en 1975, le nombre de ressortissants étrangers correspondait à 5 % de la main-d'œuvre suédoise alors de 4,4 millions. Selon les dernières estimations, un huitième de la population est d'origine étrangère ou né de parents étrangers. Le nombre de personnes nées de couples d'immigrants est de sept cent mille, dont un peu plus de la moitié sont devenues des citoyens suédois. En 1970, la Suède enregistra un taux record d'immigration, comptant alors plus de soixante-quinze mille apatrides.

L'immigration à ses origines

Si, dès les XIIIe et XIVe siècles, la Suède fut envahie par les marchands et les artisans de la Hanse, les grandes vagues d'immigration ne commencèrent à déferler qu'au XVIe siècle avec la formation de colonies finlandaises. Les premières immigrations non scandinaves remontent à l'arrivée de commerçants hollandais et de forgerons wallons, au cours des XVIIe et XVIIIe siècles. Quantitativement, cet afflux était mineur par rapport au rôle que joue l'immigration aujourd'hui, mais il existe encore quelques villages typiquement wallons. Cependant, ces immigrants se sont de longue date intégrés à la société suédoise qui était restée jusqu'à une époque récente ethniquement homogène.

Les premiers courants modernes d'immigration, durant les années 1930, n'ont pas affecté la composition de la société. Il s'agissait alors surtout du retour de Suédois désireux d'échapper à la crise qui sévissait aux États-Unis. Pour la première fois, l'immigration commença à l'emporter sur l'émigration. En effet, c'est seulement entre 1972 et 1973 que le nombre de départs fut supérieur à celui des arrivées.

Dans le sillage de la Seconde Guerre mondiale, l'immigration changea d'aspect. Les horreurs de la guerre et de l'oppression ne tardèrent pas à précipiter nombre de réfugiés vers le pays d'accueil. La plupart étaient originaires des États baltes et des pays scandinaves voisins ; sur les cent vingt-deux mille immigrés nordiques, soixante mille étaient des enfants finnois. La majorité des personnes restées dans le pays à l'issue du conflit sont devenues des citoyens suédois à part entière.

A gauche, prêtes pour la fête du Midsommar *(fête de la Saint-Jean) ; à droite, certaines écoles regroupent jusqu'à vingt nationalités.*

Au cours des années 1950 et 1960, avec la rapide expansion de l'industrie suédoise, l'immigration résultait principalement des besoins en main-d'œuvre. S'ajoutant à un vaste capital humain importé des pays nordiques, notamment de Finlande, grâce à la libre circulation des travailleurs scandinaves, de nombreux immigrés arrivaient d'Italie, du Royaume-Uni et de l'Allemagne de l'Ouest, très vite suivis de ressortissants grecs, polonais, yougoslaves et turcs. Puis, avec le changement des

FINNO-FINNOIS, FINNO-SUÉDOIS ET SUÉDO-FINNOIS

Rares sont les nations à être aussi étroitement liées que la Suède et la Finlande. De tout temps, il y eut en Suède plus d'immigrés finlandais qu'il n'y eut de Finlandais d'expression suédoise en Finlande. Les allers-retours entre les deux rives de la Baltique n'ont cessé depuis le XVIe siècle, de sorte que, aujourd'hui, les Finlandais constituent la minorité ethnique la plus importante de Suède. De plus, sur trois cent vingt mille immigrants finlandais, cent quatre-vingt-dix mille sont naturalisés suédois. Les deux pays frères sont reliés par deux compagnies maritimes, Viking et Silja, et les voies de communication les plus empruntées sont celles de Stockholm-Helsinki et de Norrtälje-Turku. Chaque année, huit millions de passagers traversent la Baltique. Il s'agit pour la plupart de Finlandais qui rendent visite à leurs proches en Suède ou en Finlande. Le nombre des passagers a connu une augmentation fantastique, et les bateaux sont devenus des hôtels de luxe, avec un ensemble de cabines accueillant jusqu'à deux mille passagers, des restaurants, bars et discothèques qui font de la traversée une véritable croisière. L'immigration finlandaise remonte à l'époque où les deux pays étaient regroupés sous la même couronne et s'est accentuée avec la libéralisation du marché du travail nordique. Cependant, la puissance économique de la Finlande est aujourd'hui comparable à celle de son pays voisin, et le nombre de départs pour la Suède est pratiquement compensé par l'ampleur des retours au pays natal. Il y a environ cinq cents ans, la Finlande était considérée comme une colonie suédoise et, très souvent, les Finlandais étaient engagés comme officiers dans l'armée suédoise. Au cours des XVIe et XVIIe siècles, les immigrants étaient des anciens soldats recrutés pour l'aménagement des vastes étendues sauvages du centre et du nord de la Suède appelées depuis Finnskogar, ou « forêts finlandaises ». Les différentes générations d'immigrants furent employées dans les mines et les forêts, puis, progressivement, dans l'industrie et le milieu hospitalier. Six siècles d'histoire commune ne sont pas allés sans laisser des traces, et cela se manifeste entre autres par l'existence de trois minorités finlandaises implantées en Suède : « finno-finnoise », « finno-suédoise » et « suédo-finnoise ». Les premiers, les Finlandais d'expression finnoise, constituent la plus grande minorité ethnique. S'ils traversent la Baltique, c'est dans un premier temps pour y trouver un emploi, et, s'ils doivent s'établir pour une longue durée, ils savent que leur pays natal n'est qu'à une douzaine d'heures par bateau. Les Finlandais suédophones ont davantage tendance à rester définitivement en Suède. Jusqu'en 1901, la Finlande avait eu le suédois pour langue officielle, et longtemps après elle était encore celle de l'intelligentsia d'Helsinki. Aujourd'hui, cette minorité d'expression suédoise ne représente que 10 % de la population finlandaise, et est souvent rattachée à la Suède par des liens familiaux. Quant aux Suédois de langue finnoise, ils sont moins nombreux. En réalité, localisés de part et d'autre de la frontière, ils ne peuvent pas être considérés comme des immigrés. En dépit de ces enchevêtrements complexes, il existe bien deux nations différentes, comme en témoigne la grande rencontre annuelle sportive au nom révélateur de Finnkampen, ou « Lutte des Finlandais ». Durant ces rencontres, qui ont lieu alternativement à Stockholm et à Helsinki, des équipes de chaque pays s'opposent. En général, les Finlandais, grâce notamment à leur équipe féminine, remportent la victoire, exploit qui revêt une valeur symbolique pour ce pays longtemps resté le parent pauvre du monde nordique. Réalité d'autrefois que raconte sur le mode comique cette histoire de deux jeunes Finlandais qui, après avoir passé ensemble leur jeunesse au fin fond de la campagne finlandaise, se rencontrent par hasard à Stockholm : Matti, qui vient d'arriver, est déçu de voir son ami Markku si peu enjoué de le retrouver : *« Enfin, Matti, explique Markku, tu comprends bien que maintenant, je suis un citoyen suédois ! »*

conditions économiques, commun à toute l'Europe, la Suède entreprit de contrôler l'immigration de main-d'œuvre tout en ouvrant ses portes, pour des raisons humanitaires, aux réfugiés politiques du Chili, d'Irak, d'Éthiopie et de Turquie. Le nombre d'exilés chiliens en Suède s'éleva ainsi, en 1988, à près de vingt mille. Récemment, la majorité des réfugiés provenait d'Iran (en particulier des Kurdes). Mais nombre de Libanais et d'Africains venus de Somalie et du Kenya sont également venus chercher refuge en Suède pour échapper aux conflits, à l'oppression et au terrorisme.

Racisme et intégration

Aujourd'hui, les grandes transhumances humaines proviennent du Moyen-Orient, mais ces immigrants ne bénéficient pas d'un accueil aussi favorable que les précédents. En effet, aux yeux des Suédois, ils sont à la fois trop envahissants et trop différents. Et la Suède libérale, qui longtemps s'est érigée comme la conscience du monde avec sa politique généreuse et favorable à l'arrivée massive d'immigrants et de réfugiés politiques, voit maintenant apparaître divers courants racistes qui s'accentuent et constituent un sujet de discussions brûlant. Même si, dans les années 1990, ce sont surtout les immigrés qui furent le plus touchés par le chômage, les Suédois également concernés par la crise n'ont pas compris pourquoi le gouvernement s'évertuait encore à accueillir les étrangers. Aujourd'hui, les banlieues sont davantage occupées par les ressortissants étrangers que par les habitants de souche suédoise. Certaines écoles regroupent jusqu'à cent nationalités différentes, et les centres d'accueil comptent presque autant de nationalités que d'enfants.

Dès 1986, le nombre d'immigrants en provenance d'autres continents était pour la première fois supérieur à celui des ressortissants européens. De nos jours, la Suède compte près de vingt-cinq mille résidants d'origine iranienne, et plus de trente mille d'origine turque, les cinquante-huit mille Yougoslaves représentant le plus important groupe ethnique non nordique.

A gauche, Suédois et Finlandais se rencontrant à la frontière pour célébrer le Midsommar *; ci-dessus, image du festival des Immigrants de Rinkeby, près de Stockholm.*

Par souci d'éviter la formation de ghettos, le gouvernement a instauré avec succès nombre de mesures visant à intégrer les nouveaux venus à la société suédoise. C'est le cas des subventions accordées pour la publication d'œuvres littéraires dans les langues d'origine, de la diffusion d'un journal publié en douze langues et d'émissions de radio ou de télévision diffusées en différentes langues également. Les immigrés bénéficient en outre d'un enseignement gratuit de suédois comprenant quatre à cinq cents leçons. Malgré ces efforts, nombre d'immigrants originaires de petits villages turcs, syriens ou iraniens, tendent à se confiner dans leur communauté.

Même sans être naturalisés, les immigrants ont un droit de regard sur la vie de

la collectivité. Les étrangers ayant résidé au moins trois ans en Suède se voient accorder un droit de vote et d'éligibilité aux élections communales et régionales. Ainsi, tous les partis politiques tentent de s'accaparer leurs voix, ce qui, dans certaines communes, peut constituer un facteur déterminant. Cependant, le nombre de personnes exerçant ce droit est bien en deçà de la moyenne nationale, notamment parce que la démocratie est encore peu connue de certains étrangers.

Outre qu'ils représentent un apport de main-d'œuvre dans l'industrie, l'hôtellerie et les services hospitaliers, les immigrants contribuent pour une large part à l'enrichissement culturel de la société. Cela se manifeste avant tout, au grand plaisir des Suédois, dans le domaine de la restauration. Dans les années 1950 et 1960, le choix des restaurants était extrêmement limité. D'une part, les Suédois n'avaient pas l'habitude de sortir pour dîner ; d'autre part, les restaurants étaient davantage de grandes institutions gastronomiques aux menus affichant des prix exorbitants, tels l'Operakällaren à Stockholm. Certes, il existait de petits établissements où l'on en avait pour son argent mais les bons restaurants où l'on pouvait bénéficier d'une atmosphère agréable et de prix modiques étaient chose rare. Puis la Suède a été le théâtre d'une étonnante révolution gastronomique ; les restaurants se sont multipliés, d'abord dans les grands centres urbains puis dans la plupart des villes. Les Suédois ont été les premiers auteurs de ce phénomène : de plus en plus nombreux à partir à l'étranger, où ils découvraient des saveurs bien différentes de celles de leurs boulettes de viande traditionnelles, ils revenaient au pays avec des recettes et des habitudes nouvelles. Mais c'est avant tout aux immigrés que l'on doit cette impulsion. En effet, nombre d'étrangers, mus par leur désir de se hisser dans l'échelle sociale, abandonnèrent leur poste de plongeur pour devenir restaurateur, directeur d'établissement ou chef cuisinier. Les Italiens ont ouvert la voie, et il n'est pas une ville en Suède, quelle que soit sa taille, qui ne compte au moins une pizzeria. Aujourd'hui, ces établissements sont de plus en plus souvent tenus par des Yougoslaves, les Italiens tendant à fonder des maisons plus distinguées dans lesquelles on met un point d'honneur à ne pas servir de pizzas. Et c'est ainsi que, parmi les restaurants les plus prisés de la capitale, tels l'Operakällaren, le Stallmästergården, le Riche et le Teater Grillen, la plupart sont tenus par le fils et deux anciens employés d'un des pionniers des pizzerias suédoises. Si les ressortissants chinois ne sont pas aussi nombreux que les Italiens, les restaurants orientaux rivalisent, en nombre, avec les pizzerias.

A gauche, jeunes « Suédois » au festival des Immigrants ; à droite, le « smörgåsbord » de l'Operakällaren.

LES SAMIS

On les appelle les Lapons, mais ces éleveurs de rennes qui, depuis la nuit des temps, habitent les régions boréales, se désignent sous le nom de « peuple des huit saisons », ou Samis. Leur pays s'étend dans les régions septentrionales de Norvège, de Suède, de Finlande et de Russie, vastes contrées sauvages où seule la nature rythme la vie.

Au VIIIe siècle, un moine lombard, Paul Diaconus, donna une description détaillée de l'*ultima Thule* des Samis. Il dressa un tableau précis de leur univers, mentionna pour la première fois le soleil de minuit, décrivit le renne comme un animal robuste et apparenté au cerf, évoqua les montagnes couvertes de neige sans oublier les habits bariolés des nomades. Autrefois, et même encore au début du XXe siècle, les groupes familiaux suivaient leur troupeau toute l'année, entre les pâturages d'hiver dans les forêts de conifères et les herbages d'été en haute montagne. Leur *kåta*, hutte de forme conique facilement transportable, leur permettait de s'installer n'importe où. Après le passage de Carl von Linné, en 1732, un graveur l'immortalisa dans une statue en cuivre décorée de la parure traditionnelle. Dans sa main, il tient le tambour du *noaidi* orné de signes mythiques et qui, aux yeux des Samis, est l'objet le plus précieux au monde. Mais c'est là une autre histoire, une histoire qui remonte à des temps immémoriaux et qui appartient à la religion, à la magie même de la culture sami.

Car ce peuple maintient une culture millénaire, qui n'est pas que folklorique. Sa langue, ses chants rythmés, l'organisation de la vie familiale et communautaire caractérisent une ethnie qui a aujourd'hui son institut à Kautokeino, sa bibliothèque à Karasjok et son musée à Tromtö. Aujourd'hui, les Samis se sont sédentarisés, les familles sont établies dans des petites villes ou des villages, et seuls les hommes suivent les migrations saisonnières des troupeaux. L'élevage se pra-

Pages précédentes : le Kebnekaise, en Laponie, qui culmine à 2 117 m. A gauche, Samis revêtus du costume traditionnel pour la foire de Jokkmokk.

tique désormais au moyen d'équipements modernes : scooters de neige, motos tout-terrain, systèmes de télécommunication ultra modernes, hélicoptères, sont dorénavant chose courante. Il n'en reste pas moins que les rennes doivent encore être déplacés en haute montagne où les pâtures sont riches, et où la fraîcheur et le vent les mettent à l'abri des moustiques et des taons.

Les troupeaux se déplacent librement sur de vastes étendues et sont régulièrement rassemblés pour le regroupement par éleveur, le marquage et l'abattage. Pour ce faire, le jeté de lasso demande une habilité

certaine, mais les Samis y ont été habitués depuis leur plus jeune âge. Une fois la bête attrapée, on la marque d'une incision sous l'oreille à l'aide d'une lame bien affilée.

Au pays des huit saisons

C'est avec le printemps hivernal, en avril, lorsque la neige recouvre encore les plaines et les collines, que commencent les huit saisons des Samis. C'est une époque pénible durant laquelle les rennes doivent creuser sous la croûte de neige pour trouver leur principale nourriture, le lichen : lichen barbu qui pend des branches du pin et du sapin, ou lichen à renne, avec la partie molle et blanchâtre à l'intérieur de l'écorce des conifères, ou encore le lichen chevelu surnommé « plante nerveuse ». Cette période est aussi difficile pour les bêtes, qui doivent parcourir de vastes étendues pour se nourrir, que pour l'homme qui doit surveiller son troupeau. Cependant, le printemps approche, et avec lui la saison en haute montagne. Les mâles perdent leurs bois tandis que les femelles, en pleine gestation, conservent les leurs.

Au mois de mai, le soleil darde ses premiers rayons et annonce l'arrivée de la saison de la mise bas. C'est alors la débâcle, la nature sort de sa torpeur hivernale.

Puis arrive le printemps estival ; les montagnes fleurissent et se recouvrent de baies polaires et de mille et une autres variétés différentes. Cette abondance végétale constitue une pâture pour les troupeaux de rennes et un paysage de toute beauté.

L'été arrive enfin, avec ses verts pâturages, sa lumière et sa chaleur tant attendues. Les cours d'eau, frais et limpides, serpentent dans un doux bruit cristallin et regorgent de truites saumonées, d'ombles chevaliers et d'une foule d'autres espèces à chair blanche. Mais très vite, la belle saison prend fin et déjà les longs et rudes mois d'hiver semblent se profiler. Au pied des montagnes, les hommes ramènent leur troupeau au bercail où les bêtes sont séparées pour l'abattage.

A la saison de l'été automnal, les nuées de moustiques et de mouches disparaissent. Les orages grondent au-dessus des montagnes et des plaines. Avant de perdre leurs feuilles, les bouleaux nains tapissent le paysage d'un formidable kaléidoscope aux couleurs flamboyantes. C'est la saison de l'abattage, avec ses odeurs fétides de sueur, de sang et de fumée. L'automne hivernal apporte bientôt sa fraîcheur et ses nuits drapées d'aurores boréales. Puis, petit à petit, les jours diminuent, et les formations brumeuses et nuageuses renforcent l'épaisseur de la nuit hivernale. Dans les marais, les rennes se blottissent les uns contre les autres près des bouleaux nains sous lesquels la neige est encore molle et le lichen toujours humide. Durant ces

A gauche, durant le court été boréal, le sol se couvre de mille et une fleurs aux couleurs délicates ; à droite, traverser une forêt n'est pas sans dangers…

9 km

longs mois d'hiver, l'ours, qui hiberne, ne constitue pas une menace pour les rennes. Mais les éleveurs redoutent toujours les assauts des gloutons (petits mammifères carnivores) qui s'attaquent aux bêtes malades pour les vider de leur sang.

Intégration et traditions

Avec le temps, la vie des Samis a, bien sûr, évolué. Nombre d'entre sont totalement intégrés dans la société moderne, travaillant notamment dans l'industrie et les forêts.

Sur les trente-huit mille Samis répartis le long de la ceinture septentrionale, de la Norvège à la Russie, une quinzaine de milliers vivent en Suède. A l'image des autres pays nordiques, le gouvernement suédois a peu à peu adopté des mesures visant à sauvegarder leur identité, leur culture et leurs intérêts économiques. Ainsi, depuis 1993, les Samis de Suède ont un parlement basé à Kiruna où dix partis politiques sont représentés. La Suède n'a cependant toujours pas ratifié la convention 169 de l'OIT (Organisation internationale du travail) qui accorderait aux Samis le droit à la terre et l'eau, alors que de nombreux éleveurs de rennes ont été privés de vastes étendues au profit de l'industrie forestière.

Du fait de leur tardive intégration économique, les Samis ont dû développer leur artisanat pour accroître le tourisme. Ainsi, les fêtes traditionnelles sont-elles l'occasion de sortir les habits de peau, les bures bariolées, les jambières de fourrure, etc. Au printemps, avant la transhumance, les éleveurs se retrouvent à Kautokeino pour de grandes fêtes : l'occasion de voir des courses de rennes… et de se marier. L'artisanat traditionnel est particulièrement vivant lors des foires de Jokkmokk où l'on travaille un large éventail de matières premières, de l'écorce de bouleau (*näver*) dont on fait des pots et des sacs, aux bois de renne en passant par les peaux et les os. Un passage au nord du cercle polaire sera aussi l'occasion de goûter aux spécialités culinaires comme le *lappkok* (à base d'os à moelle et de foie) et le très célèbre *renklämma* (pain sans levain et parfumé au cumin, roulé autour d'une fine tranche de viande de renne fumée).

Lapone à la foire de Jokkmokk.

CULTIVER LA TRADITION

Sur la scène internationale, la culture suédoise émerge tout juste de ses brumes boréales, et seuls quelques grands noms semblent être connus du public étranger. C'est que la culture, en Suède, se vit, et il faut presque être sur place pour pouvoir l'apprécier. En effet, la mentalité suédoise est fondée sur le pragmatisme, sur des connaissances pratiques et non livresques, sans cesse orientées vers le monde actuel, *verkligheten*, la réalité. L'école met très tôt l'enfant en prise directe avec cette réalité à travers notamment l'enseignement des travaux manuels. C'est aussi la raison pour laquelle le visiteur étranger s'étonnera de ne pas trouver dans les librairies de la capitale une œuvre classique du pourtant très célèbre écrivain Lagerkvist. La politique du livre, en effet, veut que chaque année, les établissements procèdent à des braderies massives de livres considérés comme surannés. De fait, chaque année, à la suite de la remise du prix Nobel de littérature, les librairies font un étalage impressionnant de l'intégralité de l'œuvre du lauréat, aussi bien en suédois que dans le texte original. La soif de culture est donc extrêmement populaire, et l'État fait en sorte de satisfaire cette demande en allouant des subventions importantes aux divers établissements tels que l'**Operan** ou le **Dramaten** (théâtres nationaux) en conséquence de quoi le prix des places est somme toute assez modique, comparé à celui d'autres pays européens. La démocratisation de la culture se manifeste également par l'existence d'un théâtre itinérant qui organise des tournées à travers tout le pays, ainsi que par la formation de groupes libres qui apportent l'art dramatique là où le public se sent chez lui, loin des salles de théâtre somptueuses et solennelles. Les Suédois ont une conception très large de la culture, et les efforts de l'État social-démocrate abondent dans ce sens, finançant toutes sortes de projets, depuis la restauration de châteaux du XVIIe siècle jusqu'à la fabrication de pain selon des méthodes artisanales dans les sites touristiques. La Suède est ainsi devenue un des pays européens les plus soucieux de préserver son patrimoine.

Pages précédentes : le Dalahäst *(cheval de Dalécarlie), fabriqué et peint à la main à Nusnäs ; le Jour des drapeaux. A gauche, détail d'une toile de Anders Zorn ; à droite, artisanat traditionnel.*

Perpétuer son artisanat

Le principal aspect de la culture suédoise est en effet une tendance proprement romantique en faveur d'un retour aux sources et aux valeurs traditionnelles, si bien que l'art populaire et le folklore jouent un rôle prépondérant. De fait, il est

souvent difficile de marquer une distinction entre art et artisanat. Les ustensiles utilisés par le passé, et parfois encore de nos jours, ont non seulement une fonction utilitaire mais doivent également répondre à des critères esthétiques. Voilà pourquoi le pays est parsemé de musées folkloriques, souvent de plein air, dont le but est de faire revivre les us et coutumes d'antan. Même les plus petites communes consacrent des fonds importants pour la rénovation d'anciennes fermes dans lesquelles des fonctionnaires locaux, vêtus à l'ancienne, exercent diverses activités artisanales : les femmes tissent, cousent ou cardent ; les hommes hersent, labourent et sèment comme autrefois. Ce phénomène culturel est né d'un long passé pastoral (en 1910, 90 % de la population était rurale). En effet, les Suédois restés ainsi attachés à la terre, ont entraîné la résurrection de nombreuses autres activités, telles que la fabrication de lin. C'est ainsi que les vastes champs bleutés du Värmland ont réanimé les métiers à tisser de l'ancienne petite fabrique de Klässbol. Les étoffes fabriquées selon les méthodes traditionnelles ont été adoptées par la famille royale. De même, les plus beaux hôtels tels que **Grythyttan**, près d'Örebro, et le **manoir de Hook**, peuvent se targuer de leurs « draps

100 % lin, tissés main ». Les forêts, qui recouvrent la majeure partie du pays, fournissent le bois, largement utilisé dans l'artisanat suédois. En Dalécarlie, le long des rives du Siljan, le travail du bois s'est développé en une intense industrie touristique. Nombre de petites fabriques familiales produisent toutes sortes d'ustensiles tels que cuillers et fourchettes de service, crémaillères, couteaux à beurre et divers plats. La Dalécarlie, surnommée « le cœur de la Suède » pour son caractère traditionnel, a fait de son cheval de bois, *Dalahäst*, l'objet le plus symbolique de la Suède. Aujourd'hui, les produits artisanaux se retrouvent dans chaque foyer, ou sont vendus en guise de cadeaux et de souvenirs. Largement commercialisés, ces objets sont étroitement associés à l'identité même de la Suède. Pour un Suédois, rien n'est plus typique qu'une paire de sabots ou qu'un panier de *näver*, tissé à partir de bandes d'écorce de bouleau nain. L'écorce est recueillie au début du printemps dans les forêts boréales, puis découpée en fines lamelles. Les longs mois d'hiver sont propices au travail du *näver* qui demande force concentration, temps et agilité. Il est vrai que, d'une manière générale, les produits artisanaux ne sont pas très bon marché, mais les Suédois, qui passent de longues soirées dans leur foyer, ont un goût particulièrement prononcé pour tout ce qui relève de l'art de vivre, et y consacrent volontiers une part importante de leur budget. Aussi, l'ensemble de l'activité artisanale, que ce soit le travail du bois, de la terre, du verre, le tissage, et autres procédés naturels de fabrication, est soigneusement catégorisé. La tradition est également préservée à l'échelle nationale grâce à l'intervention d'associations telles que « Les amis de l'artisanat » ou « L'association de l'industrie domestique ». Celles-ci s'occupent également de promouvoir l'artisanat en ouvrant de nombreuses boutiques à travers le pays.

Le culte du passé se traduit également par l'importance que les Suédois attachent aux costumes folkloriques. Chaque région, sinon chaque commune, a sa propre tenue. D'une manière générale, ce sont des vestes brodées, des hauts-de-chausses et des chapeaux de feutre pour les hommes ; des jupes évasées, des tabliers et des bonnets pour les femmes, chaque localité apportant son détail original. Le costume traditionnel est si important qu'il est devenu une véritable institution. Si aujourd'hui, lors des réceptions officielles, la femme du Premier ministre ne porte plus, comme c'était l'usage autrefois, rubans et jupons, la reine Silvia arbore chaque année (lors de la Fête nationale), au grand plaisir du public, le costume traditionnel.

Une autre activité illustrant bien l'ambivalence entre art et artisanat est le soufflage du verre. Surtout localisé dans la région du Småland, il est également pratiqué à Stockholm, dans l'atelier de verrerie du musée de plein air, Skansen. Si, de nos jours, cette activité se caractérise par une production industrielle de renommée internationale, cristallerie et services de table étant produits en série, elle a su préserver un aspect artistique avec des œuvres uniques dessinées par de véritables créateurs.

Sauvegarder l'héritage culturel n'est pas le fait uniquement de la campagne ; il suffit pour s'en rendre compte de flâner, un samedi matin, dans les grandes villes de Stockholm, Göteborg, Malmö ou de Jönköping, et de prendre part à l'effervescence suscitée par l'ouverture des ventes aux enchères. Dans la capitale, deux fois par semaine, **Auktionsverket**, la plus ancienne salle de vente aux enchères, attire des milliers de curieux qui viennent musarder autour des services de porcelaine, des vieux meubles et autres antiquités.

Page de gauche : musicien traditionnel ; la famille royale lors d'une fête nationale (la reine Silvia est en costume traditionnel) ; à droite, la verrerie suédoise est réputée.

Les galeries d'art constituent une activité dominante, sinon une des plus florissantes, du monde culturel suédois, et témoignent avec force du rôle que joue l'art en Suède. Il suffit de longer la rue de Strandvägen à Stockholm, ou l'Avenyen à Göteborg pour tomber sur l'objet de ses rêves, qu'il s'agisse d'un Clia, d'un Litchenstein ou d'un de ces artistes de l'école allemande Foto-Konzept-Kunst.

Nec plus ultra des galeries, l'**Olsson Gallerian,** à Stockholm, dans le quartier chic d'Östermalm, propose, pour une certaine somme certes, des œuvres d'envergure internationale, telles que les toiles des fameux peintres dalécarliens Anders Zorn et Carl Larsson. Peut-être plus spécialisée dans l'art contemporain, la galerie Contur, aussi située à Östermalm, entreprend la promotion des dernières créations présentées à New York ou à Frankfurt et expose les œuvres des nouveaux artistes nationaux en vue. L'essor du marché de l'art suédois remonte au tournant du siècle, époque à laquelle Sotheby commença à vendre des œuvres scandinaves pour des prix records. De grandes œuvres datant du début du siècle ont ainsi été exhumées des réserves, chasse impressionnistes de Bruno Liljefors ou encore les splendides baigneuses d'Anders Zorn furent brusquement la proie d'amateurs venus des quatre coins de la planète. Et les prix, forcément, ont suivi la demande. Ce phénomène éveilla un intérêt chez les Suédois plus par désir d'investir ou de soustraire de l'argent au fisc que par goût réel pour les œuvres elles-mêmes. Ainsi, malgré son aspect convivial et informel, le monde de l'art en Suède est une vaste entreprise commerciale. Fredrik Roos, le génie des transactions boursières, a récemment vendu vingt-huit toiles du début du siècle, toutes signées

des caves et des greniers, dépoussiérées et envoyées aux différentes salles de vente stockholmoises et londoniennes. En réalité, ce phénomène fut déclenché par le grand défenseur de l'art du XIXe siècle, Alexander Apsis. A titre d'expérience, ce dernier avait décidé de présenter un certain nombre d'œuvres nordiques à l'occasion d'une vente du Sotheby. Ce fut une révélation et, du monde entier on accourut voir ces peintures et ces sculptures intéressantes, parfois même extraordinaires. Surtout, elles étaient accessibles pour presque rien, comparées aux œuvres des maîtres français ou anglais. Les scènes intimistes de Carl Larsson, les tableaux de par d'illustres artistes suédois tels que Hjertén, Schjerbeck, Kylberg, GAN et Jolin. Le but de cette opération était de rassembler des fonds en vue d'aider les futurs grands noms du XXIe siècle. La seule vente du *Dandy mourant*, de Nils von Dardel, a ainsi représenté la somme de treize millions de couronnes. Au cours des deux dernières décennies, de vastes collections ont été réunies.

Carl-Eric Björkegren, magnat de l'industrie, a ainsi rassemblé quelques œuvres des grands noms du XXe siècle européen, tels que Matisse, Léger, Picasso, Bonnard et les Suédois Grünewald, Amelin, Dardel. Des peintres plus récents figurent également dans cette impressionnante palette avec notamment Allan Gullberg et ses explosions de tâches de couleurs. Le but de Björkegren est d'exposer sa collection dans le centre ville de la capitale, afin qu'un vaste public puisse en profiter. Le financier Robert Weil entreprend, lui, la mise en place d'une exposition permanente, à Stockholm, sur l'art des années quatre-vingt. Ses expositions sont présentées dans un entrepôt rénové, classé dans les registres officiels comme étant d'intérêt national pour l'aménagement des quais de Stockholm. Robert Weil et son collaborateur David Neuman, propriétaire d'une galerie à New York, lui ont donné comme nom l'adresse de l'entrepôt : **Magasin 3**. Au moins une pièce de chaque exposition fera partie de la collection permanente. Jusqu'à présent, Magasin 3 a exposé les œuvres de Joel Fisher, Lynda Bengalis, Mel Keendric, John Chamberlain et Robert Therrien, recouvrant ainsi tous les mouvements de l'après-guerre. Le minimalisme a lui aussi été représenté, avec les trois créations majeures du parrain des artistes américains de cette veine, Walter de Maria. Ses œuvres, grandes étendues désertiques ou plongeons dans les eaux tropicales, sont connues pour constituer de grands événements médiatiques. Les plus célèbres, qui sont en exposition permanente à New York, ont été présentées au Centre Pompidou et à la Stadtgalerie de Stuttgart. Magasin 3 a été le premier a présenter Walter de Maria au public scandinave. Tout aussi passionnant, le **musée de Roos**, ouvert en 1988 à Malmö, dans le sud du pays, a été baptisé **Rooseum**. Avec une surface d'exposition de 1 800 m², il constitue l'un des plus grands musées scandinaves consacrés à l'art moderne et contemporain, suédois et international. En outre, de nombreux symposiums et concerts y sont organisés.

A gauche, tableau de Carl Larsson ; ci-dessus, Ingmar Bergman entouré des principaux acteurs de Fanny et Alexandre *(1983).*

La musique

L'art populaire et traditionnel s'exprime aussi par la musique et les danses folkloriques. Nombre de groupes de danse, de chorale ou de musique attirent chaque année des centaines et des centaines d'amateurs. Il n'est pas une ville qui n'ait pas son groupe, les concours organisés par la radio ou la télévision en encourageant vivement la formation. Petits orchestres et groupes de violonistes connaissent un succès considérable. Chaque année, au mois de juillet, le **Festival de musique du lac Siljan** réunit pendant neuf jours environ cent des musiciens les plus talentueux du pays. Ceux-ci déploient leur talent dans de somptueux costumes traditionnels. Violons classiques et folkloriques, cithares et tympanons jouent leurs mélodies pour un public enthousiaste. Durant les mois d'été, les notes de musique semblent résonner dans tout le pays, surtout lors de la **Saint-Jean**, quand tous les suédois se rassemblent pour danser, jusqu'au petit matin, autour d'un mât garni de fleurs sauvages et

au rythme de musiques traditionnelles. Dans les villes, les concerts de musique folklorique sont organisés (et la plupart du temps complets) longtemps à l'avance. Mais dans les plus petites agglomérations, il n'est pas rare de voir un groupe se mettre à improviser quelques notes sur une terrasse de café à l'ambiance animée et chaleureuse. Dans les régions plus au nord, en particulier en Laponie, la musique est toujours accompagnée de danses, et a même une fonction narrative, avec le *jojk*, qui mêle le chant à la poésie.

L'abondance de ses chœurs fait de la Suède le centre mondial de la musique ecclésiastique. Il y a quelques années, lors du premier dimanche de l'avent, six interprétations du *Requiem* de Mozart ont été jouées à Stockholm. Par ailleurs, Ricardo Muti a récemment engagé le chœur de la Radio suédoise pour des manifestations à la Scala et pour des enregistrements avec l'Orchestre philharmonique de Berlin. Mais les manifestations musicales ne sont pas exclusivement à caractère religieux. Outre les groupes folkloriques, il existe une kyrielle de formations de jazz, de chorales d'étudiants, de fanfares de police et de pompiers et bien d'autres encore. Ces spectacles, généralement gratuits, ont lieu tout au long de l'année. En été, de nombreux concerts sont donnés au Château royal de Stockholm, sur les marches du Musée national, ainsi que dans bon nombre d'autres châteaux. Dans l'île de Gotland, formidable patrimoine historique, le **Festival de musique de chambre** se déroule tous les mois de juillet grâce à l'initiative du célèbre pianiste Staffan Scheja. Le Palais de la Noblesse, **Riddarhuset**, offre aussi pendant l'été une foule de concerts et de récitals. On ne peut, dans le pays de Strindberg, parler d'art sans mentionner le théâtre, particulièrement vivant, expérimental et bon marché. August Strindberg choqua ses contemporains en introduisant un art dramatique naturaliste puis expressionniste, avec entre autres *Mademoiselle Julie*, *La Danse de mort* et *Le Songe*. Nombre de ses pièces ont plus tard été reprises par le non moins célèbre Ingmar Bergman. Plus accessibles au visiteur étranger, les spectacles tels que *Cats* ou *Le Fantôme de l'Opéra*, ont aussi leur place dans la capitale, et sont généralement produits juste après leurs représentations à New York et à Londres. L'Opéra populaire est une merveille, en témoigne sa tournée mondiale de son spectacle *Turandot*, qui a reçu un accueil très favorable auprès du public et de la critique internationale. Pour les spectacles plus classiques, essayez de vous procurer des places pour les représentations de pièces et de ballets baroques du **théâtre de Drottningholm**. Situé dans l'enceinte même de la résidence permanente de la famille royale, dans une île du lac Mälaren, le site vaut largement le détour.

A gauche, buste d'August Strindberg ; à droite, représentation en plein air de sa pièce Hemsöborna.

18.
19.

VIVE LE SPORT !

Avec une des densités démographiques les plus faibles d'Europe, la Suède, tapissée de lacs et de forêts, est un véritable poumon où s'étendent encore de larges espaces vierges. Aussi, en hiver comme en été, les Suédois aiment-ils à quitter leur doux cocon pour se promener dans la nature, profiter de l'air pur et du silence. Nombre de sentiers, tous très bien balisés, sillonnent le pays tout entier. C'est le cas en particulier de la Piste royale, Kungsleden, qui s'étire sur près de 500 km, depuis Abisko jusqu'à Hemavan, à travers des paysages changeants et magnifiques. Dans l'ensemble, ces balades sont tout à fait excentrées, loin de toute forme de civilisation. De fait, elles sont souvent jalonnées de chalets-refuges séparés environ d'une journée de marche. Les chalets sont en règle générale très bien équipés (batterie de cuisine, cheminée, poèles, lits, matelas et couvertures). Certaines stations comprennent même un libre-service et l'incontournable sauna. Cependant, il est des espaces restés si sauvages qu'il faut être muni d'une tente, d'un duvet et d'un réchaud, le tout pouvant représenter une charge de près de 18 kg ! Dans ces immensités vierges, point de sites réservés au camping, mais le randonneur peut s'arrêter où bon lui semble et profiter des espaces et des cours d'eau qui murmurent un peu partout, et ce, en vertu de l'*Allemannsrätt*. Ce droit de libre accès à la nature est une coutume ancestrale qui veut que chacun puisse jouir de la vie en plein air, cueillir des baies, faire des randonnées pédestres ou à skis et des balades en canoë là où il le désire. Chemin faisant, il peut arriver que l'on rencontre des animaux sauvages tels que des ours, des lynx et des élans, mais le marcheur ne doit pas s'effrayer, car ces animaux ont en général peur de l'homme. En revanche, il est sous ces latitudes un féroce ennemi dont on doit se méfier : le moustique ! En été, forêts et marais sont envahis de nuages de moustiques, et la seule solution pour en éviter les désagréments est de s'enduire généreusement de lotion anti-moustique. S'ils n'éliminent pas le problème à la source, ces produits suédois se révèlent plus efficaces que ceux que l'on trouve habituellement en France, et il est donc conseillé de les acheter sur place. Les courses d'orientation sont également très populaires et rassemblent hommes, femmes, petits et grands, qui, munis de cartes et de boussoles, se lancent par monts et par vaux dans la fraîcheur des forêts. La course à pied, seul ou en groupe, est aussi très répandue et a été connue des Suédois bien avant que de gagner le reste du monde. Il est vrai que le chemin de la maison aux sentiers sauvages n'est pas long, ce qui favorise cette pratique.

Pages précédentes : descente du Ljusnan. A gauche, ski nautique sur l'un des cent mille lacs de Suède.

Le ski, le patin, le scooter de neige

En hiver (dans les régions les plus septentrionales il peut commencer dès le mois d'octobre) les Suédois abandonnent leurs chaussures de marche pour les skis. Dès son plus jeune âge, le Suédois est familiarisé avec l'art des « planches » (le mot ski vient d'un ancien terme norrois désignant la planche). Avant même de savoir marcher, il se déplace dans un landau à skis tiré par ses parents. Puis, une fois passé maître dans l'art de marcher, il est aussitôt initié à celui de la glisse. Tout Suédois qui se respecte possède au moins une paire de skis, en particulier des skis de fond, utilisés même en ville pour se rendre à l'école ou au travail. Certains ont des skis à roulettes pour s'entraîner en été sur le bord des routes. Le ski donne ainsi l'occasion de sortir des limites de son foyer et d'être en pleine nature. De même, les lacs gelés et les nombreuses patinoires en plein air font la joie de tous, et il n'est pas un jeune Suédois qui ne sache manier une crosse de *bandy*, sorte de hockey sur glace. Le ski de fond, à en juger simplement par la course Vasaloppet, qui chaque année réunit près de treize mille participants, reste une pratique largement appréciée. Les sentiers sauvages et fleuris où l'on se promène en été sont en hiver jalonnés de traces de skis et balisés de signaux rouges. C'est une vision étrange, un jour de beau temps, que cette succession de taches rouges se poursuivant à l'infini dans un paysage immaculé. Les succès remportés par Ingmar

Stenmark sur les pistes alpines ont fait de la descente un sport très populaire, bien que les montagnes locales ne s'y prêtent que dans une moindre mesure. Voilà pourquoi les stations françaises accueillent tant de Suédois ! Cependant, de nombreuses pistes ont été aménagées, et la construction de remonte-pentes a suivi un rythme effréné pendant quelques années. Les domaines skiables d'Åre et de Björkliden par exemple, se sont développés de façon spectaculaire et les pistes d'Åre ont même attiré des champions de haut niveau. Mais il est vrai que ces pentes restent avant tout réservées au plaisir des amateurs. Pour manière générale on ne dépasse pas les 30 km/h, afin d'éviter les désagréments dus au froid, qui devient plus mordant avec la vitesse, et surtout pour économiser le carburant. L'essence, dans ces régions-là, est une denrée rare. Leur grand inconvénient cependant est de ne pas être compatibles avec les mesures concernant la protection de l'environnement et, pour cette raison, ils sont interdits dans de nombreuses régions. En effet, si les couches de neige ne sont pas très épaisses, ils peuvent nuire à la végétation. De plus, ils contribuent bien sûr à la pollution atmosphérique et aux nuisances sonores.

certains cependant, le ski ne suffit pas à assouvir la soif d'évasion, et, pour découvrir des étendues plus éloignées, on a de plus en plus recours à des engins tels que les scooters de neige, sortes de motos montées sur patins. Les scooters sont indispensables aux habitants des régions isolées et ont remplacé les traîneaux à chiens pour charrier provisions alimentaires, carburant et équipements divers. Les Samis les emploient notamment pour surveiller les troupeaux de rennes. Les scooters sont très faciles à manipuler. Aucun permis spécial n'est requis, il suffit d'être âgé de plus de seize ans. La vitesse maximale est de 130 km/h mais, d'une

Les sports nautiques

Avec ses nombreuses rivières, ses lacs, ses côtes et ses archipels, la Suède est le paradis des sports nautiques. Pas moins de cent mille lacs et d'innombrables cours d'eau ne vont pas en effet sans susciter l'intérêt de nombreux Suédois pour le canoë et les descentes en kayak. Il existe des centres de canoë un peu partout dans le pays, notamment dans la province de Värmland, où le réseau enchevêtré de lacs et de rivières offre aux amateurs l'avantage considérable de pouvoir parcourir un circuit sans avoir recours au portage. Adapté aux excursions et pas uniquement à l'exercice sportif, le canoë canadien est le plus populaire. Stable, il est aussi suffisamment large pour transporter deux personnes et l'équipement nécessaire à un périple d'une semaine. Cet équipement peut aller du plus rudimentaire — comprenant alors les rations alimentaires, quelques gamelles, le duvet et les indispensables allumettes imperméables — au plus sophistiqué.

Le kayak est moins apprécié. Destiné aux descentes de rapides, il demande beaucoup plus d'entraînement, d'adresse et d'agilité. Il est surtout pratiqué le long des rapides à l'intérieur des terres, mais aussi près des côtes, en particulier dans l'archipel de Stockholm. Le raft a récemment fait son apparition. Ces bateaux en caoutchouc permettent des sorties en groupe puisqu'ils peuvent transporter jusqu'à dix personnes environ. Équipés de vêtements imperméables et de gilets de sauvetage (dont le port est obligatoire pour toute excursion en bateau), les amateurs de sensations fortes se laissent ballotter par les eaux agitées et écumantes. Cependant, malgré les apparences, ce sport n'est pas dangereux et ne demande pas d'entraînement particulier. Il existe encore un type de balade en bateau, nettement plus paisible. Il est né sur les rives de la Klarälven, l'une des dernières rivières sur laquelle a été pratiqué le flottage du bois, permettant d'acheminer les troncs d'arbre depuis les lointaines forêts jusqu'aux scieries.

Cette nouvelle activité on ne peut plus originale consiste à utiliser des troncs d'arbre pour en faire un radeau à bord duquel on parcourt ensuite la rivière pendant quelques jours. Il faut compter plusieurs longues heures pour fabriquer son radeau. Pour ce faire, on utilise des troncs pré-taillés que l'on superpose en trois ou quatre couches. Une ou deux couches ne suffiraient pas, en effet, pour que la capacité de flottage supporte la charge et des personnes et de l'équipement. Une fois la construction achevée, les aventuriers embarquent leurs provisions et leur matériel de camping et rejoignent le courant à la rame. Commence alors un périple idyllique. Les nouveaux Robinsons se laissent porter par le courant à une vitesse moyenne de 2 km/h et occupent leur temps à se prélasser au fil de l'eau, à pêcher ou à surprendre quelque castor jouant dans les ondes claires : il s'agit alors de rester silencieux car, au moindre bruit, les petits ron-

A gauche, Åre est l'un des plus beaux domaines skiables de Suède ; ci-dessus, les joies du rafting.

geurs replongent aussitôt sous la surface d'un brusque coup de queue. De temps en temps, un petit effort s'impose, pour éviter un tourbillon ou pour rejoindre la rive sur laquelle on passera la nuit, à la belle étoile... ou sous la tente, pour éviter les moustiques ! Enfin, le bateau à voile reste un des passe-temps favoris des Suédois. Perpétuant les traditions ancestrales, les fils des Varègues sont des navigateurs avertis. Et il n'est qu'à voir ces kyrielles de carrés blancs voguer sur les eaux limpides de la Baltique, entre les contours plats des rochers de l'archipel de Stockholm, pour avoir envie de partager avec eux leur passion.

Le tennis

Écolier solitaire dans les confins brumeux de quelque région du nord de l'Europe, il tapait la balle sur le mur du garage familial, du matin au soir, pour se frayer un chemin jusqu'à Roland-Garros où il devint, à l'âge de dix-sept ans, le premier joueur mondial, titre qu'il allait conserver avant de prendre sa retraite à vingt-six ans, multi-milliardaire et propriétaire de plusieurs résidences, en Suède et à Monte-Carlo. Il s'agit bien sûr du monstre sacré du tennis mondial, Björn Borg dont la carrière fulgurante, aux yeux de ses nombreux fans du monde entier, ne sera jamais égalée. En effet, depuis que ce grand blond aux yeux d'acier et au revers dévastateur a quitté les arènes, personne ne semble avoir repris le flambeau.

Björn Borg a donné une impulsion nouvelle au tennis suédois, et entraîné dans son sillage toute une école de champions : Mats Wilander, Stefan Edberg, Järryd pour n'en citer que quelques-uns. Certes, ils ne rassemblent peut-être pas tous les attributs de leur illustre maître, à savoir son inégalable capacité de concentration (qui lui valut le surnom d'« Iceborg ») sa barbe de trois jours légendaire (il ne se rasait jamais avant les matches importants) pour ne pas mentionner ses Rolls-Royce, ses gardes du corps et ses hordes de groupies déchaînées. Mais ils ont réussi, avec l'éclat que l'on sait, à s'imposer sur les courts des grands. Avec une incroyable régularité, certains diraient monotonie, ils ont remporté victoire après victoire, aussi bien dans les plus grands tournois que lors des matches de Coupe Davis, et continuent encore imperturbablement à renvoyer la balle avec succès. Cependant, alors que Borg fut un phénomène inattendu et sans précédent, Wilander et ses compatriotes sont davantage destinés à être remplacés par la génération future et derrière eux se cache une armée de jeunes formés pour suivre les traces des grands frères. Ces petits génies de la raquette sont ainsi les produits de la « borgomania » qui a fait de la Suède un des pays les plus performants dans le monde du tennis.

A gauche, Björn Borg, l'initiateur d'un style suédois : jeu de fond de court et lift ; à droite, Stefan Edberg, atypique dans son pays par son jeu d'attaque et ses balles à la volée.

C'est avec la première grande victoire de Borg, remportée à Roland-Garros en 1974 (titre qu'il remporta six fois, sans parler des cinq victoires à Wimbledon), que le tennis suédois commença de devenir très populaire, deuxième sport le plus pratiqué après le hockey sur glace. Jusque-là, en effet, il avait été considéré comme un sport réservé à l'élite. La mode du tennis était ainsi lancée et avec elle l'essor des constructions de terrains, des fédérations, d'associations locales et de clubs divers. Les pouvoirs publics, reconnaissant l'ampleur du mouvement, ont alloué des sommes importantes. Le nombre d'adhésions dans les clubs a suivi un rythme effréné et de nouveaux tournois ont été mis sur pied. Des fonds considérables ont également été accordés pour la formation des jeunes, qui, raquettes à la main et bandeau autour de la tête, sont des milliers à vouloir miser sur une carrière sportive pour marcher sur les traces de leurs idoles. Quelles que soient leurs aptitudes, ils bénéficient d'un terrain largement favorable, et toute communauté peut se vanter d'installations modernes avec des courts extérieurs ou abrités, accessibles à tous, les

frais d'inscription ne dépassant généralement pas quarante couronnes par an. Selon les dernières estimations, la Suède compte environ quatre cent mille joueurs réguliers, ce qui, pour une population d'à peine 8,5 millions d'habitants, correspond à un pourcentage élevé de 5 %. Parmi eux, cent vingt mille ont moins de quinze ans. Plus précisément, cent soixante-dix mille joueurs sont affiliés à neuf cent cinquante-six clubs, parmi lesquels figure celui de Vallentuna, le Björn Country Club, dans la banlieue de Stockholm, qui doit son nom au héros national. L'aspect le plus manifeste de l'héritage de Borg reste encore l'ascension prestigieuse de la Coupe Donald Duck, le plus grand tournoi junior, destiné aux jeunes âgés de onze à quinze ans. Ce fut le premier trophée de Björn Borg, qu'il remporta à quatorze ans. Le tournoi comptait à l'époque mille inscrits, et l'année qui suivit la première victoire du champion à Wimbledon, le nombre de prétendants à la coupe était de huit mille, pour s'élever à treize mille en 1988. Ce tournoi se déroule tous les ans dans la charmante station balnéaire de Båstad, au sud-ouest du pays. Là, les jours de finale sont chargés d'émotion, les jeunes s'affrontent avec acharnement, la concentration est mise à rude épreuve, les espoirs déçus parfois, mais la joie qui se lit sur les visages des nouveaux champions est presque contagieuse. Cela dit, les animateurs et les entraîneurs des diverses fédérations insistent sur le fait que les jeunes espoirs doivent avant tout apprendre le plaisir de jouer. Les champions en herbe sont ainsi sensibilisés à l'importance que jouent la camaraderie, le respect des règles et des adversaires ; en un mot ils apprennent le *fair play*, ce dont tous les grands joueurs suédois ont fait preuve brillamment. Mats Wilander, qui a aussi remporté la coupe du tournoi Donald Duck, déclare lui-même : « Le tennis est avant tout un jeu ! Le but est de s'amuser ! Bien sûr, on veut gagner, mais perdre, ce n'est pas la fin du monde. C'est pourquoi en Suède, les jeunes apprennent à ne pas se prendre trop au sérieux, à s'amuser et à contrôler leurs émotions. »

Les principaux événements de l'année, en automne l'Open de Stockholm, qui fait partie du Grand Prix, et vers la fin de l'été, le tournoi de Båstad, sont très populaires et attirent des foules de plus en plus nombreuses. Le court central de Stockholm pouvait accueillir ainsi seize mille spectateurs lorsqu'il fut déplacé, en 1989, du Kungliga Tennis Hallen (Club de Tennis Royal) au Globen, géode dont on aperçoit les contours ronds et blancs dans un quartier éloigné de la ville.

Si la Suède ne mise pas sur la naissance d'un nouveau Borg, elle est cependant bien déterminée à former de nouveaux joueurs d'élite. Qu'elle se rassure, dans les

A gauche, mise en forme au gymnase ; à droite, Mats Wilander, un style dans la lignée de Björn Borg.

SOFINAL

années à venir, selon des estimations, au moins cinq Suédois devraient figurer parmi les trente premiers joueurs du classement mondial.

La pêche

Rien n'est moins naturel, pour les Suédois amoureux de la campagne, que de vivre en ville. Or, la vie en plein air est encore une réalité dans la capitale même : où, sinon à Stockholm, peut-on simplement quitter son lieu de travail ou sortir d'une bouche de métro pour s'installer près des bureaux du Premier ministre, jeter sa ligne et attraper des saumons de la plus belle espèce ? Et en plus, c'est gratuit, nul besoin d'avoir de permis. Mais cela ne représente qu'un aspect de la pêche en Suède, un des loisirs les plus appréciés des autochtones. Où que l'on soit, en Laponie, dans le Nord, ou dans la province de Scanie, au sud, sur les rives de la Baltique, à l'est, ou le long des détroits du Kattegatt ou du Skagerrak, à l'ouest, l'appel des eaux exceptionnellement poissonneuses est irrésistible.

En 1636, la reine Christine signa un décret autorisant les Stockholmois à pêcher dans les eaux avoisinantes du château, et, depuis, ce principe a toujours été retenu. Au cours du XXe siècle, ce droit n'a pratiquement pas été appliqué. En effet, la pollution avait entraîné la disparition de nombreuses espèces, en particulier des saumons et des truites. Puis, dans le sillage de la conférence des Nations Unies sur l'environnement, à Stockholm, en 1972, les autorités gouvernementales décidèrent de procéder à la purification des eaux de la capitale en y interdisant le déversement de déchets. Cette mesure encouragea alors l'introduction d'espèces telles que le saumon. Ainsi, c'est sous le regard ébahi des visiteurs étrangers que les pêcheurs de Stockholm sortent des eaux des pièces d'au moins 5 kg, en plein cœur de la ville, au beau milieu de la circulation, au pied du quartier des affaires ! Curieusement, rares sont ceux qui profitent de ces possibilités pour le moins étonnantes. Il est vrai qu'il y a comme une fausse note : vacarme et agitation ne semblent pas aller de pair avec la pêche au saumon. Aussi, ce n'est que fin octobre ou au cours du mois de novembre que l'on peut rencontrer des groupes de pêcheurs le long du Strömmen, courant qui relie le lac Mälaren à la Baltique. Ces eaux agitées sont en effet particulièrement riches en saumons. En pleine saison, les journaux publient des séries de photos de pêcheurs fiers de leur prise. Certes, ferrer un saumon demande force équipements et patience, mais cela procure un tel plaisir ! Cependant, beaucoup se contentent de rester assis sur le bord du quai, jambes et ligne pendantes au-dessus de l'eau. Pour eux, ce qui compte, c'est la détente, peu importe le résultat. Et puis, ce qui intéresse les Suédois avant tout, c'est de profiter de leur sacro-sainte nature, ô combien plus paisible et agréable que la capitale ! D'autant plus que les lacs, les rivières et les côtes offrent un éventail impressionnant de variété. Le long de la côte ouest, ce sont les poissons traditionnels de la mer du Nord : morues et maquereaux. De l'autre côté, les eaux de la Baltique abritent des bancs de brochets, de morues, de perches, de truites et, bien sûr, de saumons. Naturellement, aux yeux des Suédois, le saumon de la Baltique est le meilleur au monde. Les rivières regorgent de nombreuses espèces différentes : brochets, truites, truites saumonées, saumons

A gauche et à droite, avec le ski, la pêche est le sport favori des Suédois.

et autres variétés comestibles. Les amateurs de perches risqueront fort de rentrer bredouilles, seuls quelques lacs, où la pêche n'est pas ouverte au grand public, offrant cette espèce hautement appréciée. En effet, d'une manière générale, les Suédois s'opposent à l'introduction de nouvelles espèces, et contribuent donc à la raréfaction de certains poissons.

Le saumon, en revanche, est loin d'être une denrée rare. Il fut cependant un temps où il était bien plus abondant. Preuve en est qu'au cours du XVIIIe siècle, les contrats d'embauche des domestiques, dans les campagnes, stipulaient, à la demande des employés eux-mêmes, que le saumon ne devait pas être servi plus de trois fois par semaine à la table des ouvriers agricoles ! De plus, le saumon constituait un moyen de paiement en nature très répandu.

Au vu des circonstances actuelles, ce fait historique semble pour le moins paradoxal. Enfin, les lacs regorgent de brochets, à tel point que certains pêcheurs ont décidé de relever le défi et de n'attraper que des brochets de plus de 10 kg, laissant les autres aux enfants ou aux simples amateurs! Pour ce faire, ces spécialistes fabriquent en général leur appât eux-mêmes. D'une longueur d'au moins 30 cm afin d'éloigner les prises de petit gabarit !

Atout considérable, la pêche en Suède est accessible à tous. Grâce à de nouvelles dispositions, les côtes de la Baltique et les trois plus grands lacs sont maintenant ouverts gratuitement au public, ces mesures ayant été récemment appliquées sur la côte ouest. Il suffit donc de se précipiter, à vélo, en voiture, en train ou en bus, pour rejoindre la côte ou un des innombrables lacs, de s'installer sur la rive ou dans un bateau, pour pouvoir goûter aux délices de la pêche.

Cependant, si la coutume ancestrale du *Allemannsrätt*, admiré de par le monde, donne à tous un libre accès à la nature, et

autorise la cueillette de baies et de champignons, et les excursions en bateau n'importe où, la pêche est réglementée. Il faut donc souvent être muni d'un permis ou d'un forfait.

Ceux-ci sont facilement disponibles, étant délivrés par les autorités municipales pour des sommes modiques (ce qui est d'autant plus remarquable que le niveau du coût de la vie est très élevé). En effet, le prix annuel du forfait pour l'ensemble des quarante-cinq lacs de la commune de Stockholm est d'environ cinquante couronnes, et seulement de dix couronnes pour les moins de dix-sept ans. En réalité, la pêche en Suède n'a pas le cachet qu'elle peut avoir dans certains pays d'Europe, notamment en Écosse où les permis pour les sites les plus prestigieux peuvent représenter plusieurs centaines de francs pour une seule journée. De même, on n'attache pas une importance particulière à la pêche à la mouche, qui ailleurs fait partie inhérente du mythe du pêcheur. Aussi, bien que certains endroits soient réservés à cette pratique, on utilise la plupart du temps du matériel, léger ou moyen, de pêche au lancer.

Avec des conditions aussi favorables, il aurait été étonnant que la Suède ne voie pas au moins un de ses fabricants de matériel de pêche jouir d'une renommée internationale. C'est le cas d'Abu-Garcia, avec ses moulinets, sa large gamme d'hameçons et de leurres, y compris la cuiller, indispensables à tout pêcheur suédois qui se respecte. La fabrique est située au sud-est du pays, à Svängsta, à quelques pas de la rivière de Mörrum, fabuleuse réserve de saumons. Les premiers jours après l'ouverture de la saison, les prises effectuées à Mörrum défrayent la chronique nationale tant elles sont impressionnantes. C'est là aussi que le roi a sa propre zone de pêche. Les informations concernant les différentes activités reliées à la pêche sont largement diffusées, et il existe nombre de publications spécialisées. La Fédération suédoise de la pêche (Sportfiskarna) édite un guide pratique, *Fiskevatten*, où sont répertoriés les différents sites. Rédigé en suédois, il intéressera également ceux qui ne connaissent pas la langue par sa liste des numéros de téléphone des centres de pêche régionaux et communaux.

Par ailleurs, la capitale, comme la plupart des villes, abrite plusieurs magasins spécialisés en matériel de pêche. On peut s'y procurer un permis et demander toutes sortes d'informations auprès d'un personnel toujours accueillant. Là, le visiteur pourra même s'entendre raconter des histoires drôles relatives à la pêche et dont le répertoire est plus qu'abondant. Les plus connus de ces magasins sont : Fiskarnas Redskapshandel, Sankt Paulsgatan et Utters. De plus amples informations, concernant les excursions et les circuits par exemple, peuvent être obtenues auprès de l'**Office de tourisme de Stockholm**, à l'Institut suédois, en face du grand magasin NK, à quelques pas seulement de l'endroit le plus étonnant où l'on pêche du saumon.

A gauche et à droite, la pureté de l'eau, de la capitale comme des lacs, est gage d'émotions pour les pêcheurs.

UNE INDUSTRIE PROSPÈRE

Chaque année, le dix décembre, la Suède focalise l'attention mondiale pour la remise des prix les plus prestigieux : les prix Nobel. Ce jour est aussi celui de la mort d'Alfred Nobel et si, pour beaucoup, il est important de commémorer la disparition de celui qui, par testament, créa l'Institution, certains estiment que sa vie et son œuvre devraient être davantage célébrés. En effet, outre l'invention de la dynamite, des fusées de sauvetage et de la poudre à canon sans fumée, ses initiatives industrielles ont été un modèle pour l'ère moderne ; Alfred Nobel fut l'un des premiers à créer une multinationale, donnant ainsi les clefs du succès à l'industrie suédoise.

Une nation d'inventeurs

Dans le sillage des années 1880 et 1890, le pays fut le théâtre d'une véritable débauche d'inventions qui allaient donner l'impulsion nécessaire au développement industriel, jetant les bases des entreprises phares d'aujourd'hui. Nombre de sociétés ont ainsi fêté leur centenaire. C'est le cas, pour n'en citer que quelques-unes, d'A.S.E.A. (équipements électriques ; de L.M. Ericsson (télécommunications), d'Alfa Laval (centrifugeuses, équipements destinés aussi bien à l'industrie laitière qu'aux centrales nucléaires) et de Skånska (ouvrages d'art et génie civil). Dans quelques années, ce sera le tour d'autres firmes aux enseignes prestigieuses telles que S.K.F. (roulements à bille), A.G.A. (gaz industriels), C.E. Johansson (équipement de mesures) ; puis, encore plus tard, celui des grandes entreprises plus modernes et connues de par le monde, notamment Tetra Pak (le numéro 1 mondial de l'emballage de liquides), Ikéa (premier fournisseur au monde de meubles) et Hasselblad (constructeur d'appareils photographiques).

Pages précédentes : dans une usine de production d'acier de Sandvik. A gauche, initiation à la mécanique au lycée ; à droite, plate-forme de Göteborg.

Dans le sillage des Varègues (Vikings suédois), qui étaient avant tout des commerçants, puis, au XVIe siècle, forte de ses gisements de minerais de fer et de cuivre, la Suède put s'imposer comme puissance mondiale. Plus tard, l'exploitation de ses forêts, qui couvrent encore la moitié du pays, lui donna une impulsion non négligeable puisqu'elle lui permit de pourvoir aux besoins de l'industrie houillère britannique. Mais l'essor industriel de la Suède est surtout le fruit de l'œuvre impressionnante de grands inventeurs. N'oublions pas que c'est le pays notamment de Christopher Polhem qui, au début du XVIIe siècle, mit

au point les premières machines pour extraire le minerai ; de l'illustre Emanuel Swedenborg qui, au XVIIIe siècle, imagina, entre autres, un système d'écluse ; d'Anders Celsius, le physicien à qui l'on doit notre thermomètre à centigrades (1734) ; du chimiste C.W. Scheele qui, au XVIIIe siècle, découvrit, entre autres, le tungstène (du suédois, *tungsten*, littéralement « pierre lourde ») ; et de J.J. Berzelius, grande figure du romantisme suédois, qui établit aussi le système des symboles chimiques.

La liste des inventeurs et des ingénieurs est longue, puisqu'elle compte encore Johan Ericsson, inventeur de l'hélice à vis (il fut également l'architecte du navire de guerre *Monitor*, utilisé lors de la guerre de Sécession) ; G.E. Pasch, auteur de la fameuse allumette suédoise (de sûreté) en 1844 ; et Alexander Lagerman qui, en 1860, élabora le processus d'emballage automatique d'allumettes.

Tous ces inventeurs, et la liste est loin d'être exhaustive, étaient respectés et encouragés. Alors que les autres nations adulaient leurs héros de guerre, la Suède, qui depuis 1812 maintenait une politique de neutralité, produisait ses génies des sciences et des techniques et devenait ainsi un véritable berceau de savoir-faire. De plus, grâce à l'abondance de ses ressources minières, le pays était à même d'exploiter ces découvertes.

Ainsi furent jetées les bases de l'empire industriel suédois. Nombre d'entreprises citées plus haut découlent directement des inventions telles que le procédé d'allumage automatique des phares de Gustaf Dalén qui donna ainsi naissance au géant des gaz industriels, A.G.A. ; ou la centrifugeuse de Gustaf de Laval, à l'origine d'Alfa Laval ; le système de mesures de C.E. Johansson adopté par Henry Ford pour l'assemblage des pièces automobiles ; et le roulement à billes de Sven Wingquist, à l'origine de S.K.F., qui fut longtemps la plus grande entreprise dans ce domaine. A.S.E.A. a vu le jour grâce à Jonas Wenström, génie de l'électronique qui inventa une série de systèmes, comme le courant alternatif triphasé. Uno Lamm développa le système de transport du courant continu à haute tension, qu'A.S.E.A. dut perfectionner vingt-cinq ans durant avant de décrocher un contrat. Par ailleurs, les frères Ljunström ont obtenu des centaines de brevets, en particulier pour leurs turbines à vapeur double-action, autour desquelles s'est construite l'entreprise Stal-Laval (aujourd'hui A.B.B. Stal). C'est à un autre suédois, Balzar von Platen, que l'on doit le premier diamant industriel. Enfin, L.M. Ericsson élabora le téléphone avec un combiné muni d'un écouteur et d'un haut-parleur, donnant ainsi son nom au géant international des télécommunications.

Jusque dans les années 1960, la plupart des grandes entreprises étaient dirigées par des ingénieurs. C'était le temps de l'expansion industrielle et de la rationalisation des moyens de production. Aujourd'hui, dans la grande majorité des cas, ce sont des diplômés d'écoles commerciales qui se retrouvent à la tête des sociétés, bien que de nombreux ingénieurs soient encore présents dans les conseils d'administration. Hans Werthén était initialement ingénieur en électronique et participa à l'élaboration du premier poste de télévision suédois. De même, Curt Nicolin, qui fut le président d'A.S.E.A.-Brown Boveri, avant de prendre les commandes de la compagnie aérienne S.A.S., était ingénieur dans l'aéronautique, et c'est à lui et à son équipe que l'on doit la construction du premier avion à réaction suédois. Quant à Lennart Johansson, président de S.K.F., il s'est frayé son chemin dans le monde de la production après avoir été diplômé de l'école royale de Polytechnique.

(dont le sens des affaires a fait de Volvo un champion mondial de la construction automobile) informa les autorités gouvernementales de son ambition d'exporter vers les États-Unis, on lui rit au nez. Pourtant, la société fut bientôt le plus grand exportateur d'automobiles européen en Amérique du Nord.

Quant à la société Electrolux, elle n'a pas inventé l'aspirateur mais, grâce au génie commercial d'un de ses directeurs, son nom est synonyme d'électroménager partout dans le monde depuis les années 1920 — toutefois, la firme doit aussi son succès à Balzar von Platen qui, assisté d'un

Les deux grandes entreprises, Volvo et Electrolux, ne sont pas tant le fruit de cette mine d'inventions que d'un véritable génie en matière de production. C'est en 1920 que des ingénieurs de S.K.F. fondèrent l'entreprise Volvo, après avoir réussi à convaincre la société S.K.F. de financer leurs initiatives ; après tout, en cas de succès, cela pouvait représenter une part de marché intéressante pour les spécialistes du roulement à billes. Cependant, lorsque, dans les années 1950, Gunnar Engelhau

A gauche, les semi-remorques Scania pour le transport routier; ci-dessus, dans la mine de fer de Kiruna, en Laponie.

étudiant, mit au point le réfrigérateur à absorption (système dans lequel le fluide frigorifique est absorbé par une substance et non aspiré par un compresseur et qui présente ainsi l'avantage d'être moins bruyant). Depuis, Electrolux s'est spécialisée dans la construction de ces appareils et domine le marché mondial.

La coopération syndicale

Les syndicats sont un autre facteur important — souvent oublié — de l'essor et du succès de l'industrie suédoise. Les mouvements syndicaux suédois sont très puissants, rassemblant près de 95 % des cols bleus et 80 % des cols blancs. Ils profitent donc d'une position très forte leur permettant de mener d'égal à égal les négociations collectives avec le patronat. Ce système de négociations, qui existe depuis le fameux accord de 1938 (Saltsjöbaden), a su maintenir la paix sur le marché du travail pendant de longues décennies, bien que de nouvelles tendances se profilent en faveur d'un remaniement de l'ensemble du processus.

Aux yeux des syndicats et des employeurs, les entreprises performantes, compétitives et dont les profits sont élevés, sont le meilleur garant du plein emploi. De même, pour eux, la compétitivité des entreprises ne peut s'améliorer que si celles-ci sont confrontées à la concurrence aussi bien interne qu'étrangère. C'est ainsi que les syndicats et le gouvernement social-démocrate, au pouvoir depuis 1932 (avec une interruption de six ans entre 1976 et 1982), ont toujours exhorté le libre-échange, même s'ils ont tenté de s'opposer au contrôle par les étrangers des grandes sociétés suédoises, des matières premières et des ressources énergétiques. En réalité, cette politique protectionniste ne date pas d'hier, mais remonte au début du XXe siècle, et aujourd'hui, la loi suédoise limite à 20 % la participation des étrangers dans les entreprises publiques et interdit tout contrôle étranger des ressources énergétiques, des minerais et des forêts. Dans les années 1960, la compétitivité à l'échelle internationale résultait pour une grande part du comportement des syndicats. En effet, ceux-ci ont largement plébiscité l'automatisation et la rationalisation des moyens de production, en conséquence de quoi les entreprises suédoises ont été des pionnières en matière de construction et d'installation de robots industriels. Ainsi, la société A.B.B. Robotics, filiale d'A.S.E.A.-Brown Boveri, domine aujourd'hui le marché mondial de la robotique.

Au début des années 1970, alors que le monde industriel était en surchauffe, la Suède adopta des mesures révolutionnaires selon lesquelles deux représentants ouvriers devaient être nommés aux conseils d'administration. Cela commença par susciter une appréhension générale. Les conseils ne risquaient-ils pas de se trouver dans une position délicate, tiraillés entre deux partis opposés ? Dans l'ensemble, ce principe semble avoir fonctionné sans problème ou désaccord majeur. Il permit à la direction et au conseil d'administration d'avoir un contact direct avec la main-d'œuvre, et aux syndicats d'exercer une influence sur les différentes prises de décisions.

Les observateurs étrangers sont souvent impressionnés par l'organisation et la propreté des lieux, dans les bureaux et les salles de conférence, et surtout dans les usines. Plus qu'un trait marquant de la mentalité des Suédois, cela constitue une des nombreuses clefs de leur succès, en

plus des objectifs à long terme, de la spécialisation, des organisations et planifications rigoureuses voire rigides et, surtout, d'une philosophie fondée sur le pragmatisme et la persévérance.

Les symboles de réussite

Prenons en effet l'exemple de la firme Hasselblad, fabricant d'appareils photo de réputation mondiale. Face au déferlement, dans les années 1960, des appareils japonais reflex 35 mm à lentille unique, Viktor Hasselblad, fondateur et directeur de l'entreprise, demanda à ses ingénieurs de concevoir un 35 mm susceptible de rivaliser, mais sans en entreprendre la fabrication. Finalement, il préféra maintenir la production du modèle format moyen 6x6. Tous les experts s'accordaient à dire qu'il serait battu par les Japonais sur son terrain. Hasselblad ne renonça pas, et continua à importer des lentilles Zeiss d'Allemagne de l'Ouest pour poursuivre sa production d'appareils 6x6, refusant d'entrer dans le jeu de la concurrence électronique. Ainsi, son modèle le plus vendu est le 500C, introduit sur le marché dès 1957. La firme, aujourd'hui nationalisée, enregistre des profits considérables, et est un des rares phares européens dans ce domaine.

Un autre exemple est celui de Saab-Scania, qui introduisit ses poids lourds sur le marché australien il y a plus de trente ans, rivalisant alors avec les constructeurs locaux, britanniques et américains, déjà bien établis. Ensuite, la firme a commencé à exporter aux États-Unis, se concentrant dans un premier temps dans la région de la Nouvelle-Angleterre. Selon la majorité des experts, cette initiative ne devait pas porter ses fruits ; un constructeur devant avoir des unités de production sur place, comme c'était le cas pour Volvo ou Mercedes-Benz. Cela n'inquiéta guère les responsables de Saab-Scania. Scania figura bientôt parmi les plus performants, en terme de profits, des constructeurs de poids lourds. Son succès reposait en partie sur la compétition avec son compatriote Volvo, aussi bien à l'intérieur des frontières que sur de nombreux autres marchés étrangers. Mais en 1999, après avoir cédé son secteur automobile à l'américain Ford, Volvo racheta Scania. L'opération, dont le coût s'éleva à 6,5 milliards d'euros, permit au nouveau groupe de se hisser au premier rang européen des constructeurs de poids lourds et au deuxième rang mondial derrière Chrysler-Daimler.

A gauche, tours administratives à Fråsundsvik ; ci-dessus, lacs et rivières couvrent 10% du territoire.

La réussite suédoise est aussi symbolisée par Ikéa, le plus grand fournisseur de meubles au monde. Parti de rien, son fondateur, Ingvar Kamprad, créa entre 1943 et 1945 une société de vente par correspondance. A partir de 1950, il se spécialisa dans les meubles bon marché à monter soi-même. Progressivement, il a implanté des succursales hors des frontières, en Norvège, au Danemark et en Suisse dans un premier temps, puis en Allemagne de l'Ouest, en France, au Canada et en Australie. Sa politique était toute simple : proposer de beaux produits de bonne qualité et à des prix très compétitifs grâce à un concept de libre-service (les articles sont vendus en kits et dans des colis plats, aisément transportables).

Kamprad a bâti son empire lentement mais sûrement, en veillant à rester toujours propriétaire de ses magasins. Il a attendu le milieu des années 1980 pour s'attaquer au vaste marché américain où son premier magasin connut un succès foudroyant. En 1989, le groupe comptait quatre-vingts magasins dans vingt pays et environ treize mille employés. Aujourd'hui, « l'élan gambadeur » est présent dans vingt-huit pays avec plus de cent-cinquante magasins, notamment en Europe centrale (où se trouvent 20 % des fournisseurs d'Ikéa) et à Moscou, où l'inauguration du premier magasin russe, en mars 2000, a attiré des milliers de chalands. Enfin, en décembre 1999, la firme fit également sensation en offrant à ses 37 500 employés de par le monde la recette d'une journée de vente (soit un montant total de soixante-dix-huit millions de dollars, ou 10 000 francs environ par salarié).

Le clan des Wallenberg

Electrolux, Ericsson, A.S.E.A.-Brown Boveri, S.K.F., Scania, etc., sont aussi les plus beaux fleurons de ce qu'on appelle la « sphère Wallenberg », autre élément clef de l'industrie suédoise. Cet empire industriel et financier fut créé en 1856, lorsque A.O. Wallenberg fonda la première banque commerciale moderne de Suède, et aujourd'hui la plus importante de toute la Scandinavie, Skandinaviska Enskilda Banken.

Wallenberg était officier de la marine marchande suédoise. Dans les années 1840, il abandonna son navire à Boston pour s'initier au monde des affaires. Après lui, ses fils ont financé quelques-unes des principales entreprises suédoises, arrière-petits-fils et arrière-arrière-petits-fils perpétuant ensuite la tradition familiale. Au début du siècle, la famille était aussi présente dans le secteur bancaire que dans celui de l'industrie, et au fil des années s'est érigée une forteresse financière et industrielle sans précédent dans le monde occidental. Aucune famille, que ce soit en Europe ou dans le reste du monde industrialisé, ne peut se targuer d'avoir une emprise, sinon une influence, répartie sur une proportion aussi vaste de banques et d'industries nationales. Les Wallenberg ne possèdent pas la majorité des actions des sociétés, mais leur participation suffit à leur en conférer le contrôle. L'emprise de Marcus Wallenberg, qui est resté à la tête de la fédération tentaculaire pendant cinquante ans, jusqu'à sa mort en 1982, se manifestait avant tout par une forte personnalité, de nombreux contacts à l'étranger, une connaissance parfaite de ses entreprises et de leurs activités, ainsi que par un entourage de directeurs fidèles et avertis. Surtout, il savait dénicher les

jeunes talents et leur confier des postes de responsabilité, tremplins pour de futurs postes de commande. Marcus Wallenberg, qui était assisté de son frère Jacob, était aussi un industriel de la vieille garde, intéressé surtout par la croissance industrielle, la production et le commerce international, considérant le marché boursier comme mineur.

Aujourd'hui, la nouvelle génération de la « fédération » assure la pérennité en occupant des postes dans les directions d'entreprise ou au sein des banques. Outre les sociétés citées plus haut, la nébuleuse Wallenberg comporte d'autres grands de l'industrie suédoise comme Atlas Copco (forage de pierre) et bien d'autres encore. La compagnie aérienne S.A.S. (Scandinavian Airlines System) pourrait même figurer sur la liste dans la mesure où elle a été fondée par Marcus Wallenberg. En 1998 cependant, la sphère Wallenberg a été largement restructurée, grâce aux très nombreuses fusions qui ont remodelé l'ensemble du paysage économique suédois.

L'écueil fiscal

Longtemps, on a expliqué le succès de l'industrie suédoise par la faiblesse de l'impôt sur les sociétés (28%), le plus faible d'Europe, pensant que l'imposition très élevée sur les revenus, la fortune, l'immobilier et les produits financiers n'avait qu'incité les Suédois à imaginer toutes sortes de parades, de détours et de subterfuges pour échapper au fisc. C'est le cas, bien sûr, au sein du secteur privé où les ruses sont souvent les plus intéressantes, d'autant qu'elles sont alors tout à fait légales. C'est pourquoi une foule de «jeunes loups» brillants et inventifs ont quitté leur poste dans les grandes entreprises pour se mettre à leur compte et profiter de toutes sortes d'avantages fiscaux. Certes, en cas de succès, leurs sociétés ont connu une croissance vertigineuse. Mais finalement, le poids de la fiscalité individuelle est tel qu'il incite malgré tout de nombreux entrepreneurs réels ou potentiels à quitter le pays. C'est ainsi que des sociétés aux enseignes prestigieuses comme Eriksson, Ikéa ou encore la célèbre chaîne de confection H & M, se sont installées à l'étranger, et à Londres notamment, à la fin des années 1990. Selon la Fédération suédoise de l'industrie, en 1997, 800 ingénieurs, c'est-à-dire le quart de la promotion annuelle, s'étaient expatriés.

A gauche, des constructions voient le jour un peu partout dans le pays ; ci-dessus, Marcus Wallenberg.

L'Europe en perspective

Le gouvernement social-démocrate n'a eu de cesse de justifier son refus de rentrer dans la Communauté par sa politique de neutralité. Mais avec l'effondrement des blocs et les événements dans les pays de l'Est, de plus en plus de Suédois estimaient que la neutralité n'était plus de mise. Finalement, la crise d'octobre 1990 avec, entre autres, un taux d'inflation galopant et la montée sans précédent du chômage, détermina l'adhésion de la Suède à l'Union européenne.

En 1998, la croissance était de nouveau au rendez-vous, du fait essentiellement d'un assainissement budgétaire draconien. L'entrée dans l'Union a également été profitable à la production industrielle suédoise dont les prix sont ainsi restés compétitifs. Pourtant, malgré des indicateurs macro-économiques favorables, en convergence avec les critères européens énoncés par la traité de Maastricht, la Suède a renoncé, en 1999, à participer au lancement de l'euro.

Or, cette attitude distante ne contribuerait pas à freiner la tendance à l'évasion des fleurons de l'industrie nationale ni même à éviter leur passage entre des mains étrangères. La floraison spectaculaire mais fragile des multiples «jeunes pousses» de la nouvelle économie et la promesse du Premier ministre Göran Persson d'alléger la charge fiscale avant 2002 suffiront-elles à satisfaire les Suédois?

LE NUCLÉAIRE EN QUESTION

Dans l'immédiat après-guerre, la Suède, restée neutre et épargnée par la guerre, bénéficiait d'une puissance industrielle et technique intacte. Durant la période de la guerre froide, le gouvernement a encouragé les recherches dans le domaine de l'armement nucléaire. Le pays disposait des compétences techniques et industrielles nécessaires pour fabriquer sa propre bombe, bénéficiant en outre de larges réserves d'uranium. Au début des années 1960, le Parlement décida néanmoins de ne pas procéder à l'installation d'un arsenal nucléaire mais, en vue d'exploiter les recherches qui avaient été faites dans le milieu militaire, le gouvernement encouragea l'étude sur des applications à caractère pacifique.

A la fin des années 1950, la Suède construisit à Farsta, dans la banlieue de Stockholm, son premier réacteur d'utilité civile, Ågesta. Enterrée dans une colline de granit, la centrale a approvisionné la ville en électricité pendant douze ans. La banlieue, qui comptait alors près de vingt-cinq mille habitants, était principalement alimentée en eau chaude pour son chauffage. Ågesta était un réacteur à eau lourde conçu par des Suédois pour exploiter l'uranium local. Un autre réacteur de ce type fut construit à Marviken, sur les rives de la Baltique, mais n'a jamais été opérationnel, les autorités gouvernementales estimant qu'il n'était pas prudent de le mettre en route sans investir davantage pour améliorer la sécurité. Les chaudières et les turbines ont donc été transformées en centrales à fioul, et les éléments nucléaires destinés à un laboratoire de recherche international pour une étude à échelle réelle du comportement des composants et des systèmes. La filière suédoise apporta ses propres systèmes et, seconde étape décisive, l'année 1962 vit la mise en place d'une véritable industrie, avec la création de la société A.B.S. Atomenergi, plus tard connue sous le nom de A.S.E.A. Atom, aujourd'hui A.B.B. Atom, un des grands constructeurs mondiaux de réacteurs à eau bouillante. Dans les années 1970, la Suède amorça un long programme de constructions de réacteurs. Le nucléaire bénéficiait d'un soutien très fort auprès du parti social-démocrate alors au pouvoir, et était largement approuvé au sein du Parlement.

En effet, l'énergie nucléaire était un moyen de ne plus être tributaire des importations de pétrole qui représentaient une part non négligeable de l'approvisionnement énergétique. Certes, le pays disposait d'un large potentiel hydro-électrique, mais il y avait alors une grande réticence quant à l'aménagement de nouveaux barrages ; en outre le pays ne détenait aucune réserve de charbon. Le nucléaire apparaissait comme la meilleure solution. En 1970, le premier réacteur commercial, Oskarshamn-1, situé sur la côte sud-est, se mit à fonctionner, suivi peu après par les centrales de Ringhals, sur la côte sud-ouest et Barsebäck, au sud. Avec le recul, le choix de ce site, au cœur d'une région à forte densité démographique, était quelque peu risqué. La centrale se trouvait à 20 km de Malmö, deuxième ville de Suède, et à une distance équivalente des côtes danoises, et en particulier de Copenhague, la plus grande ville de toute la Scandinavie. Une quatrième centrale fut érigée ensuite à une centaine de kilomètres au nord de Stockholm, à Forsmark. Ces installations étaient conçues pour fournir de l'eau chaude et alimenter les réseaux de chauffage électrique de la capitale.

Cependant, l'énergie nucléaire se heurtait à une résistance croissante, inspirée en partie des mouvements américains. Cette opposition prit une telle ampleur qu'elle contribua au départ, en 1976, des sociaux-démocrates qui avaient été au pouvoir pendant quarante-quatre ans. Avec l'avènement du parti du centre (Centern), ancien parti agrarien, antinucléaire et pro-écologique, à la tête d'un gouvernement de coalition non socialiste, c'en était fini du programme nucléaire.

Suivit une période jalonnée d'épisodes dramatiques qui commença par l'accident de Three Mile Island (Harrisburg, États-Unis), en 1979. Le parti social-démocrate révisa sa position, longtemps maintenue, contre un référendum sur l'avenir de l'énergie nucléaire.

Au terme de débats passionnés, l'issue du référendum révéla un net soutien en faveur des partis social-démocrate et libéral. Les grandes lignes du programme adopté étaient les suivantes : avoir douze centrales au plus et entreprendre le démantèlement dès la mise en œuvre d'énergies renouvelables, la date d'échéance du processus étant fixée à 2010. Les cinq derniers réacteurs furent donc construits pendant les années 1980.

Aujourd'hui, la Suède figure parmi les six plus grands du monde occidental en matière de capacité électrique, après les États-Unis, la France, le Japon, l'Allemagne et la Grande-Bretagne. Ses réacteurs (dont trois sont à eau sous pression Westinghouse, les neufs autres étant à eau bouillante) figurent parmi les plus performants du monde. Les deux réacteurs de Barsebäck ont été équipés de systèmes de filtrage capables d'éliminer 99,9 % des effluents radioactifs en cas d'accident. Les autres centrales sont munies d'installations plus modernes, plus petites mais tout aussi efficaces. La Suède a exporté deux réacteurs à son voisin outre-Baltique, et A.B.B. Atom a enregistré un nombre croissant d'exportations de combustibles.

La Suède possède un dispositif complet de traitement des déchets. Des containers ont été spécialement conçus pour acheminer les déchets de combustibles à un centre de stockage souterrain où les résidus subissent un refroidissement durant de longues décennies. Les déchets à radioactivité moyenne ou faible (le matériel de nettoyage et divers éléments de réacteurs, ainsi que les émissions issues des équipements médicaux de radiologie) sont stockés dorénavant dans de nouveaux abris souterrains. Scientifiques et ingénieurs suédois ont adopté la méthode consistant à encapsuler les déchets refroidis dans des blocs de cuivre et à les enterrer profondément sous des couches de granit. L'ouverture officielle du nouveau centre de stockage eut lieu la veille de la catastrophe de Tchernobyl qui heurta la Suède de plein fouet.

L'importante diffusion des particules radioactives due à l'accident toucha surtout les Samis, tributaires de l'élevage de rennes (les rennes s'alimentent de lichens qui absorbent une grande quantité de césium), et fit de l'écosystème suédois un véritable laboratoire de recherches, mais c'est encore avec incertitude qu'on évalue l'ampleur des dégâts. Cet événement encouragea le parti social-démocrate à nouveau au pouvoir à accélérer le processus de mise hors service des réacteurs, et à envisager la première fermeture pour 1995, et une seconde en 1996. C'est par la voix de la très ferme et austère ministre de l'Énergie et de l'Environnement, Birgitta Dahl, que s'est exprimée la détermination du parti : « Au début du XXIe siècle, 60 à 70 % de l'énergie sera fournie par des sources aujourd'hui marginales ou inexploitées. Cela signifie que les modifications du système énergétique au cours des prochaines décennies représenteront la révolution la plus importante que la société industrielle suédoise aura jamais entreprise. »

Mais le projet de démanteler tous les réacteurs avant 2010 a été abrogé. Les énergies « alternatives » ont en effet du mal à s'imposer et les patrons comme les syndicats redoutent les conséquences sur l'emploi et l'économie du pays, dont 45% des ressources en énergie sont d'origine nucléaire. En novembre 1999, toutefois, le premier des douze réacteurs suédois, Oskarshamn-1, l'une des deux unités de Barsebäck, a été fermé. Le gouvernement social-démocrate et ses alliés anciens communistes, anti-nucléaires farouches, ont annoncé la fermeture du second réacteur du site (3% de la production électrique nationale) avant juillet 2001. Mais le calendrier concernant les dix autres centrales demeure flou, la viabilité des sources d'énergie de remplacement restant à prouver.

Pour favoriser le développement des biocarburants, les responsables politiques n'ont pas hésité à débloquer 9 milliards de couronnes (1 milliard d'euros). Il est vrai que, malgré l'effondrement du parti des verts aux élections européennes de 1999, l'opinion suédoise reste majoritairement favorable (56 %) au démantèlement des infrastructures nucléaires. Les ménages consentent même d'ores et déjà à payer un *öre* (0,001 euro) par kilowatt-heure consommé afin de financer l'arrêt général des centrales suédoises.

UNE NATURE A PRÉSERVER

La Suède est un paradis naturel. Ses habitants lui vouent un amour et un attachement sans commune mesure, qui s'expriment non seulement par une vie en plein air très développée mais aussi par une farouche détermination à assurer la protection de l'environnement (*miljö*). Ainsi, l'hymne national, *Du gamla du fria*, ne fait pas l'éloge de la gloire, de l'honneur et de la patrie militaire, mais chante les beautés des montagnes élevées et du silence. Vue du ciel, la Suède est une vaste étendue de forêts parsemée de lacs (cent mille environ) dont les plus grands, Vänern et Vättern sont comme deux trous béants. Mais le paysage n'en est pas moins varié, depuis les plaines fertiles de la région de Skåne, au sud, jusqu'à la toundra, aux marais et aux montagnes de Laponie. Entre les deux, collines, vallées, plaines forment un relief vallonné qui abrite de petites fermes isolées et des hameaux de maisons rouges. Le long de la côte est, les eaux calmes et limpides de la Baltique viennent lécher les rives de rochers plats et, plus au sud, de belles plages de sable blond. Sur la Côte d'or, au sud-ouest, les vagues se brisent dans un tourbillon d'écume sur les falaises du Bohuslän, et sillonnent son magnifique archipel. « Droit de chacun », telle est la traduction littérale du fameux droit coutumier suédois, *Allemansrätt*, selon lequel tout le monde peut avoir accès à la nature. Mais les Suédois, disciplinés comme ils le sont, n'abusent jamais de ce droit pour traverser un jardin ou un champ cultivé sans en demander, par simple politesse, l'autorisation. On peut ainsi faire des excursions en bateau n'importe où dans les lacs ou le long des côtes, et aller de-ci de-là pour glaner fleurs, baies et champignons. Il convient cependant de respecter la nature et de veiller à ne rien endommager. La Suède compte une vingtaine de parcs nationaux, la majorité se trouvant dans le Nord. Tous sont la propriété de l'État. Le

Vue du lac de Skytta, dans le parc national de Tiveden.

but est de préserver des sites naturels particulièrement riches et beaux, en raison de l'intérêt qu'ils présentent pour la connaissance de la nature et du pays, et pour la vie en plein air. Parmi eux, Padjelanta, dont le nom issu de la langue sami signifie « les hautes montagnes », est le plus grand parc national d'Europe. Situé sur la ligne supérieure d'une forêt, il abrite une étonnante flore due aux propriétés calcaires du terrain. Au beau milieu de ce paysage vallonné, qui constitue d'importants pâturages pour les troupeaux de rennes, murmurent une myriade de petits cours d'eau, que les Samis (Lapons) appellent *jokkar* et dont on peut savourer sans danger la pureté et la fraîcheur. A l'autre bout de la Suède, au sud, dans le Småland, se trouve un autre parc, bien plus petit, certes, mais tout aussi sauvage, avec son petit lac au cœur d'une pinède sauvage. Il abrite des arbres multicentenaires, d'énormes sapins et un éventail impressionnant de mousses et de lichens. Les amateurs de plantes herbacées et de chants d'oiseaux apprécieront, en particulier au printemps, le site de Dalby Södereskog. Store Mosse, dans le Småland, est un véritable paradis pour les ornithologues. Ce parc est une des plus grandes réserves naturelles du pays. Il s'étend sur un gigantesque tapis de mousse et de tourbe et abrite de nombreuses variétés d'oiseaux avec, entre autres, grues et busards de marécages. La Suède est un des rares pays à compter autant de vastes étendues vierges et sauvages. Ainsi, aux yeux du visiteur étranger, habitué à une population plus dense et à davantage de pollution, la Suède est un immense « poumon vert ». Il est vrai qu'au milieu de ces espaces vierges, on peut faire des kilomètres et des kilomètres sans rencontrer âme qui vive. L'immensité semble être baignée d'une quiétude quasi troublante. On peut ainsi faire de longs trajets, sur des routes rectilignes plongées dans l'obscurité des forêts de sapins, sans jamais croiser un autre véhicule.

Les Suédois profitent de la nature, et la vie en plein air est une priorité pour la majorité. En effet, la plupart d'entre eux possèdent une *stuga*, petite maison de bois généralement située en pleine forêt, près des lacs ou sur quelque îlot. Ils s'y rendent le week-end ou pendant les vacances, occupant leur temps à jouir de ce que leur offre la nature environnante. La cueillette de baies et de champignons est l'affaire de toute la famille. On cueille même des orties. Dès leur apparition, on se jette sur les jeunes pousses, dûment munis de gants, une paire de ciseaux à la main, pour ensuite en faire une soupe onctueuse. Mets prisé, servi dans les plus grands restaurants, la soupe d'orties n'a pas son égal lorsque les pousses sont cueillies au printemps et, bien sûr, en famille. A la fin de l'été, tous les Suédois se rendent en forêt pour ramasser quantité de baies : le cassis, dont on utilise les feuilles pour épicer l'aquavit de Noël, les framboises, les fraises sauvages (*smultron*), myrtilles, et, plus au nord, les baies polaires (*hjortron*). L'automne apporte ensuite ses mûres, ses baies d'églantine (*nypon*) et ses airelles (*lingon*). On passe des heures et des heures à remplir des seaux entiers, qu'envahissent les moustiques. Aujourd'hui, rien n'est plus chic que de se rendre à son lieu de travail un lundi matin, les mains encore couvertes de taches des fruits cueillis pendant le week-end ! Un peu plus tard commence la cueillette des champignons. La saison commence avec les agarics comestibles, chanterelles, cèpes, bolets et bien d'autres. La cueillette est une véritable institution, il existe des excursions organisées et des cours destinés à informer le public de ce qui est ou non comestible. Tous les petits Suédois connaissent ainsi le nom d'au moins vingt variétés différentes. Si les Suédois, tous équipés de grands congélateurs, stockent des quantités impressionnantes de baies et de champignons pour garder une saveur d'été pendant les longs mois d'hiver, la cueillette reste avant tout l'occasion de se réfugier dans la nature.

Tout Suédois est conscient de la fragilité de l'équilibre écologique, sans cesse menacé par l'activité humaine. Bien avant que la vague écologique ne déferle sous nos latitudes, la Suède a compris que la protection de l'environnement commence avant tout à l'échelle individuelle, par de simples gestes quotidiens. Ainsi, la plupart des familles disposent de poubelles différentes selon la nature des déchets, et les articles recyclés figurent depuis longtemps dans les rayons des grandes surfaces. A plus grande échelle, le souci écologique se manifeste par l'existence de nombreux organismes, dont l'Administration nationale de la protection de l'environnement (Statens naturvårdsverk) et l'Association suédoise pour la protection de la nature (Svenska naturskyddsföreningen). Celles-ci ont pour but de proposer au gouvernement de nouvelles mesures et d'informer la population en diffusant de nombreuses publications. Cependant, si le pays a toujours veillé à

A gauche, un chevalier gambette ; à droite, repos après la cueillette de baies polaires.

vivre en symbiose avec la nature et à la respecter, il n'a pu éviter les conséquences dramatiques de la pollution atmosphérique venue des pays étrangers (notamment de la Grande-Bretagne et des pays de l'Est). Les pluies acides, principale menace, ont ainsi entraîné la mort de centaines de lacs. Tuant la faune et la flore, l'acidification a également engendré, bien qu'indirectement, l'apparition d'un nouveau végétal, sorte de lichen blanc. Cette nouvelle plante proviendrait du chaulage, procédé par lequel on déverse de la chaux dans les lacs afin de rétablir le potentiel hydrogène de l'eau. Cette opération doit être répétée régulièrement et n'est donc pas un remède définitif, mais plutôt un pis-aller.

La Suède a également prévu un certain nombre de mesures visant à protéger la faune. Elles concernent avant tout les espèces les plus rares telles que les lynx, les ours, les gouluts, les bœufs musqués (originaires de Norvège), les renards polaires, les loutres et les baleines. Il y a encore cent ans, le faucon pèlerin était tellement répandu que les autorités de la commune d'Omberg, près du lac Vättern avaient encouragé les paysans à se nourrir des œufs trouvés dans les nids. Ces dernières années, le nombre de faucons pèlerins a tellement baissé que des mesures très strictes ont été retenues pour sauvegarder la race. Des opérations de sauvetage ont également été entreprises pour les aigles, le guillemot de Stora Karlsö et le guillemot noir des côtes du Bohuslän. Malgré l'importation d'oiseaux des îles Féroës, le guillemot du Bohuslän n'a pu être sauvé, et bien d'autres espèces ont désormais disparu. C'est notamment le cas des pics, que l'on ne voit plus depuis 1980. Comme dans bon nombre d'autres pays, les espèces sont menacées par des prédateurs humains qui volent les œufs et les petits des rares oiseaux de proie pour se faire une fortune en les revendant.

La variété de la nature Suédoise offre un terrain propice à une impressionnante végétation, depuis les plantes des hautes montagnes jusqu'aux orchis luxuriants et tout aussi variés des régions calcaires.

Au cas où vous seriez perdu, n'oubliez pas que les fourmilières sont toujours orientées vers le sud.

LA CUISINE

Ce qui frappe avant tout, dans la cuisine suédoise, c'est l'importance accordée à une alimentation saine et équilibrée, qui va de pair avec un goût très prononcé pour l'entretien de la condition physique. Le secret de cette diététique consiste avant tout à se servir des produits de la nature : baies (que l'on mange même en hiver sous forme de soupe, à base surtout de myrtilles ou de fruits d'églantine), champignons, viandes d'élan, de renne, et gibier, sans compter un large éventail de poissons.

La Suède semble être davantage connue à l'étranger pour son *smörgåsbord* (*smörgås* est une simple tartine beurrée et *bord*, table, mais ce serait une grave erreur que de décrire le *smörgåsbord* comme étant la somme des deux), tradition qui remonte à il y a environ deux cents ans. Le « buffet aquavit » n'était alors que le prélude à festin : assortiments de harengs, de sprats et de fromage, disposés sur une table du salon et accompagnés bien entendu d'aquavit, en attendant le véritable repas. Le buffet devint de plus en plus copieux, et ce fut à qui proposerait le plus somptueux *smörgåsbord*. Au XIXe siècle, il était encore considéré comme une entrée ; aujourd'hui c'est un repas complet. Il faut goûter aux innombrables variétés de *sill*, harengs marinés à la moutarde, au citron, ou aux oignons, et aromatisés du fameux aneth au goût frais et délicat. Le hareng s'accompagne toujours de petites pommes de terre. Vous pourrez savourer une tranche de *gravad lax*, du saumon mariné, une spécialité nationale. Il est servi avec une sauce aigre-douce, composée principalement de moutarde, d'aneth et de sucre (les Suédois aiment beaucoup le sucre). D'autres mets froids, tels que d'incomparables salades de pommes de terre vous seront également proposés, ainsi que des plats chauds : les *köttbullar*, petites boulettes de viande épicée servies avec de la gelée d'airelles (lingongelé), et la fameuse « tentation de Jansson », *Janssons frestelse*, un gratin d'anchois, de pommes de terre et d'oignons. Si le *smörgåsbord* n'est plus le « plat » caractéristique qu'il a été pendant longtemps, il est encore très répandu en Scanie où les traditions et l'art de vivre sont peut-être le mieux conservés. Un *smörgåsbord* moins copieux est servi dans la plupart des hôtels en guise de petit déjeuner.

Les Suédois mangent peu en milieu de journée et privilégient les repas du matin et du soir (lequel se prend en général vers 18 h). Moins prodigue certes, mais non moins consistant puisqu'il comprend en général céréales (dont raffolent les Suédois), fromages doux (comme le *mesost*, un fromage de chèvre des régions du Nord à pâte brune et caramélisée), harengs marinés, œufs brouillés, fruits, laitages (comme le lait fermenté appelé *filmjölk*), confitures d'airelles et de baies polaires (*hjortron*), et pains divers, depuis les boules de pain blanc, jusqu'aux *skårpor* (« biscottes suédoises ») en passant par le pain dur, le pain mou, sans levain et délicatement parfumé au cumin, et les miches moelleuses à base d'épices et de mélasse. Dans les villes, en particulier, de nombreux restaurants proposent, pour le déjeuner, un plat du jour, *dagens rätt*, pour l'équivalent de quarante couronnes environ, et qui comprend un plat de résistance, une salade et un café. Le café vous est toujours reservi à discrétion. Les dîners sont souvent bien plus onéreux. Les menus, à base de deux ou trois plats, peuvent alors facilement s'élever à près de cent cinquante couronnes, sans compter le vin. La consommation de vin et de spiritueux est sévèrement contrôlée par l'État. La Ramlösa, eau minérale pétillante, est particulièrement appréciée des étrangers. Les amateurs de petites douceurs trouveront leur bonheur dans les *konditori*, où s'étale une variété impressionnante de pains, de viennoiseries et de pâtisseries, notamment le *prinsesstårta* (« gâteau de la princesse ») avec son nappage de pâte d'amande. Pour les petites faims, il existe des établissements de restauration rapide. Plus typiques, les *korvkiosk* ou *gatukök* servent, presque à tous les coins de rue, des saucisses chaudes assorties selon les goûts de « confit de cornichon », de petits pains, de frites ou de purée.

Dans les grandes villes, la cuisine internationale prévaut sur les spécialités locales. Beaucoup de chefs cuisiniers ont en effet subi l'influence des restaurants

« Skål ! », dans l'archipel de Bohuslän.

L'ART D'ÊTRE REÇU

Les Suédois sont restés très attachés à l'art de recevoir et portent une attention toute particulière à la décoration de la table d'hôtes. De même, il n'est pas un foyer qui, à l'occasion d'une fête ou d'un dîner, ne soit animé des lueurs de bougies, *levande ljus*, ou « lumière vivante ». Cependant, aussi chaleureux soit-il, l'art de vivre suédois comporte des règles strictes que le visiteur aura soin de respecter. Souvent, on est invité longtemps à l'avance, et généralement très tôt dans la soirée. Il convient, contrairement à nos coutumes méditerranéennes d'arriver à l'heure exacte. Les Suédois, disciplinés comme ils le sont, prévoient même un quart d'heure d'avance, et feront le tour du pâté de maisons en attendant ladite heure plutôt que de risquer d'offenser leur hôte par un retard de cinq minutes... Après avoir offert un bouquet de fleurs ou une boîte de chocolats à l'hôtesse, ou à l'hôte, on se présente aux autres invités. Une fois tout le monde installé, l'hôte vous invite à entamer le repas et bientôt, si cela n'a pas déjà été fait, on vous sert à boire. Mais attention ! Il faut attendre que l'hôte s'adresse à vous en levant son verre et vous dise *« skål ! »* pour prendre une première gorgée. Pour le *skål* individuel, on procède de différentes manières. Les hommes lèvent leur verre pour trinquer avec leurs voisines en commençant par celle de droite. L'usage le plus répandu veut cependant que le maître et la maîtresse de maison trinquent individuellement avec chacun des invités si leur nombre est raisonnable. Il convient de ne pas quitter la personne des yeux au moment où on lève le verre. Après la première gorgée, on pourra lui adresser un petit clin d'œil de connivence. Quant au *« skål ! »* collectif, il souhaite la bienvenue à toute l'assemblée et s'accompagne souvent de chansons à boire ; le visiteur néophyte n'a plus qu'à regarder la scène avec amusement avant de se tourner vers ses voisins pour leur adresser quelque amabilité. Naturellement, les codes sont plus ou moins stricts selon les familles, mais il ne faut en aucun cas faillir à la règle de base : attendre le *« skål ! »* de départ. Pour obvier aux lois restrictives sur la consommation d'alcool, les Suédois se déplacent en taxi ou s'organisent pour désigner un abstinent qui se chargera de les reconduire.

La tradition veut que, à la fin du repas, la personne située à gauche de l'hôtesse lui adresse un discours vantant ses qualités de maîtresse de maison. Mais les Suédois, qui sont de grands conteurs, peuvent alors se laisser emporter par leur inspiration et se lancer dans des récits sans fin ! Après le dessert, les convives sont invités à passer au salon, où leur sont servis café, liqueur et sucreries faites à la maison. Vous aurez pris soin, auparavant, de remercier pour le repas, comme l'apprennent très tôt les petits Suédois : *« Tack för maten »*. Si l'ambiance est chaleureuse et conviviale, comme c'est souvent le cas, la soirée peut se poursuivre encore un certain temps. La maîtresse de maison s'éclipse alors un moment dans la cuisine pour revenir avec un plateau de rafraîchissements. C'est le signe que la soirée va bientôt se terminer, mais il peut se passer encore une heure avant que l'on ait fini sa bière et la discussion en cours. Puis vient le moment où il faut prendre congé, mais vous êtes encore loin d'être parti, car cette étape implique encore force au revoir, compliments et remerciements. *« Tack för i kväll »* (« Merci pour cette soirée »), dit-on aux hôtes, tandis qu'on murmurera un *« Tack för ett trevligt sällskap »* (« Merci pour votre agréable compagnie ») ou *« Det var roligt att träffas »* (« Enchanté d'avoir fait votre connaissance ») aux autres invités. A ce stade, une bonne demi-heure peut s'être écoulée, et vous devez alors hâter le pas pour ne pas manquer le dernier métro. Enfin il convient, dans les jours qui suivent, jamais au-delà d'une semaine, de téléphoner ou d'envoyer un petit mot pour remercier une dernière fois : « Tack för igår » (« Merci pour la soirée d'hier ») ou « Tack för senast » (« Merci pour la dernière fois »). Pour les non-initiés, ces procédures peuvent sembler quelque peu éprouvantes, mais si vous arrivez à placer vos *« skål ! »* et *« tack »* au bon moment, vous serez alors largement approuvé !

tenus par les immigrés et celle de la nouvelle cuisine actuellement très en vogue. Il est donc bien plus intéressant de goûter aux cuisines régionales, infiniment plus variées et exotiques. Le long de la côte de la Baltique, vous pourrez savourer les *sotare*, harengs grillés au feu de bois, et, dans le Nord, les truites saumonées farcies au beurre et à l'aneth. C'est dans les campagnes que l'on peut apprécier la vraie cuisine traditionnelle, ou *husmanskost*. En fait, ce sont les « plats du pauvre » qui font l'originalité et la qualité de la cuisine suédoise. Ce sont en général des gratins ou des soupes. Le plat traditionnel du jeudi soir consiste ainsi en une étonnante soupe de pois jaunes et de lardons, suivie de crêpes aux airelles, le tout étant accompagné de punch chaud (la liqueur nationale). Plat du pauvre par excellence, délicieux et on ne peut plus typique, le *pyttipanna* est une poêlée de restes de viande (bœuf et renne par exemple) et de lard revenus avec des oignons et des pommes de terre coupées en petits dés. Il est servi avec des œufs au plat, des betteraves et des cornichons aigres-doux.

Si vous êtes en Suède en août, vous pourrez être invité à un joyeux *kräftskiva*, ou « fête de l'écrevisse ». Cette fête remonte au début du siècle, depuis qu'une loi fixa l'ouverture de la pêche à l'écrevisse au deuxième mercredi du mois d'août. Cette date a donc donné lieu à une soirée à laquelle on convie ses proches et ses amis pour déguster les écrevisses autour d'une grande tablée éclairée aux bougies et aux lampions. Les crustacés sont cuits la veille dans de l'eau bouillante assaisonnée de sel, de sucre et d'aneth et sont servis tels quels avec des toasts beurrés, du fromage au cumin et bien sûr force *snaps* (*brännwin*, ou aquavit, fait à partir de pommes de terre ou de céréales) et bières. Il est une autre spécialité estivale on ne peut plus exotique : le *suströmming*, ou hareng de la Baltique fermenté. On le mange en été car l'odeur qui s'en dégage est si forte qu'on le sert plus volontiers en terrasse. Après avoir vieilli, le poisson est mis en conserve. Lorsque la boîte de conserve commence à gonfler, c'est signe que les harengs sont prêts à être consommés... Les avis sont très partagés quant à la saveur de ce mets, et même les amateurs semblent vouloir en masquer le goût avec des oignons, des pommes de terre et un alcool fort !

Les puristes ne boivent l'aquavit qu'avec le hareng, mais on peut très bien le boire avec des crevettes.

LE TEMPS DES FÊTES

Dans leur grande majorité, les Suédois sont restés chrétiens, même s'ils ne se rendent à l'église que pour célébrer baptêmes, confirmations, mariages et obsèques. De même, la vie suédoise est restée largement rythmée par nombre de fêtes et de traditions d'origine religieuse. En effet, la plupart des fêtes saisonnières suivent le calendrier grégorien, certaines traditions catholiques ayant même survécu à l'Église luthérienne. Mais ces fêtes ont aussi conservé des survivances païennes. Bien qu'il n'y ait plus de carême en Suède depuis la Réforme, on fait encore bonne chère les jours précédant l'ancienne période de jeûne, et on fête encore le mardi gras avec le *semla*, un pain au lait fourré de pâte d'amande. C'est aussi l'époque où l'on va en forêt chercher des branches de bouleau que l'on orne de plumes de toutes les couleurs et dont on décore le foyer jusqu'à Pâques. Les bourgeons de ces branches auront débourré pour le dimanche des Rameaux, ou « dimanche des Palmes », qui inaugure la semaine de Pâques. Le vendredi saint et le lundi de Pâques sont fériés, et beaucoup de Suédois profitent du long week-end pour se reposer de l'hiver. Selon de vieilles croyances, le jeudi saint, les « sorcières de Pâques » s'envolaient sur leur balai pour traiter avec le diable sur une colline appelée Blåkulla, pour revenir le samedi saint. Il fallait se protéger des forces maléfiques en allumant des feux, en tirant des coups de feu en l'air et en dessinant sur sa porte des symboles sacrés. Dans certaines régions encore, de grands feux sont allumés et les coups de feu sont symbolisés par des feux d'artifice. Les enfants se déguisent en sorcières et distribuent des « lettres de Pâques » espérant recevoir en retour quelque petite friandise. Comme dans d'autres pays, on décore aussi des œufs de motifs bariolés. Le 1er avril est l'occasion de plaisanteries. On célèbre l'arrivée du printemps, tardif sous ces latitudes, le 30 avril, avec la *Valborgmässoafton*, la fête de Valborg. C'est avant tout le jour des étudiants. Coiffés de leur casquette blanche (qui leur est remise une fois bacheliers), ils parcourent les rues en chantant et organisent diverses festivités. Dans de nombreuses régions, on chante l'arrivée du printemps en se rassemblant autour d'un grand feu. Le lendemain, le 1er Mai est aussi la fête du Printemps, pendant laquelle on organise des jeux. Ce jour est également celui du mouvement ouvrier. L'Ascension est encore célébrée, bien qu'elle soit réservée aux pays catholiques. On se lève dès l'aube pour aller en forêt écouter le chant des oiseaux, en guettant celui du coucou, signe de bon présage, et savourer un peu de café et des petits pains. Puis, c'est la Pentecôte, également consacrée aux escapades dans la nature. C'est surtout le jour idéal pour se marier. La fête nationale, le 6 Mai, est loin d'être célébrée avec l'euphorie traditionnelle que l'on connaît dans d'autres pays. Cette date a été choisie car elle coïncidait avec plusieurs événements historiques (c'est à cette date que, en 1523, Gustave Vasa monta sur le trône). On l'appelle « le jour des drapeaux ». Une multitude de fanions jaunes et bleus sont hissés dans les écoles, les rues et les jardins pour rendre honneur à la patrie. Ce jour

Pages précédentes : danse folklorique à Österby Bruk. A gauche, défilé de la Sainte-Lucie, le 13 décembre ; à droite, les enfants se déguisent en sorcières le jour de Pâques.

n'est pas célébré avec beaucoup d'ardeur car tout de suite après vient la grande fête de la belle saison, la nuit de la Saint-Jean, ou *Midsommarafton* (le 24 juin). Cette fête tient une place essentielle dans ce pays plongé dans le froid et l'obscurité pendant la moitié de l'année. En réalité, à cette date, l'été ne fait que commencer dans ces régions nordiques. De plus, le 24 juin est normalement le jour de la Saint-Jean-Baptiste, mais après la réforme du calendrier suédois, dans les années cinquante, la *Midsommar* (mi-été) a été fixée au 20-22 juin. Durant toute la journée, on orne de fleurs et de feuillages les maisons, les

églises, les pistes de danse et les salles de fêtes. Chaque communauté dresse un mât décoré de fleurs et de branchages autour duquel on dansera toute la nuit. La Toussaint est un jour solennel, et les cimetières aux arbres déjà figés par le froid et décorés de couronnes de sapin offrent, à la lumière des cierges, un spectacle émouvant. Le mois de décembre est particulièrement festif. Le début de cette période de cérémonies marque le premier dimanche de l'avent, qui inaugure l'année liturgique. C'est le jour où tout le monde se rassemble dans les églises pour chanter des psaumes. Les rues sont alors déjà décorées de guirlandes, de sapins et de lumières, et dans les maisons, on allume la première bougie sur le chandelier à quatre branches. On allumera la deuxième pour le second dimanche de l'avent, et ainsi de suite jusqu'au dernier dimanche avant Noël, où les quatres bougies brûleront. Durant toute cette période, on décore les foyers de toutes sortes d'ornements. Le 13 décembre est le jour de la Sainte-Lucie, fête de la lumière. Initialement, ce jour célébrait sainte Lucie de Syracuse, mais la fête suédoise n'aurait que peu de rapport avee celle-ci. On pensait autrefois que le 13 décembre était le jour le plus sombre de l'année, et que sainte Lucie, coiffée d'une couronne garnie de bougies et escortée de demoiselles d'honneur en robe blanche et de garçons également vêtus de blanc et aux longs chapeaux coniques, venait pour apporter un peu de lumière et de chaleur. Aujourd'hui, le cortège de la Sainte-Lucie défile dans les rues en chantant des chansons traditionnelles. La jeune fille choisie pour incarner sainte Lucie apporte du café, des petits pains au safran et des biscuits à la cannelle et au gingembre. Durant la journée, on boit également du *glögg*, vin chaud épicé. Dans les foyers, les familles célèbrent la Sainte-Lucie au petit matin, avec un bon petit déjeuner. La fête de Noël, *Jul*, la plus importante et la plus longue de l'année, commence le 24 décembre au soir pour prendre fin deux jours après. On dresse le sapin traditionnel autour duquel on se rassemble pour chanter et danser. Le repas consiste en un *smörgåsbord*, composé de *sill* (hareng), d'*ansjovis* (anchois), de *lutfisk* (morue séchée que l'on fait bouillir), de jambon cuit et de bouillie de riz à la cannelle. Le *tomte*, ou Père Noël, arrive ensuite. Le 25 décembre est consacré à la messe et le 26 décembre, *annandagen*, est encore férié. Le nouvel an, *Nyår*, est l'occasion de réunir ses proches pour une soirée dans l'intimité. On organise à nouveau de somptueux banquets pour l'Épiphanie, puis une semaine plus tard pour la *Knutkalas*, ou fête de Knut, qui marque la fin des festivités. Ce jour est celui des enfants, qui dépouillent le sapin pour le jeter en chantant et poursuivent la fête en organisant un goûter et des jeux.

A gauche, les danseurs du Midsommar *sont entraînés par l'accordéon ; à droite, le* kräftskiva, *qui ouvre la saison des écrevisses.*

23
S-9150

662
andel

La Suède

200 km
SUOMI
LAPONIE
SVERIGE
NORGE
DANMARK
Iles Vesterålen
Iles Lofoten
Vest Fjord
Harstad
Narvik
Kiruna
Kittilä
Folda
Bodø
STORA SJÖFALLETS NATIONALPARK
Stora Lulevatten
Malmberget
MUDDUS NATIONALPARK
Torneälven
Rovaniemi
Kemijoki
Kemi
Cercle polaire arctique
Mer de Norvège
Mo i Rana
Hornavan
Uddjaur
Storavan
Piteälven
Luleälven
N. Storfjället
1792
Luleå
Piteå
Oulu
Bottenviken
Marsfjället
1589
Storuman
Gunnarn
Skellefteälven
Skellefteå
Raahe
Botnie
de
Golfe
Namsos
Dorotea
Ångermanälven
Umeälven
Umeå
Kokkola
Kallsjön
Faxälven
Östersund
Örnsköldsvik
Vaasa
Seinäjoki
Trondheim
Molde
Ålesund
1796
Helagsfjället
Indalsälven
Teuva
Sundsvall
Näsijärvi
Nordfjord
2472
Glittertinden
Otta
1755
Ljusnan
Särna
Hudiksvall
Tampere
Pori
Sognafjorden
Flåm
Lagen
Lillehammer
Bollnäs
Bottenhavet
Hamar
Glåma
Klarälven
Siljan
Falun
Gävle
AHVENANMAA/ ÅLAND
Turku
Hardangerfjorden
Hønefoss
Borlänge
Sandviken
Ludvika
Dalälven
Gausta
1883
Oslo
Drammen
Arvika
Västerås
Uppsala
Hangö
Boknafjorden
Sollentuna
Golfe de Finlande
Skien
Oslofjorden
Fredrikstad
Karlstad
Mälaren
Örebro
Hjälmaren
Stockholm
Södertälje
Vänern
Arendal
Kristiansand
Uddevalla
Skövde
Motala
Norrköping
SAAREMAA
Trollhättan
Vättern
Linköping
Göta älv
Skagerrak
Borås
Göteborg
Jönköping
Västervik
FÅRÖ
Kolka
Golfe de Riga
Visby
Ventspils
Ålborg
Varberg
GOTLAND
Kattegat
Bolmen
Växjö
Ljungby
Åsnen
Kalmar
Kalmarsund
Halmstad
ÖLAND
Liepāja
Lagan
Helsingborg
Rucava
Karlskrona
København
Kristianstad
Klaipeda
Siauliai
Malmö
Øresund
Esbjerg
Mer Baltique
BORNHOLM

« FÖR SVERIGE, I TIDEN »

« POUR LA SUÈDE AU RYTHME DU TEMPS » (DEVISE DU ROI)

La Suède, ce long ruban vert, est le plus grand, le plus prospère et le plus peuplé des pays scandinaves (sa population, huit millions d'habitants, est l'une des plus faibles d'Europe). Elle a une frontière commune avec la Finlande sur 585 km et avec la Norvège sur 1 620 km. Deux grandes îles de la mer Baltique font partie de son territoire : Gotland (3 000 km²) et Öland (1 345 km²). Son extension en latitude lui permet d'avoir des régions circumpolaires et d'autres proches de l'Europe centrale. Elle connaît donc une grande variété de climats. D'une manière générale, la Suède appartient aux climats froids et subit l'influence directe de l'anticyclone sibérien. Mais l'hiver suédois est tempéré par les cyclones venant de l'ouest, qui abordent la côte norvégienne, et par les eaux du courant nord-atlantique. A Jokkmokk, en Laponie, la moyenne des températures du mois le plus froid est de – 13 °C ; en juillet, la moyenne est de 15,2 °C. A Stockholm, c'est-à-dire bien plus bas déjà, ces moyennes sont respectivement de – 3 °C et de 17,8 °C. Il faut descendre jusqu'en Scanie pour que la moyenne hivernale avoisine les 0 °C, avec 17,2 °C en juillet. Le visiteur sera bien plus surpris par l'inégalité des jours et des nuits. En été, le soleil resplendit à minuit au nord du cercle polaire et ce sont les nuits blanches dans tout le pays. En hiver les nuits sont longues et durent vingt-quatre heures tout au nord.

Vue du ciel, la Suède est une vaste étendue de lacs et de forêts. Même Stockholm, qui occupe une large surface pour seulement sept cent mille âmes, est une ville verte, construite sur diverses îles de la Baltique reliées par des ponts. Il faut dire que, sans être très importantes, les précipitations, qui oscillent entre 500 et 700 mm par an, sont bien réparties dans l'année. Elles alimentent des fleuves presque parallèles, qui descendent sur 500 km vers le golfe de Botnie après avoir drainé les lacs au sortir de la montagne. Le plus long de ces fleuves, le Klara älv, prend sa source en Norvège, traverse le lac Väner au sortir duquel il s'appelle le Göta älv et aboutit en un large estuaire à Göteborg. Cette ville, la deuxième du pays, est aussi réputée pour son port que pour ses espaces verts et ses canaux. La troisième ville du pays, Malmö, tout au sud, est aussi une porte ouverte sur la mer et en particulier sur le Danemark qui n'est qu'à une demi-heure par bateau.

Du nord au sud, se succèdent des régions variées, selon la latitude, et qui constituent la Suède septentrionale, ou **Norrland** (Laponie, Norrbotten, Väşterbotten, Ångermanland, Medelpad, Jämtland, Härjedalen, Hälsingland, Gästrikland et une bonne partie de la Dalécarlie), la Suède centrale, ou **Svealand** (une partie de la Dalécarlie, Uppland, Västmanland, Närke, Värmland, Bergslag) et la Suède méridionale, ou **Götaland** (Småland, Halland, Bohüslan, Blekinge, Östergötland, Västergötland, Dalsland, îles Öland et Gotland, Scanie). Les villes sont reliées entre elles par des kilomètres et des kilomètres de routes. Elles traversent des forêts infinies, longent des côtes où les rochers alternent avec des plages de sable, pour finalement contourner les majestueuses montagnes du Grand Nord : c'est la Laponie, pays des Lapons, ou Samis, avec son fabuleux paysage boréal, où les randonnées pédestres, en été, sont aussi délicieuses que les descentes à skis ou les balades en traîneaux à chiens en hiver. Les provinces méridionales ont longtemps appartenu à la couronne danoise et, aujourd'hui encore, la Scanie en a gardé des traces, avec son dialecte danisant. Le centre de la Suède, dominé par deux grands lacs, est un immense réseau d'étendues d'eau et de rivières dont l'artère principale est le Göta Kanal, ce fameux « Ruban bleu » qui relie la Baltique au Kattegatt. Puis, la radieuse province de Dalécarlie se déploie autour du bleu profond du Siljan. Son respect des traditions et son éclat folklorique lui ont valu le surnom de « Cœur de la Suède ».

Pages précédentes : paysage estival de Scanie ; la régate de Tjörn attire chaque été beaucoup de participants ; troupeau de rennes ; la tranquillité du Härjedalen.

Vänern
Boren
Motala
Uddevalla
Vänersborg
154
Hunneberg
Skara
Skövde
Trollhättan
Vara
Hjo
Mjölby
Göta älv
Falköping
Tidaholm
Vättern
Boxholm
Hakefjord
Kättilstorp
Tranås
Sommen
Kisa
Klädesholmen
VÄSTERGÖTLAND
354
Mjörn
Alingsås
Ölmstad
Kungälv
Agnesberg
Huskvarna
Borås
Jönköping
Skuruhatt
338
343
Taberg
Göteborg
Mölndal
Nässjö
Kinna
Kungsbacka
Lygnern
Svenljunga
Hestra
Skillingaryd
Vetlanda
Kungsbackafjord
Viskan
Gislaved
Lagan
Virserum
Bua
Veddige
SMÅLAND
Värnamo
Lammhult
Ullared
Smålands-
stenar
Varberg
Tvååker
Norrhult
HALLAND
Flåren
Hyltebruk
Hegasjön
Torup
Lagan
Bolmen
Växjö
Falkenberg
Nissan
Ljungby
Oskarström
Ingelstad
Rottnen
Tylösand
Liatorp
Halmstad
Strömsnäs-
bruk
Åsnen
Emmaboda
Kattegatt
Laholmsbukten
Lagan
Helgaå
Tingsryd
Hovshallar
154
Laholm
Älmhult
Markaryd
Mien
Osby
BLEKINGE
Skälder-
viken
Ängelholm
Örkelljunga
Hästveda
Ronneby
Hässleholm
Klippan
Rönne
Helsingör
Sösdala
Kristianstad
Helsingborg
SKÅNE
Hilleröd
Åhus
Frederikssund
Landskrona
Öresund
Hörsholm
Eslöv
Ringsjön
Degeberga
Hörby
DANEMARK
Hanöbukten
Holbaek
Lund
Kobenhavn
Roskilde
Sjöbo
Malmö
Simrishamn
Kögebugt
Köge
Skurup
Skänor
Falsterbo
Trelleborg
Ystad
St. Heddinge

La Suède méridionale

LA SUÈDE MÉRIDIONALE

La **Scanie**, Skåne, est la province la plus méridionale et peut-être la moins suédoise du pays. Le Danemark, par-delà le mince détroit d'Öresund, n'est qu'à quelques kilomètres, et le dialecte scanien, marqué par des consonances danoises, s'en ressent fortement. Il est vrai que la province, avec le Halland et le Blekinge, a longtemps appartenu à la couronne danoise et ne fut rattachée à la Suède qu'en 1658, par la paix de Roskilde.

La Scanie est considérée comme le grenier de la Suède, en raison de sa terre fertile et de son littoral poissonneux. La côte découpée et luxuriante laisse place aux cordons de dunes d'**Österlen** (la pointe orientale), et, dans l'arrière-pays, les étendues d'eau sont séparées par les trois **collines de Söderåsen**, **Romeleåsen** et **Linderödåsen**. La faune abonde dans cette province, comme sur les **lacs de Ringsjön** et **de Krankesjön**, vastes refuges pour les oiseaux. Le **château de Bosjökloster**, construit sur les rives de Ringsjön, rénové à mainte reprise, est intéressant pour ses expositions florales. Cet édifice n'est qu'un exemple parmi les nombreux autres châteaux et manoirs qui jalonnent le paysage scanien. Tous témoignent de la richesse de la province, et, si la plupart sont aujourd'hui des propriétés privées, fermées au public, il est toujours possible de les admirer en flânant dans leurs parcs.

Malmö est la troisième ville du pays, avec une population de près de deux cent cinquante mille habitants. Au cours du XVIe siècle, la ville rivalisait avec Copenhague pour le titre de capitale scandinave. À cette époque, elle était surtout un port important, ouvert sur une des voies maritimes les plus convoitées du monde et à proximité des eaux poissonneuses. Aujourd'hui, l'essentiel de l'activité portuaire consiste à assurer le trafic entre la Suède et le Danemark. Malmö a gardé de nombreuses constructions qui évoquent encore son passé. **Malmöhus**, le château que fit construire le roi danois Christian III au XVIe siècle, quand la Scanie appartenait encore à la couronne danoise, est le siège, aujourd'hui, d'un musée. **Rådhuset** (l'hôtel de ville), sur la **Stortorget**, une immense place, est de la même époque. La vieille ville, sillonnée de rues piétonnes, est très animée, avec une multitude de magasins et de cafés. Les passionnés d'histoire militaire iront à la **Maison du commandant**, qui relate l'histoire mouvementée de la province que se sont longtemps disputée Danois et Suédois. **Pildammsparken** est le plus grand parc paysagé du pays. Vous pourrez y découvrir un grand amphithéâtre (**Pildammsteater**) où sont donnés, en été, concerts, ballets et pièces de théâtre.

Avant de longer la côte vers le nord, faites un détour par **Lund**. La vieille ville universitaire est dotée d'une magnifique **église** et d'un musée intéressant, **Kulturen**. Après Uppsala, Lund est la plus vieille université, mais les deux institutions représentent en réalité deux écoles bien distinctes, qui ont chacune leurs coutumes et leurs traditions. Sur le littoral, **Barsebäck** possède un **château** du XIVe siècle. Depuis **Landskrona**, un bateau fait la traversée jusqu'à **Ven**, une petite île que le roi Frédéric II de Danemark avait octroyée, au XVIe siècle, à l'astronome Tycho Brahe afin qu'il y installe son laboratoire, au château d'Uranienborg. Celui-ci a été détruit par un incendie ; il en subsiste une copie au **musée de Malmö**. **Glumslöv** offre des perspectives inoubliables. Depuis la colline qui surplombe l'église, on distingue trente clochers et sept villes : Helsinborg, Landskrona, Lund, Malmö et les villes danoises de Dragör, Copenhague et Helsingör. Aux abords de Helsinborg, le charmant village de pêcheurs de **Råå** possède une excellente auberge. La ville même de **Helsinborg** est intéressante pour son port et son quartier piéton. Elle est dominée au centre par les vestiges d'un château, **Kärnan**. En dehors de la ville, le **château de Sofiero** (1857) fut la retraite estivale du roi Gustave VI Adolphe (1950-1973) qui, passionné de botanique, fit des jardins une véritable attraction.

A l'intérieur des terres, près de Bjuv, s'élève la belle propriété de **Vrams Gunnarstorp**. Sur la côte, **Höganäs**, la ville des céramistes et des artistes, organise de nombreuses expositions. Le grand atelier de céramiques vaut le déplacement. De **Torekov**, pittoresque village de pêcheurs situé sur la **baie de Skälderviken**, un bateau fait la traversée jusqu'à la splendide **réserve naturelle Hallands Väderö**. Un peu plus au nord, à la frontière du Halland, **Båstad** s'étire entre les bois et la mer. Cette charmante petite ville est un lieu de vacances qui attire autant de Suédois que d'étrangers pour ses championnats internationaux de tennis. Au sud-est de Malmö, **Falsterbo** et **Skanör** constituent un détour obligé. Ces bourgades fleuries, aux vieilles maisons amoureusement entretenues, étaient des villes importantes et sont maintenant des stations balnéaires prisées. **Ystad** mérite bien

Épreuve de saut d'obstacles au concou[rs] hippique annuel de Malmö

d'être considérée comme l'une des villes du Sud les plus étonnantes. Ses ruelles tortueuses sont bordées de maisons à colombage. Près de Kåseberga, les mégalithes d'**Ales**, **Ales stenar**, représentent l'héritage le plus fabuleux de toute la province. Il s'agit vraisemblablement d'une sépulture de la période viking. Vu du haut de la ville, l'alignement dessine la forme d'une coque de bateau, d'où son nom.

En longeant la côte, **Kivik** n'est qu'à 15 km de Simrishamn. Aux abords de la ville, la **sépulture royale de Bredarör**, qui remonte à l'âge du bronze, constitue une trouvaille unique en Scandinavie. Ses gravures rupestres sont les plus originales de toute l'Europe du Nord. La foire de juillet fait de cette ville un pôle d'attractions. Le marché au bétail, une attraction ancienne, constitue à lui seul une curiosité. Le **château de Kristinehov**, à l'intérieur des terres, date du XVIIIe siècle ; il est ouvert au public. Plus au nord, près du littoral, vous pourrez découvrir le plus grand château de la province, **Vittskövle** (entre Åhus et Degeberga). La ville de Christian IV, **Kristianstad**, a donné naissance, en 1910, à l'industrie du film suédois, activité importante dans le pays de Bergman. Le vieux studio de tournage, parfaitement conservé, a été transformé en **musée** où vous pourrez voir de vieux films suédois.

Le Blekinge

Il s'agit d'une petite province pleine de charme, dotée de splendides plages de sable et d'un bel archipel, dont une partie est zone militaire. Le Blekinge est aussi un haut lieu de pêche en mer, par bateau ou depuis le littoral, et, dans l'arrière-pays, les nombreux lacs et la fameuse **rivière Mörrum** sont des sites de rêve pour qui veut taquiner le poisson. Avec sa côte, son réseau de rivières et de lacs reliés par des canaux, la province est également idéale pour le canoë. En vous rendant dans le Blekinge depuis la Scanie, vous pourrez faire une halte intéres-

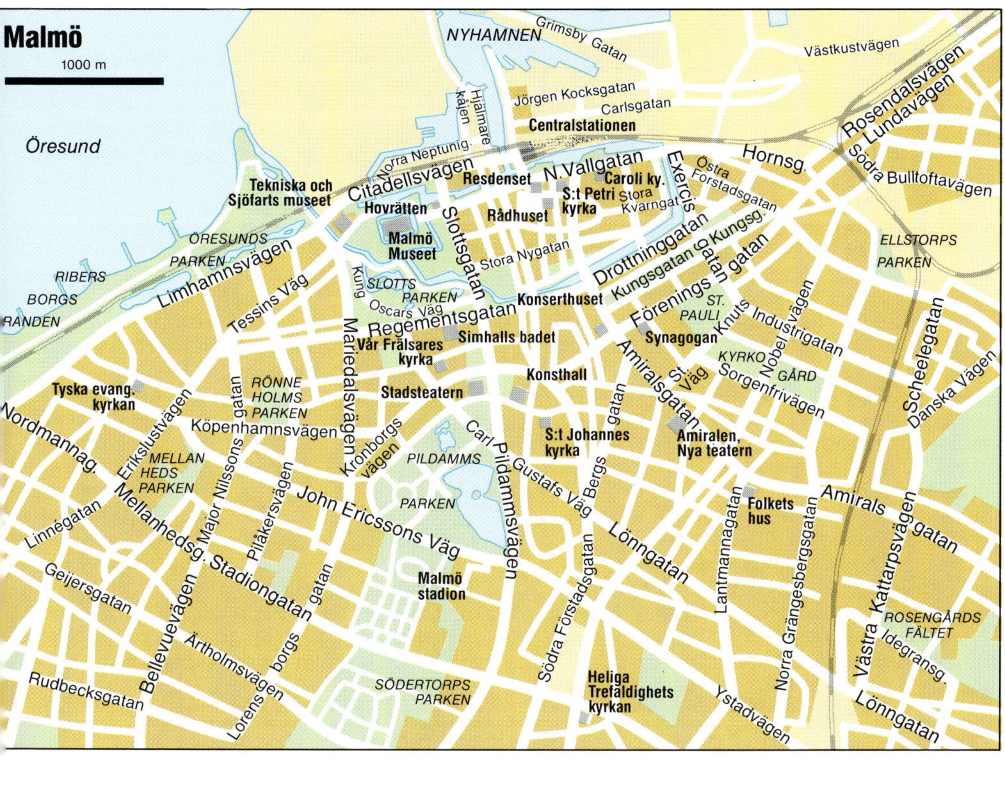

LA ROUTE DU VERRE

A l'époque de Gustave Vasa, les chevaliers avaient pour coutume de terminer leur festin en brisant tous les verres qui se trouvaient à leur portée. Or, au XVIe siècle, les verres étaient importés de Venise et représentaient des sommes considérables. Le roi décida de faire venir des souffleurs vénitiens, considérant qu'à terme cela coûterait moins cher. Le premier verre suédois date de 1556, et c'est en 1742 que fut fondée la première verrerie suédoise. Après leurs exploits sur le champ de bataille, Anders Koskull et George Bogislaus Staâl von Holstein, deux généraux de l'armée de Charles XII, avaient été nommés gouverneurs de la province du Småland. Voulant se constituer une petite fortune personnelle, ils ouvrirent une fabrique de verre qu'ils baptisèrent en joignant la première syllabe de leur nom : ainsi naquit **Kosta**.

Située entre Växjö et Kalmar, Kosta jouissait d'une position favorable. La forêt, particulièrement dense, représentait une importante réserve de charbon pour l'alimentation de ses fourneaux. Cependant, malgré l'intervention, deux siècles auparavant, de Gustave Vasa, les souffleurs étaient rares et Kosta dut faire appel à la main-d'œuvre alors la plus réputée, celle de Bohême. Les artisans bohémiens ont été les piliers de la cristallerie suédoise et, aujourd'hui encore, on compte parmi les ouvriers de Kosta quelques descendants de ces immigrants. Kosta est une des premières fabriques à avoir utilisé du plomb pur. La teneur en plomb de ses verres passe pour être la plus élevée de toutes les variétés suédoises (pour être considéré comme du cristal, un verre doit être composé d'au moins 24 % d'oxyde de plomb). La deuxième verrerie, **Reijmyre**, date de 1810. Spécialisée, à partir de 1972, dans la production de pyrex, elle exporte aujourd'hui ses produits dans le monde entier. A **Nybro**, ville de dix mille habitants située à 30 km à l'ouest de Kalmar, se trouve l'un des grands centres suédois de verrerie.

Orrefors, peut-être la plus connue des cristalleries suédoises, est relativement récente puisqu'elle ne vit le jour qu'en 1898. Concentrée initialement sur la production de verre industriel, essentiellement des vitrages et des bouteilles, ce n'est qu'en 1913, lorsque Johan Ekman en prit la direction, qu'elle se consacra à la création de services de table et d'objets de décoration. Ekman fut l'un des premiers, dans son domaine, à avoir recouru au talent artistique. Pendant la Première Guerre mondiale, il fit appel à deux peintres, Simon Gate, célèbre portraitiste et paysagiste, et Edvard Hald, ancien élève de Matisse. Ces derniers ne tardèrent pas à faire d'Orrefors l'une des cristalleries les plus réputées au monde.

Depuis, quantité d'artistes se sont succédé dans les fabriques. Conjugué au vieux savoir-faire transmis de génération en génération, leur génie a hissé le cristal suédois au rang des plus prestigieux au monde, tant pour son design que pour sa qualité. Les fabriques n'ont reconnu l'importance du tourisme, qui représente 10 % de leur chiffre d'affaires, que très récemment. Aujourd'hui, presque toutes les verreries (une vingtaine au total) peuvent être visitées (tous les jours ouvrables, de 8 h à 15 h). On peut les explorer librement ou avec un guide et assister à l'ensemble du processus de fabrication traditionnel, depuis le soufflage jusqu'à la décoration finale. Kosta possède même son propre musée qui retrace l'histoire et l'évolution de son activité. La plupart des fabriques ont aussi leur boutique dans laquelle le visiteur peut bénéficier de prix réduits. Il existe, entre Kalmar et Växjö, une **route du Verre** parcourue tous les jours, en été, par des circuits de bus. Depuis peu, les plus grands centres — Kosta, Nybro, Orrefors, Bergdala, Gullaskruf, Boda et Pukeberg — proposent en été des soirées pittoresques (réservations sur place). Il s'agit de reconstitutions du *hyttsill* (le hareng au fourneau) traditionnel. Autrefois, les fabriques n'étaient pas uniquement des lieux de travail, on s'y réunissait aussi pour bavarder autour du fourneau, dans lequel on faisait griller du hareng et des pommes de terre, au son d'un accordéoniste ou d'un violoneux.

sante à **Sölvesborg**. Les étroites ruelles bordées de vieilles maisons témoignent du passé médiéval de la cité. Vous pourrez y admirer les ruines d'un **château** du XIIIe siècle, ou visiter le **musée de la Pêche**. La ville est également le point de départ des bateaux à destination de la petite **île de Hanö**, où se dresse l'un des plus hauts phares d'Europe septentrionale. Le cimetière anglais remonte aux guerres napoléoniennes. **Mörrum** est réputée pour sa pêche au saumon. Son **Aquarium** abrite des saumons et des truites, et présente les différentes phases d'évolution des poissons. Sur l'île de la rivière s'élèvent la belle **église de Bellholm** et un **château**.

Karlshamn est un vieux port commercial, doté de nos jours d'industries florissantes. Mais il n'en a pas toujours été ainsi, et le **monument des Émigrants**, Karl-Oscar et Kristina, évoque les temps difficiles où la famine obligea des milliers de Suédois à quitter le pays. Avant de poursuivre votre itinéraire, ne manquez pas de visiter l'**hôtel de ville**, splendide construction en rondins. Sur la route qui mène à Ronneby, la **réserve naturelle d'Eriksberg**, avec ses nombreux cerfs et ses buffles, constitue une étape agréable. Au XIXe siècle, **Ronneby** était une station thermale très en vogue, et on y venait de toute l'Europe. Aujourd'hui, ce centre de vacances important est aussi le plus grand centre de congrès de toute la Suède. Il possède de nombreux musées, en particulier le **Musée culturel**. Depuis la ville, vous pourrez prendre le bateau jusqu'à la charmante **île de Karö**. Dans les environs de Ronneby se trouvent également de nombreux anciens champs funéraires, tels que **Hjortsberga**, **Hjortahammar** et **Björketorp**. A partir de **Hasslö** (en passant par Almö), vous pourrez faire une agréable excursion en bateau pour visiter les îles alentour.

Karlskrona est la capitale du Blekinge. Construite au XVIIe siècle, elle est devenue un grand centre naval doté de larges avenues et de bâtiments

A gauche, fabrication du fameux verre de Kosta ; ci-dessous, le château de Kalmar, dans e Småland.

massifs. Dans le **quartier de Björkholmen**, on admirera les vieilles maisons édifiées par des armateurs. Situé sur la route qui mène à Torhamn, **Möckleryd** est le plus grand champ de gravures rupestres de la province. Le site, **Häststallen**, rassemble des pierres, dont les gravures, de l'âge du bronze, représentent des bateaux, des hommes et des animaux. **Steneryds Lövängar** est le principal centre d'intérêt de **Torhamn**. Cette réserve naturelle est appréciée des ornithologues pour ses passages d'oiseaux migrateurs. Sur la côte orientale du Blekinge, **Kristianopel** constitua le dernier bastion danois avant la frontière suédoise. Ses **remparts** ont été restaurés récemment. L'**église**, à la belle tour à pignon, orne désormais une station balnéaire réputée pour son hareng fumé.

Le Småland

Avec ses dix-sept verreries de renommée internationale, le Småland mérite bien d'être appelé le « Royaume du verre ». La tradition du verre suédois remonte à l'époque de Gustave Vasa qui fit venir des souffleurs de Bohême. Aujourd'hui, les grandes fabriques telles que **Orrefors** et **Kosta Boda** ont élevé cet artisanat au rang de la « sculpture sur verre ». Certaines verreries sont ouvertes au public. Les Smålandais sont également célèbres pour leur papier (Lessebo), leurs allumettes (Jönköping), leurs machines à coudre (Husqvarna) et leurs meubles (Ikéa, Älmhult).

Sur la côte, **Kalmar** est l'une des principales villes du Småland et une des plus anciennes de Suède. Elle joua un rôle très important lors des guerres dano-suédoises. La ville est dominée par un château impressionnant du XIIe siècle. Entre les murs de l'édifice reposent les derniers vestiges du navire royal, ***Kronan*** (la Couronne), qui sombra en 1676. L'épave fut découverte en 1980, et avec elle un canon, des statues de bois et la cloche du navire. La ville est également connue pour son

Le campin[g] de Lunegå[rd], dans l'île d'Öland, est aussi un parc d'attractio[n] aquatique.

Döderhultmuseet, qui abrite les sculptures de bois d'inspiration populaire d'Axel Petersson. Depuis Oskarshamn, les bateaux font la traversée jusqu'aux îles d'Öland et de Gotland. L'**île d'Öland** est aussi reliée à la ville par un pont gigantesque. La côte occidentale de l'île doit sa splendeur aux vestiges de Borgholm, somptueux château fort du XIIIe siècle. Chaque été, des concerts sont donnés dans ce cadre fabuleux. Non loin de là s'élève le **palais de Solliden**, retraite estivale de la famille royale. L'île compte des champs funéraires et seize vestiges de fortifications, dont **Eketorp**, partiellement restauré. Enfin, sa végétation, qui évoque à la fois la toundra du Grand Nord et le Midi européen, et sa trentaine de variétés d'orchidées font d'Öland un paradis pour les botanistes.

De retour sur le continent, on parvient à **Västervik**, station balnéaire pittoresque au nord de Kalmar. Au centre du Småland, la **maison des Émigrants** de **Växjö** relate, depuis 1968, l'histoire de l'exode massif qui saigna, au tournant du siècle, une province aux terres arides et pierreuses. Växjö est également la ville natale du grand écrivain Pär Lagerkvist (prix Nobel en 1951). Au nord, le **lac Helgasjön** attire une multitude de variétés d'oiseaux. Hormis son **musée de l'Habitat**, **Värnamo** ne présente guère d'intérêt. Non loin de là, les **Smålandsstenar**, un site formé de cercles de six à vingt menhirs, vieux de 2500 ans, représentent un formidable témoignage historique. A l'ouest du Småland, le **ranch High Chapparral** crée une ambiance *far west* dans la forêt suédoise tandis qu'**Anderstorp** est essentiellement réputé pour ses courses automobiles. Au nord, **Jönköping** fut, au XIXe siècle, la capitale mondiale de l'allumette. La ville est de nos jours le centre des mouvements de tempérance et abrite de nombreuses sectes religieuses. Détruite par plusieurs incendies, elle ne possède pratiquement aucune construction ancienne. Mais **Gränna**, au bord du lac Vättern, conserve de vieilles maisons de bois et jouxte le village ancien de **Röttle**. De Gränna on a une splendide vue sur le lac et sur l'**île de Visingsö**, un ancien domaine royal qui abrite les ruines d'un vieux **château** détruit en 1718 par un incendie. L'**église** a été épargnée et mérite une visite.

Le ranch High Chapparral, près Anderstorp.

L'Östergötland

Les terres fertiles de l'Östergötland sont chargées d'histoire. Les fouilles archéologiques ont mis au jour des vestiges de villages datant de quelque 4200 ans. La fameuse **pierre runique de Rök** (près de Heda, au nord d'Ödeshög) fut érigée en 800 apr. J.-C. Ses 725 signes constituent le texte runique le plus long que l'on connaisse. Mais la pierre tient encore à garder ses secrets et certaines strophes ne sont toujours pas déchiffrées. Au nord de Gränna, sur la rive du Vättern, **Alvastra** est fier de posséder le premier **monastère cistercien** suédois, fondé en 1143. Le monastère a conservé sa chapelle, sa salle capitulaire, son réfectoire, son infirmerie, ainsi que la chambre du

père supérieur. Non loin de là, **Strand** fut la demeure du grand écrivain Ellen Key, dont les efforts pour l'émancipation de la femme ont eu un retentissement international. Si le site a attiré de nombreuses visiteuses célèbres de par le monde, il a aussi élevé la partie occidentale de la province au rang de centre culturel, où se réunissaient peintres et écrivains. Le **lac Tåkern** est l'une des plus belles réserves d'oiseaux d'Europe où se réfugient plus de deux cent cinquante espèces. Sur la rive du Vättern, **Vadstena** (« le domaine royal au bord du lac ») fut légué à sainte Brigitte qui y fonda un **couvent** en 1370, aujourd'hui le plus réputé de Suède. Le centre-ville, qui a gardé son plan médiéval et ses vieilles ruelles pavées, est plein de charme. Le **château** offre une belle vue sur le lac. Avant de quitter la ville, vous pourrez admirer l'atelier moderne de cristallerie, **Vas Vitreum**. Par-delà le Göta Kanal, **Övralid** s'enorgueillit de la belle demeure qui fut autrefois celle du grand poète national Verner von Heidenstam. Au cœur de la province, à **Stjärntorp**, sur la rive du **lac Roxen**, se dressent les ruines d'un vieux château du XVIIe siècle. Non loin de là, **Linköping**, ancienne ville de garnison, est un centre de technologie. La vieille ville, **Gamla Linköping**, a gardé tout son charme désuet. En dehors de la ville, les **châteaux Bjärka Säby** et **Ekenäs** méritent un détour. La plus grande agglomération de la province est **Norrköping**. La ville possède de vieux bâtiments et quelques beaux musées, mais est intéressante surtout pour ses gravures rupestres. Au nord de la ville s'étend le plus grand parc de safari d'Europe, **Kolmården**. La province est également un paradis pour les randonnées à bicyclette, en particulier le long des chemins de halage du Göta Kanal. Vous pourrez louer des bicyclettes dans toutes les villes pour vous promener entre Berg et Borensberg, la route la plus appréciée des cyclistes.

Pages précédentes : Almedalen, à Visby, l'ancien port hanséatique de l'île de Gotland est devenu un parc. A gauche, ruines médiévales dans l'île de Gotland.

L'île de Gotland

Large de 56 km et s'étirant sur une longueur de 120 km, Gotland est la plus grande île de la Baltique. Habitée depuis 7 000 ans, elle est aujourd'hui, grâce à ses réseaux de communication aérien et maritime avec la Suède continentale, le centre de vacances le plus apprécié des Suédois, même si les cinquante-six mille Gotlandais aiment à se considérer comme un peuple à part. Avec ses côtes déchiquetées, son climat doux et ses richesses archéologiques, la « Perle de la Baltique » est une véritable invitation à la promenade. Les 450 km de côte sont bordés de plages de sable, de galets, de falaises abruptes et de prairies qui s'avancent doucement dans la mer. **Tofta**, au sud de Visby, et Sudersand, dans l'île de Fårö, sont des lieux de baignade paradisiaques. **Hoburg**, à la pointe méridionale, regroupe les formations calcaires, ou *raukar*, les plus intéressantes de Gotland. Ces monuments naturels façonnés par l'érosion sont disséminés çà et là sur le pourtour de l'île. **Visby**, vingt mille habitants, la capitale, mérite à elle seule un séjour dans l'île. Son architecture, produit de l'influence hanséatique, la distingue de toutes les autres villes suédoises. Sur les **remparts** de calcaire, érigés au Moyen Age et restés pratiquement intacts sur environ 3 km, sont réparties quarante-quatre tours et plusieurs portes. La partie la plus ancienne, face à la mer, abritait les navires hanséatiques, la tour étant utilisée pour entreposer la poudre à canon. L'ensemble de ces fortifications figure parmi les constructions médiévales les mieux préservées de toute l'Europe. A l'intérieur de ses défenses, la ville a conservé ses ruelles tortueuses et pentues, ses petites places fleuries et ses vieilles maisons à pignon. Ses nombreuses églises en ruines évoquent son passé glorieux et lui confèrent un charme mystérieux. **Almedalen**, l'ancien port de la ville, est aujourd'hui un joli parc. L'**église Santa Maria**, la seule église médiévale de Visby qui soit restée intacte, offre un contraste saisissant avec les vestiges de la vieille église gothique **Santa Katarina** qui bordent la place du marché. **Burmeisterska huset** (la maison de Burmeister), la construction la plus intéressante de la cité, était à l'époque la demeure d'un négociant allemand. De nos jours, elle abrite l'**office de tourisme** de Gotland. Ne manquez pas de visiter **Fornsalen**, le musée des antiquités de Gotland. L'île vit essentiellement du tourisme, et durant la belle saison, relativement courte mais caniculaire, Visby n'attire pas moins de trois cent mille visiteurs. Au début du mois d'août se déroule un festival médiéval. Son climat doux permet la culture de nombreuses variétés de roses et d'orchidées. Le sol calcaire a donné naissance aux seules grottes à stalactites de Suède, appelées les **Lummellundagrottorna**, « les grottes de Lummellunda ». La partie septentrionale de l'île est très pittoresque. Au nord de Bunge, le **Musée culturel et historique de plein air** conserve de belles maisons anciennes ainsi qu'une pierre gravée du VIIIe siècle. Plus au nord, **Fårösund** est le point de départ

L'île de Gotland est réputée pour ses roses et ses orchidées.

des bateaux pour la petite **île de Fårö**. Celle-ci est devenue très célèbre grâce à Bergman qui y a tourné de nombreux films et qui y habite. Le nord de Gotland, y compris Fårö, est une zone militaire, et les visiteurs étrangers doivent être munis d'une autorisation spéciale (délivrée par la police de Visby) pour y séjourner.

L'île de Fårö ne peut être visitée qu'en été, par le biais des trois agences de voyage principales de Gotland qui organisent des excursions d'une journée. Dans ce cas, sauf si vous êtes muni d'un permis de séjour qui vous permet de vous promener librement, vous êtes tenu de suivre à la lettre le programme de la visite organisée. Le nord de Gotland est également réputé pour posséder le seul gisement de pétrole de Suède. Le littoral oriental attire une foule de visiteurs, mais il mérite d'être exploré. Chemin faisant, vous découvrirez des vestiges tel **Trullhalsar**, le plus grand champ funéraire de l'âge du fer gotlandais. Un peu plus au sud, à l'intérieur des terres, s'élève dans toute sa splendeur la **forteresse préhistorique de Torsburgen**. Bien plus récente, **Ljugarn**, avec ses maisons côtières et ses pensions, est une station balnéaire charmante. L'ensemble de la côte est le refuge de colonies d'oiseaux et constitue un paradis pour les ornithologues. L'élevage du mouton représente une activité importante dans la région, mais les fermes sont souvent d'aspect médiocre. Un immense plateau calcaire s'élève à 78 m au centre de l'île et forme un décor étrange dans lequel alternent marais et landes arides. Seuls des poneys à moitié sauvages habitent ces étendues désertiques. Au cœur de l'île, vous pourrez aussi voir les ruines du monastère de Roma (XIIe siècle), **Romakloster**.

Il reste bien d'autres merveilles à découvrir car Gotland compte une centaine d'églises médiévales. Par le passé, elle était vraisemblablement un centre religieux important, mais les noms des hommes à qui l'on doit ces édifices sont presque tous inconnus.

Fête du chaume dans l'île de Fårö.

GÖTEBORG

Pages récédentes : le pont 'Älvsborg, Göteborg ; pléiade de bateaux devant Göteborg. A gauche, Masthuggskyrkan et fartstornet, ès du port ; e piétonne Korsgatan.

Capitale administrative du département de Göteborg et du **Bohuslän**, siège de l'évêché du département de Göteborg, de la Cour d'Appel, de l'État-major militaire et naval de la Suède de l'Ouest, premier port et deuxième ville de Suède, Göteborg est situé à l'embouchure de **Göta älv** (la rivière Göta), sur la côte ouest, et compte quatre cent cinquante mille habitants. Il rivalise avec la capitale depuis que Gustave II Adolfe fonda ce port, en 1619. Situé à distance égale des grandes zones densément peuplées de Stockholm, de Copenhague et d'Oslo, il jouit d'une position géographique favorable qui a contribué à le hisser au rang de premier port maritime de Scandinavie (avec un trafic de quatorze mille navires par an). La ville était ainsi l'endroit tout indiqué pour construire le plus grand stade (Ullevi) et le plus vaste parc d'attractions (Liseberg) de Scandinavie. Ce dernier, qui accueille près de trois millions de visiteurs par an, figure parmi les plus grands d'Europe. Quant à ses montagnes russes, elles sont les plus longues d'Europe, de même que son restaurant (Rondo) est le plus grand de Suède par sa taille. Il fut un temps où Göteborg pouvait aussi se vanter de posséder le plus grand palais omnisport de Scandinavie (Skandinavium). Mais, en 1989, avec l'achèvement du Globen, Stockholm lui ravit ce titre. Cependant, Göteborg reprend son rang avec son centre commercial (Nordstan), qui est le plus grand d'Europe, son marché d'antiquités (Antikhallarna), son jardin botanique (Botaniska Trädgården) et son marché aux poissons (Fiskekyrka). Göteborg détient aussi le record des étés les plus longs (cent quarante-quatre jours, depuis le 13 mai jusqu'au 4 octobre), dont les habitants essayent de profiter le plus possible !

Large et très aérée, il n'est pas étonnant non plus que la ville soit le cadre des plus importantes manifestations de Scandinavie, depuis les concerts de rock (en 1985 les deux concerts de Bruce Springsteen ont attiré cent trente mille personnes) jusqu'aux rencontres sportives (la coupe de Göteborg est l'un des plus grands tournois mondiaux de football, avec seize mille joueurs représentant plus de trente pays). En 1988, la ville accueillit, pour la première fois en Europe, la Ligue de football américain. Le match d'exhibition opposait les Ours de Chicago aux Vikings de Minnesota. L'événement était tout à fait approprié puisque les villes de Göteborg et de Chicago sont jumelées. Cela n'empêcha pas la grande majorité des spectateurs, animés d'un élan patriotique, d'encourager les Vikings. Cependant, rares sont ceux qui ont vraiment pu suivre la partie. Un grand journaliste sportif a même fustigé la violence du football américain. Sans doute avait-il oublié que le hockey sur glace, sport favori des Suédois après le football (européen), est tout aussi violent (sinon plus).

Göteborg
1000 m
Hjalmar Brantingsgatan
BRÄMARE GÅRDEN
KEILLERS PARK
RAMBERGSSTADEN
KYRKBYN
GRÖNE BACKEN
BYA BACKEN
Lundby kyrka
LINDHOLMEN
Lindholms-hamnen
Frihamnen
Göta älv
SANNEGÅRDEN
KROKÄNGS PARKEN
Sjöfartsmuseet
Masthuggskyrkan
Carl Johans kyrka
Folkets hus
Folkteatern
STIGBERGET
MAJORNA
OLIVEDAL
SLOTTSKOGEN
Naturhist. Museet
Lilla Dammen
Stora Dammen
SLOTTSSKOGSPARKEN
KUNGSLADUGARD
SANDARNA
ÄNGGÅRDE
BOTAN TRÄDGÅ
Sockenvägen
Ångströmsgatan
Viksgatan
Sunner
Fyrväpplingsg.
Prästvägen
Gropegårdsgatan
Inlandsgatan
Rambergsvägen
Övre Hallegatan
Myntgatan
Herkulesgatan
Lundby Hamngata
Gamla Rambergsv.
Herkulesgatan
Lundbyleden
Stålhandskegatan
Åbogårdsg.
Södra Salöfjordsgatan
Soterusgatan
Inägogatan
Östra Bräckevägen
Västra Bräckevägen
Pilegårdsgatan
Dysiksgatan
Londongatan
Säterigatan
Nordviksg.
Sannegårdsg.
Brattenåsg.
Sannegårdshamnen
Ceresgatan
Karla-vagnsgatan
Stjärngatan
Skeppsb
Andréegatan
Stigbergsliden
Värmlandsgatan
Nordhemsgatan
Götaleden
Karl Johansgatan
Allmännavägen
Djurgårdsgatan
Kjellmansgatan
Fjällgatan
Bangatan
Klarebergsgatan
Chapmansg.
Vegagatan
Linnegatan
Lilla Risåsgatan
Övre Husargatan
Säggatan
Kabelgatan
Älvsborgsbron
Slottsskogsgatan
Älvsborgsgatan
Ekedalsgatan
Mariagatan
Kungsladugårdsgatan
Ståthållareg.
Svalebogatan
Fridhemsgatan
Margretebergsgatan
Dag Hammarskjöldsleden
Högsboleden
Högsbogatan
Perdubbsg.

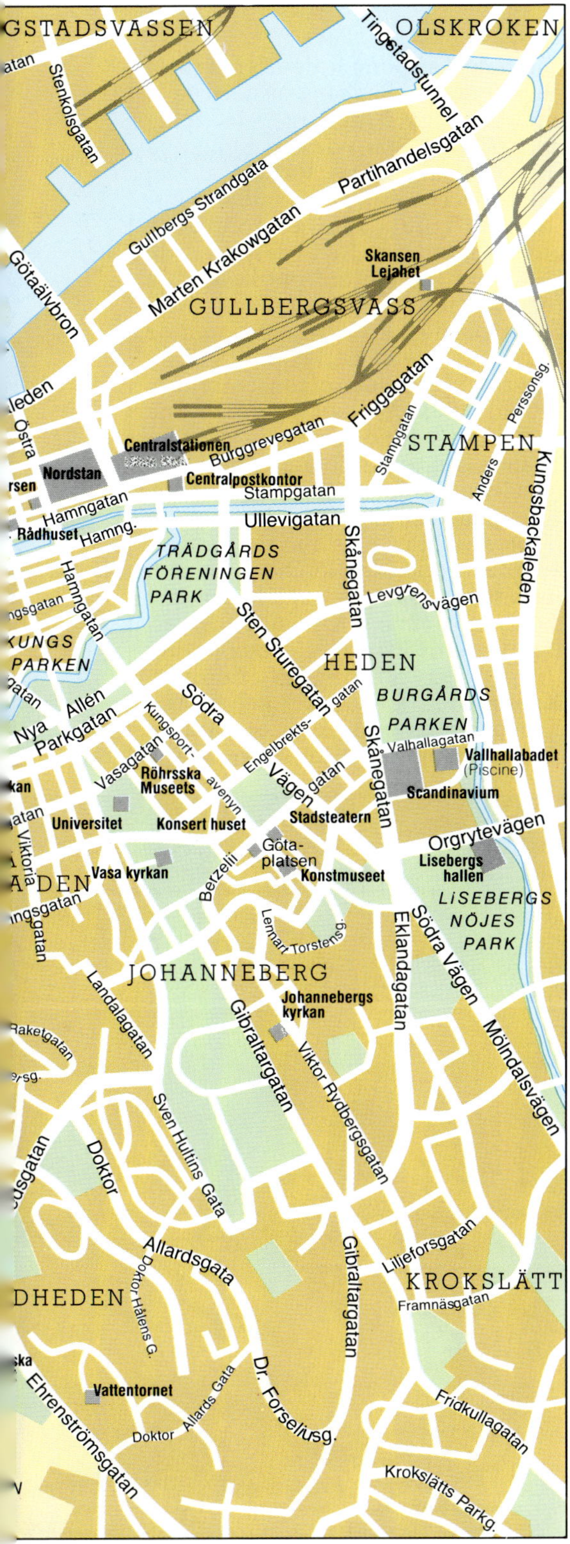

En matière de commerce, la grandeur de Göteborg tient à son ouverture sur la mer. Par voie de conséquence, la ville a attiré les entreprises les plus grandes de Suède et les plus réputées à l'échelle internationale, notamment Volvo, S.K.F. (roulements à billes) et Hasselblad (appareils photo). Étant le siège de Volvo, il n'est pas étonnant non plus qu'elle possède le plus large tunnel du monde, **Gnistäng**. Il passe sous le Göta Kanal et fait plus de 19 m de largeur sur une longueur de 712 m.

Göteborg est également devenu le cadre des plus grandes foires et expositions de Scandinavie, qui ont lieu, cela va de soi, dans le plus grand centre d'exposition nordique. La foire internationale de voyage et de tourisme (T.U.R.) attire plus de soixante mille visiteurs, soit un tiers de plus que la foire de Copenhague, capitale du Danemark, qui compte pourtant trois fois plus d'habitants que Göteborg. Cette ampleur de la ville ne doit pas décourager le visiteur : la cité est intéressante, animée, séduisante même, et mérite vraiment d'être explorée.

Les quartiers historiques

La première ville du nom de Göteborg était en fait située de l'autre côté du Göta Kanal (depuis le centre-ville) à l'emplacement où se trouve aujourd'hui Hisingen. Elle avait été fondée par le roi Charles IX. En 1611, au cours d'une de ces guerres sanglantes dont la Scandinavie a été le théâtre plus d'une fois, elle fut assiégée par les troupes danoises et norvégiennes qui privèrent ainsi la Suède d'un accès à la mer important. Une rançon d'un million de *riksdaler* (ancienne monnaie suédoise), soit l'équivalent, à l'époque, d'une année de récoltes, permit à la Suède de recouvrer la forteresse d'Elvsborg et son ouverture sur le monde. Afin de parer à d'autres attaques, Gustave II Adolfe fit appel aux Hollandais, une des premières mains-d'œuvre immigrées en Suède. Ces derniers avaient un long savoir-faire en matière de fortifications et de ports de commerce.

Conscients de la fragilité du sol, ils préconisèrent des structures basses de trois étages au plus. Le roi était cependant satisfait du site qu'il avait choisi pour construire la nouvelle ville dans la mesure où le terrain marécageux devait aussi décourager le roi danois Christian d'y apporter ses canons. Göteborg a donc été construit selon un modèle hollandais typique du XVIIe siècle, avec des canaux et des ouvrages de fortification. A l'époque, l'influence des Hollandais ne se limitait pas à l'architecture puisque, lors des premiers conseils municipaux, ils occupaient dix sièges, contre sept pour les Suédois et un pour les Écossais.

Le centre de la ville a conservé son air hollandais, même si les deux anciens canaux ont été comblés et transformés en rues **Östra Hamngatan** et **Västra Hamngatan**. Le vieux mur de fortification est presque entièrement conservé et le grand canal, **Stora Hamnkanalen**, peut être visité en bateau, sur un des *Paddan* qui partent de Kungsportsplatsen. La visite dure une heure et permet de découvrir la plupart des vieilles constructions de la cité. Le vieux Göteborg et la vieille ville (Gamla Stan) de Stockholm ne sont pas comparables. Victime de cinq grands incendies au cours de son histoire, la ville a subi de nombreux changements. Le centre de Göteborg — ceinturé par le mur de fortification, le Grand Canal et le Göta Kanal — est ainsi un creuset de façades de styles et d'époques différents. C'est là que se concentrent la plupart des curiosités, qui d'une manière générale sont assez proches les unes des autres pour être visitées à pied. Pour les trajets un peu plus long, vous pourrez emprunter le tramway (*spårvagn*). Les plus anciens vestiges architecturaux de Göteborg ne sont représentés que par quelques monuments, notamment Kronhuset, le bastion Carolus Rex et les deux petites forteresses Kronan et Lejonet. **Kronhuset**, à l'angle de la rue Kronhusgatan et de la place Gustave Adolfe (**Gustave Adolfs torg**) est la

Stora Teatern.

plus ancienne maison de Göteborg. Elle date de 1643 et abritait initialement l'arsenal de la ville. En 1660, elle fut temporairement convertie en Parlement pour permettre de couronner le tout jeune fils du roi Charles X Gustave mort soudainement lors d'une visite à Göteborg. Aujourd'hui, le **musée de la Ville** y est aménagé.

Kronhusbodarna, juste derrière Kronhuset, est un ensemble de bâtiments du XVIIe siècle qui étaient jadis des ateliers d'artisans. Le site a été restauré et transformé en un **musée** vivant où l'on fabrique encore des objets artisanaux. Il possède aussi une ancienne épicerie qui date du tournant du siècle ainsi qu'un café. **Skansen Kronan**, une forteresse qui date aussi du XVIIe siècle, a été transformée en **Musée militaire**. Perchée sur la colline qui domine les faubourgs de Haga, elle offre, depuis ses remparts, une vue magnifique sur la ville et son port. Sur la place de Gustave II Adolfe, la **statue** du roi est orientée dans la direction où le roi voulait voir naître la nouvelle cité. Le jour où le roi signa la charte de la ville, le 2 juin 1621, n'est pas fêté par les habitants. En revanche, ils commémorent le jour de sa mort (le 6 novembre 1632, à la bataille de Lützen, pendant la guerre de Trente Ans) avec de petites pâtisseries en pâte d'amande à l'effigie du grand roi. La place est surplombée par quelques maisons anciennes, mais celles-ci sont toutes occupées par des bureaux administratifs. Située dans Norra Hamngatan, l'**église Kristine**, encore appelée église allemande parce qu'elle est celle de la communauté allemande de la ville (et d'autres groupes d'origine étrangère d'ailleurs), date du XVIIe siècle, mais, plusieurs fois endommagée, elle fut reconstruite au siècle suivant dans le style baroque.

Rådhuset, l'ancienne mairie, construite en 1672 et dotée d'une extension du début du XIXe siècle, abrite le palais de justice. A côté, **Wenngrenskahuset**, dont les deux premiers étages furent élevés au milieu

Ci-dessous, le Paddan *it découvrir Göteborg depuis ses canaux ; droite, sous le marché couvert de Fiskekyrka l'église aux oissons »).*

du XVIIIe siècle et le troisième en 1820, est l'ancienne résidence d'un conseiller municipal qui a donné son nom au bâtiment, et qui abrite de nos jours les bureaux du conseil municipal. **Stadshuset**, l'hôtel de ville, fut construit en 1758 pour abriter l'arsenal, avant d'être utilisé par la garde. Aujourd'hui, il est occupé par le conseil municipal et par l'administration locale qui est également installée dans une partie du bâtiment voisin, **Börshuset** (l'ancienne bourse). Cet édifice, construit en 1849, est aussi le cadre de nombreuses réceptions officielles.

Les **faubourgs de Haga** sont les plus anciens de Göteborg. Ils abritent quantité de vieilles maisons qui datent du XVIIe siècle. Plus tard, avec l'industrialisation, Haga devint le quartier ouvrier de la ville. On peut voir de vieilles maisons de bois similaires et de la même époque le long de **Västra Skansgatan**. La **rue Bergsgatan** possède une maison d'ouvrier typique, du XIXe siècle, ouverte au public.

Östindiska Huset, la maison de la Compagnie des Indes

Göteborg doit sa puissance économique aux premiers grands navigateurs et marchands. Dès le milieu du XVIIe siècle, la Compagnie des Indes orientales contribua largement à la prospérité de la ville. Le long du Grand Canal, **Stora Hamnkanalen**, les bâtiments témoignent de ce glorieux passé. La maison des Indes orientales, achevée en 1762 sur la rive nord du canal, abrite désormais le **musée d'Archéologie**, le **Musée historique de Göteborg et de la Côte ouest**, et le **Musée ethnographique**. Ce dernier est particulièrement connu pour sa collection d'objets provenant d'Amérique (d'Amérique latine, notamment des textiles et de l'artisanat péruviens, et des collections consacrées aux Indiens du nord de l'Amérique) et aussi d'Afrique (les objets — notamment le trône d'un chef de tribu — sont regroupés par thèmes et non par pays). La plupart des autres vieilles

L'épicerie de Kronhusbodarna.

constructions sont aujourd'hui monopolisées par l'administration locale qui y a installé des bureaux et des musées.

Dans **Norra Hamngatan**, **Sahlgrenskahuset**, édifiée en 1753, se trouve le siège du secrétariat municipal du commerce et de l'industrie, et du bureau de promotion régionale. De l'autre côté du canal, dans **Södra Hamngatan**, le bâtiment **Resindenset** fut construit en 1650 pour le maréchal Lennart Torstensson et, à la fin du siècle dernier, sa façade fut modifiée. C'est aujourd'hui la résidence du gouverneur de Göteborg et de la province du Bohuslän.

En arrivant à Göteborg par bateau, la **forteresse d'Elvsborg** (**Nya Elvsborgs Fästning**), située sur un îlot rocheux à l'embouchure du Göta älv, s'impose au regard. Elle fut érigée au milieu du XVIIe siècle dans le but de protéger le littoral contre l'envahisseur danois. Elle fut assaillie par une troupe danoise menée par le Norvégien Peder Tordenskjiold en 1717 et en 1719. Au cours du XIXe siècle, elle servait de prison. Aujourd'hui, on l'utilise pour des cérémonies, des banquets et des mariages (dans la **chapelle**). Le site n'est accessible que par la mer, et le départ en bateau pour une visite guidée se fait de **Stenpiren**.

L'Avenue

Kungsportsavenyn, plus couramment appelée **Avenyn**, est le pendant suédois de nos Champs-Élysées. S'étirant sur 1 km, c'est une avenue aérée, bordée d'arbres, de restaurants et de terrasses de café. A la belle saison, des musiciens de rue et des marchands ambulants l'animent. Pour les Suédois, Avenyn appartient à un autre monde. C'est donc l'occasion, pour le visiteur étranger, de découvrir un aspect plus continental, et plus rare aussi, de la Suède. A l'instar de bien d'autres grandes avenues, Avenyn a été envahie par les établissements de restauration rapide, ce qui lui vaut d'attirer de nombreux jeunes, qui investissent également les restaurants et les cafés à la mode. Mais elle a su conserver un caractère traditionnel, et compte encore de nombreuses maisons qui peuvent se vanter d'avoir accueilli plusieurs générations de Gothembourgeois. Avenyn aboutit à **Götaplatsen**, la place sur laquelle se dresse l'imposante fontaine de ***Poséidon***, du sculpteur Carl Milles. La place est dominée par plusieurs édifices : le **musée des Beaux-Arts** (**Konstmuseet**, où l'on peut voir des œuvres d'artistes suédois, des sculptures de Carl Milles et d'Ivar Johnson par exemple, et des collections de peinture de toute l'Europe, du XVe au XXe siècle, dont plusieurs de Picasso), la salle de concert (**Konserthuset**, siège de l'orchestre symphonique de Göteborg), le théâtre de la Ville (**Stadsteatern**), et la bibliothèque de la Ville (**Stadsbiblioteket**). Avenyn prend fin au niveau du **Kungspark** et du Grand théâtre (**Stora Teatern**), le seul en Scandinavie qui soit spécialisé dans l'opérette.

La ville des jardins

Si le canal et le centre-ville conservent un air hollandais typique du XVIIe siècle, les nombreux espaces verts ne vont pas sans évoquer le charme d'une ville anglaise romantique. La deuxième ville de Suède possède plus de vingt parcs, chiffre encore inégalé. Cela lui vaut le surnom de « ville des jardins » ou de « ville verte ».

Au cœur de la ville, bordant les pourtours sud et est du canal, le parc **Trägårdsföreningen** abrite une belle serre de plantes tropicales (**Palmhuset**). Construite en 1878 et récemment rénovée, elle est la plus grande structure de verre de toute la Scandinavie. Le parc, ou comme on l'appelle couramment Trägår'n, possède une roseraie relativement récente, qui voit fleurir à la belle saison plus de dix mille roses de quatre mille variétés. Les autres parcs intéressants sont relativement proches du centre-ville. Le plus grand, **Slottskogen**, d'une superficie de 137 ha, contient un centre sportif, un zoo pour enfants, des musées et des restaurants. Il est également agrémenté de petits lacs et

constitue un endroit idéal pour se promener et pique-niquer. Slottskogen est tout particulièrement agité la nuit de l'Ascension : traditionnellement, les Gothembourgeois y dorment à la belle étoile. De l'autre côté de la grande route Dag Hammarskjöldsvägen, s'étend le beau jardin botanique : **Botaniska Trädgården**, qui compte treize mille variétés de plantes, de grandes serres et 35 km d'allées. Un peu plus au sud, la **réserve Änggårdsbergen** s'étend sur une superficie deux fois plus grande que celle de Slottskogen.

Cette abondance d'espaces verts fait oublier que Göteborg est aussi une ville industrielle de quatre cent cinquante mille habitants. Autre trait marquant, tous les sites naturels, y compris la côte et les plages, sont facilement accessibles grâce au tramway, qui ne constitue pas une menace pour l'environnement. Le parc d'attractions **Liseberg** possède, outre ses manèges et ses montagnes russes, une douzaine de restaurants et pistes de danse, six scènes et quatre théâtres. Ses jardins fleuris et ses belles sculptures en font un véritable centre de divertissements pour tout le monde.

Sur la rive opposée, **Keillerspark**, s'étend aussi un parc agréable. Du haut de sa colline (86 m) on a une belle vue panoramique sur Göteborg. Ce parc doit son nom à un riche citoyen, un ingénieur du nom de James Keiller, qui en fit don à la ville. C'est ainsi que nombre de curiosités sont baptisées du nom de leur bienfaiteur. C'est également la raison pour laquelle la ville est aussi connue sous le nom de « Cité des donations ». Le musée de l'artisanat **Röhsskamuseet** doit son nom aux frères Wilhelm et August Röhss. La **galerie d'art Furstenberg** (dans le musée des Beaux-Arts) est un autre exemple. Le **Musée maritime** et son **aquarium** font exception à la règle, mais ils doivent leur existence à la famille Broström, propriétaire de bateaux. William Chalmer, qui fut directeur de la Compagnie des Indes orientales, était aussi un de ces hommes dotés d'un grand sens civique, et pour qui l'éducation était une préoccupation majeure. Il fit une donation à l'école d'artisanat (en 1829), aujourd'hui transformée en Institut de technologie (**Chalmers tekniska högskola**).

Le marchand James Robertson Dickson légua une part de sa fortune pour la création, en 1861, de la **bibliothèque** qui porte son nom (dans les faubourgs de Haga). L'ancienne école, qui devait plus tard devenir l'**université de Göteborg**, fut fondée en 1880 grâce à plusieurs donateurs, en particulier David Carnegie. Niclas Sahlgren, à qui la Suède du XVIIIe siècle devait le succès de la Compagnie des Indes orientales, légua à sa mort, en 1776, une part de sa fortune pour faire construire un hôpital, **Sahlgrenska Sjukhuset**, destiné aux malades et aux pauvres. Il domine le Jardin botanique et est aujourd'hui un des plus grands complexes hospitaliers de Suède. D'autres institutions doivent leur existence à des donateurs, notamment les hôpitaux de Carlander et de Renström.

A gauche, le Poséidon *de Carl Milles, sur la place* [G]*ötaplatsen ; à droite, nombreux sont les* [e]*spaces verts* [e]*t les statues dans Göteborg.*

Une tradition maritime

Göteborg est né pour donner à la Suède une ouverture sur la côte ouest. Le rôle primordial qu'il a joué au cours du siècle dernier lui a valu l'éloge de l'écrivain suédois le plus célèbre, August Strindberg. En effet, un des personnages de la pièce *Tjänstekvinnansson* (*Le Fils de la servante*, 1886-1887) constate, après avoir visité le port, que Stockholm n'est plus la capitale du Nord : Göteborg avait repris le flambeau. A l'époque où Strindberg écrivait sa pièce, le port de Göteborg était très actif, fréquenté par d'innombrables navires qui le reliaient aux quatre coins du monde. Mais il n'était pas uniquement un port marchand. C'était alors le temps des grandes vagues d'émigration vers l'Amérique. Près d'un million de Suédois embarquèrent pour la Terre promise, emportant avec eux comme dernier souvenir de leur pays l'image de Göteborg et de son archipel. Quelques décennies plus tard, le port accueillait les paquebots de luxe *Gripsholm*, *Kungsholm* et *Drottningholm*, de la ligne suédo-américaine. Ils transportaient de riches touristes américains et aussi quelques anciens émigrants de retour sur la terre natale. Puis, ces paquebots furent supplantés par les transports aériens, plus rapides et moins coûteux. Aujourd'hui, ces somptueux bâtiments naviguent probablement sous pavillon grec, s'ils n'ont pas été transformés en bateaux de croisière. Mais le port de Göteborg, lui, a survécu aux épreuves du temps, et est aujourd'hui le plus grand de toute l'Europe septentrionale. Les ferries de Stena Line et de Scandinavian Seaways transportent chaque année plus de quatre millions de passagers, jusqu'au Danemark, en Allemagne, aux Pays-Bas et en Angleterre.

Il n'est pas de meilleure façon d'aborder Göteborg que d'arriver par la mer et de longer les méandres dessinés par les îles de l'archipel. Ouvert dans les années trente afin de mettre

A gauche, les villages de la côte ouest offren encore le spectacle du poisson séché ; ci-dessous, terrasse devant le Kronhuse

en relief le passé maritime de la cité depuis trois siècles et demi, le **Musée maritime** est l'un des plus intéressants. On y admire des collections qui retracent l'évolution de la navigation depuis les Vikings, la pêche en haute mer et l'émigration. Au centre du musée est installé le modèle d'un bateau de la Compagnie des Indes : le *Finlande*. Autre curiosité : un aquarium, dans lequel s'ébattent des poissons exotiques. On montera dans la **tour du musée**, du haut de laquelle la vue s'étend au-delà du port, sur l'archipel et la mer jusqu'à Vinga.

Enfin, le Musée maritime possède une annexe à **Lilla Brommen**, près du centre-ville, sur les bords du Göta älv. Ce centre de plein air est dédié au long passé portuaire de la ville. Il a été conçu pour dynamiser la vie du port intérieur dont l'ambiance avait beaucoup perdu depuis la fermeture des chantiers navals, imposée par l'arrivée de constructeurs plus compétitifs d'Extrême-Orient. Lorsqu'elle sera achevée, cette annexe sera bien plus importante qu'elle ne l'est aujourd'hui. Une vingtaine d'anciens navires mouilleront sur les quais et pourront être visités. Parmi eux figureront un destroyer, un bateau-phare, un cargo, plusieurs remorqueurs ainsi que le déjà célèbre quatre-mâts *Viking*, et le sous-marin *Draken*, qui, lui, sera à terre.

Mais ce centre maritime n'est pas destiné à rester un simple lieu d'exposition. Il est déjà pourvu de restaurants, de boutiques et propose des conférences, des films, des tours en bateau et en hélicoptère, autant d'activités visant à en faire un véritable pôle d'attraction. De plus, la compagnie des bateaux à vapeur du Göta Kanal, qui organise des balades pittoresques jusqu'à Stockholm le long du « Ruban bleu », va faire de Lilla Brommen son port d'attache et son point d'embarquement. Et les bateaux-promenades *Paddan* suivront bientôt un nouvel itinéraire pour longer la rivière et passer devant les navires-musées amarrés aux quais.

Göteborg est le plus grand port maritime de toute la Scandinavie.

mandel
STORMFÅGELN

Pages …écédentes : régate sur la Côte …ensoleillée. …gauche, le caboteur …tre au port avant la tombée du jour; à droite, décor l'intérieur des terres.

LA CÔTE OUEST

La côte ouest de la Suède mérite bien son surnom de « Côte ensoleillée ». Elle s'étend sur 400 km, de part et d'autre de Göteborg. Au sud, la province de **Halland** est ourlée de belles plages tandis qu'au nord de Göteborg la province de **Bohuslän** est bordée par un fantastique déploiement de roches granitiques, d'îles et de récifs. Au début du siècle, déjà, la côte était le lieu de vacances favori des Suédois, réputation dont elle jouit encore aujourd'hui. Depuis la côte jusque dans l'arrière-pays, s'étire une chaîne de collines qui forme une barrière naturelle entre les provinces de Halland et de Scanie. La Côte ensoleillée, elle, est séparée de l'intérieur des terres par une barrière faite par l'homme, la E6. La première ville du Halland que l'on rencontre au sud est **Laholm**. Fondée en 1231, c'est la doyenne de toutes les villes de la province. Ravagée par maints incendies, elle s'est relevée de ses cendres pour rester un petit centre paisible. On y admirera de nombreuses sculptures dues pour la plupart à Stig Blomberg. Cette partie de la côte est bordée de nombreuses plages de sable, comme **Skummelövstrand** et **Mellbystrand**. De l'autre côté de la E6, les terres s'étendent en un joli paysage pastoral sillonné de rivières et de petites routes et où alternent forêts et fermes. Plus au nord, à l'embouchure de la rivière Nissan, se trouve **Halmstad**, la plus grande ville du Halland. Elle conserve encore un château du XVIIe siècle, des vestiges de l'ancien rempart et une **église Sankt Nikolaikyrkan** (Saint-Nicolas) du XIVe siècle. Le musée de la Ville, **Hallandsmuseum**, témoigne de la vie des marins pêcheurs et contient une grande maquette de la ville. Vous pourrez voir à **Miniland** d'autres modèles réduits qui représentent de célèbres ouvrages architecturaux suédois à une échelle de 1/25e. La grande place, **Stora Torg**, est connue pour sa sculpture ***Europe et le taureau***, l'une des plus belles œuvres de Carl Milles. Non loin de là, la station balnéaire de **Tylösand** est dotée d'une des plus grandes et des plus enchanteresses plages du pays. Vous trouverez d'autres belles grèves à **Östra Strand**, **Ringenäs** et **Haverdalsstrand**. La ville est dominée par la façade imposante du **Nya Hotell Tylösand,** qui possède tous les attraits d'un grand centre de villégiature : depuis la crêperie jusqu'au casino, en passant par de nombreuses installations sportives, comme un terrain de golf à dix-huit trous. En quittant Tylösand vers le nord, vous ferez halte à **Ugglarp**, réputé pour son **musée de l'Automobile et de l'Aviation** (Svendinos Bil och Flygmuseum) : cent quarante voitures d'époque et une trentaine d'avions, anciens et modernes, qui font la joie et des amateurs et des professionnels. Les plus gros avions sont exposés à l'extérieur, et, à l'intérieur, les engins sont entassés pare-choc contre pare-choc, aile contre aile. On y admirerera des voitures aux noms vieillots telles que la Bullerbilen, qui date de 1897.

Falkenberg et ses environs

Falkenberg s'est développé à l'embouchure de la rivière **Ätran**, qui regorge de saumons. Ce sont des Britanniques qui, dans les années 1830, découvrirent ce paradis de la pêche. En effet, les immigrés anglais et écossais établis à Göteborg avaient pris pour habitude d'inviter leurs proches à les rejoindre pour des parties de chasse et de pêche dans la région. Et durant de longues années les droits de pêche dans la rivière revenaient à un certain baron Oscar Dickson, issu d'une des familles les plus connues de la ville. W.M Wilkinson, un avocat londonien, fut si impressionné par la qualité des poissons qu'en 1884 il rédigea et publia à son compte un petit livre destiné à son entourage. *Un séjour à Falkenberg* atteste que, à l'époque, le saumon se vendait à dix-huit pennies la livre. La ville a conservé un ancien fumoir à saumons, qui abrite aujourd'hui le musée local. Le vieux quartier, avec ses maisons basses à colombages du XVIIIe siècle et ses ruelles aux pavés ronds, s'organise autour de l'**église Saint-Laurent**, Sankt Laurentii kyrkan, bâtie au XIVe siècle. Vous pourrez aussi admirer le **pont Tullbron**, qui fut édifié en 1756. La ville possède également la plus vieille fabrique de céramiques, **Törngrens Krukmakeri**, dirigée par la famille Törngren depuis 1786. De belles plages encadrent Falkenberg : **Olofsby** au nord et **Skrea Strand** au sud. La route 154 traverse un paisible paysage rural jusqu'à **Ullared**. Chaque année, ce petit hameau de sept cents âmes attire près de trois millions de visiteurs. On y vient des quatre coins de Suède, et même de Norvège, pour acheter à bas prix : Ullared est le premier centre d'achat rural. Tout a commencé lorsqu'un des villageois ouvrit un magasin rudimentaire pour vendre des marchandises à prix réduit. Aujourd'hui, plusieurs maisons renferment pêle-mêle toutes sortes d'objets, des verres jusqu'aux chaussures. Un vaste parking a été aménagé, mais certains samedis, il peut arriver que les consommateurs impatients doivent

faire la queue pour y accéder. Les visiteurs étrangers peuvent acheter des produits détaxés et payer par carte de crédit.

Varberg offre un contraste frappant avec l'atmosphère un peu confinée de Falkenberg. Cette ancienne ville d'eau très animée est aussi une station balnéaire (fondée à la fin du siècle dernier), un centre commercial et un port d'où partent des ferries pour le Danemark (Grenå). Elle domine majestueusement la mer. Son **château** perché sur un promontoire rocheux abrite le **musée des Antiquités de la province de Halland**. On peut y voir plus de trente-cinq mille pièces, parmi lesquelles le vêtement de l'homme dit « de Bocksten », qui date du XIVe siècle et qui fut retrouvé dans une tourbière. Le **musée des Transports** est aménagé dans les anciennes écuries du roi Charles XI et comporte une collection de vieilles voitures et de bateaux et, plus récentes, quelques bicyclettes. Varberg a gardé des traces de son passé de station balnéaire. Dans le parc, **Societetshuset** est un joli pavillon de bois, bâti en 1883 et transformé en restaurant. Vous pourrez prendre des bains de mer et de soleil dans l'**établissement de bains** qui date de 1903. C'est une belle construction de bois peint sur pilotis, première version des piscines d'eau de mer. Çà et là sont dispersées des petites cabines et des chaises longues. Après une baignade vivifiante, les curistes savourent une tasse de café accompagnée de gaufres tout en profitant du soleil et de l'air de la mer. Il a été question à plusieurs reprises de démolir cet ensemble jugé désuet. Aujourd'hui, son aspect suranné contribue à son charme. Dans les environs de Varberg s'étendent encore de magnifiques endroits de baignade. A **Apleviken**, la plage en pente douce est idéale pour les enfants. **Träslövlägen** ne présente guère d'intérêt ; l'**île de Getterön** en revanche, à 5 km au nord de la ville, comporte de belles plages et est aussi une réserve ornithologique. Un viaduc la relie à la terre ferme.

Le château Tjolöholm, ·el exemple du style Tudor.

Près de **Varö**, dans un renflement de la côte, se niche un petit village de pêcheurs. Ses maisons pittoresques sont dominées par la centrale nucléaire de Ringhals, dont l'unique avantage touristique est de pouvoir être visitée.

Plus au nord, se dresse le **château Tjolöholm**, qui est sans doute le monument le plus insolite de toute la région. Il fut érigé au tournant du siècle et constitue un bel exemple de style Tudor. Dominant un joli parc verdoyant, il abrite une splendide décoration d'inspiration art nouveau. Le château appartient à la ville de Göteborg et est ouvert au public.

La ville la plus septentrionale de la province de Halland est **Kungsbacka**, à quelque 30 km seulement au nord de Göteborg. Fondée au XIIIe siècle, elle devint ville royale au XVIIe siècle, durant les conflits qui opposèrent la Suède méridionale au Danemark, lorsque Charles XI en fit ses quartiers généraux. En 1846, la ville brûla, comme cela fut souvent le cas des anciennes villes suédoises qui étaient toutes construites en bois. Seules deux maisons ont été préservées. L'une des deux, **Röda Backa** (la maison rouge), se trouve dans la rue Nord Torggatan. Les maisons qui dominent la **place du marché** datent du début du siècle dernier et ont un charme particulier.

Dans l'arrière-pays, des formations morainiques, **Fjärås Bräcka**, s'étirent parallèlement à la côte. Ce merveilleux décor a été façonné à l'époque glaciaire. Au sommet de **Bräcka** on a une belle vue sur le **bras de mer** (souvent appelé, à tort, fjord) **de Kungsbacka**. De l'autre côté, le **lac Lygnern** s'étend sur 20 km. Avant la période glaciaire, il faisait partie du bras de mer. Sur la partie sud du lac s'élèvent de fabuleux vestiges de l'âge du fer, des tertres funéraires et des pierres levées, *bautastenar*, dont la plus haute, celle de **Frode**, mesure 5 m. Une route grimpe le long de cette formation morainique et mène à l'**église de Fjärås**, qui date de 1800 et contient des éléments plus anciens : fonts baptismaux en bronze (1596),

Dans la forêt de l'île de Vaderö.

retable (1630) et chaire (1650). Au sud, **Äskhult**, un hameau qui conserve, autour d'une jolie cour, des maisons des XVIIIe-XIXe siècles, est l'un des rares à avoir survécu au remembrement, et, à ce titre, il constitue un véritable musée. Non loin de là, au sud-ouest, **Gällinge** possède une église du XIIe siècle, qui renferme de belles fresques du XVIIIe siècle. La petite route qui remonte vers Kungsbacka passe devant le splendide **château de Gåsevadholm** (1757), en granite rose, construit par Niclas Sahlgren, à l'époque où il était directeur de la Compagnie des Indes orientales.

Le littoral et les îles du Bohuslän

Sur le littoral, vous pourrez découvrir plusieurs villages, notamment **Vallda** et **Släp**, habités autrefois par les paysans-pêcheurs. A la hauteur de la petite station balnéaire de **Särö**, la côte change tout à coup d'aspect pour offrir un paysage accidenté. Les plages de sable font place à une côte rocheuse déchiquetée, ourlée de petites criques et de blocs de granite rose qui affleurent loin dans la mer. A partir du début du siècle dernier, Särö fut un lieu de villégiature très en vogue. Et, quand la famille royale y établit sa retraite estivale, elle devint une des stations balnéaires les plus recherchées. Gustave V s'y rendait chaque année. Vous pourrez frapper la balle sur les mêmes courts qu'utilisait jadis ce passionné de tennis. Särö était surtout réservé à l'aristocratie de Göteborg ; elle conserve de charmantes maisons de bois avec vérandas, balcons et sculptures. A l'époque, un petit chemin de fer à voie étroite reliait le site à la grande ville. Il a aujourd'hui disparu, mais le sentier qui en rappelle le tracé est idéal pour les balades à bicyclette. L'ancienne gare a été transformée en un charmant restaurant. Särö, qui a renoncé à se développer, évoque toujours le passé avec son atmosphère unique de fin de siècle. Ainsi, vous pourrez faire d'agréables promenades le long de la

Tous les trésors de la terre exposés au marché en plein air.

plage sur la **Strandpromenaden**, et vous enfoncer dans la **forêt Västerskog**, l'une des plus vieilles forêts de chênes de la côte ouest. Une seule petite plage de sable s'étend au sud de la ville. Le reste de la côte est une étendue de rochers lisses et plats baignés de quiétude et de douceur.

La **province de Bohuslän** commence à la hauteur de Göteborg. Déjà la côte se désagrège dans la mer avec ses rochers, ses îles et ses récifs, magnifique décor qui se prolonge jusqu'à la frontière norvégienne. Au large, le petit chapelet que forment les **îles d'Öckerö** est partiellement interdit aux étrangers. Mais, un peu plus au nord, **Marstrand** est accessible à tous les promeneurs. Un ferry fait la navette jusqu'à cette île gardée par la **citadelle Karlsten**. La ville, interdite aux véhicules, est un lieu de vacances idyllique. A la belle saison, elle constitue également un remarquable centre d'artisanat, avec, entre autres, des boutiques de céramiques et de broderies. Au milieu du XVe siècle, Marstrand était déjà connu pour la pêche au hareng. Vers 1747, il fut de nouveau florissant grâce au retour des bancs de poissons. C'est ensuite grâce à Oscar II, qui y passa ses étés, que la petite cité put retrouver son prestige. Aujourd'hui, la statue du roi orne la devanture de **Societetshuset**. L'été, de nombreuses régates sont organisées et, au retour des bateaux, on donne des concerts dans le **parc du Paradis**. L'île offre aussi de merveilleuses vues depuis la citadelle et le sommet de la petite **colline de Hangman**. Au nord de Marstrand surgissent deux autres îles, **Tjörn** et **Orust**, et quantité d'îlots. Tjörn est accessible via le **pont de Stenungsund**, une petite ville vouée à l'industrie pétrochimique. Tjörn est aussi reliée par un pont à Orust qu'un autre pont relie à la terre ferme. Cette zone, connue sous le nom de **Bästkusten**, (« la meilleure côte »), est le cœur du Bohuslän. Le pourtour de Tjörn constitue un décor magnifique. La ville principale, **Skärhamn**, est hautement pittoresque, avec ses ruelles

A gauche, les rochers plats de Bohuslä sont tout indiqués pour l'exposition au soleil ; ci-dessous, Smögen est très fréquer par les plaisanciers

pavées et ses petites maisons de bois peint qui, accrochées aux rochers, se collent les unes aux autres autour de la place. On peut, avant d'y arriver, sentir l'odeur des morues qui sèchent au soleil en attendant d'être mangées le soir de Noël. Au sud, la petite **île de Klädesholmen** est également desservie par un pont. De petites maisons colorées parsèment ses rochers. Plus que de charmants centres de vacances, ces bourgades sont des villages de pêche authentiques encore en activité. Certes, les perspectives peuvent être gâchées par quelque construction moderne, mais celles-ci, abritant des petites usines de poisson ou des garages de réparation de bateaux, font partie intégrante de la vie locale. Le pont qui relie Tjörn à Orust enjambe quatre îles et offre une vue fantastique sur la mer. Orust est la troisième plus grande île du pays. Là se nichent de nombreux villages de pêcheurs; parmi lesquels **Mollösund**, **Hallerviksstrand**, **Gullholmen**, **Ellön** et **Käringön**. Tous ont gardé leur charme d'antan, avec leurs séchoirs à morues, leurs étroites ruelles et leurs maisons frileuses, blotties les unes contre les autres.

Derrière la côte façonnée par une succession de rochers et de criques, les vastes terres arables offrent un contraste saisissant. En traversant le dernier pont, vous aurez l'impression d'arriver à une autre île mais, en réalité, ce bout de terre déchiqueté appartient déjà à la terre ferme. **Grundsund** et **Fiskebäckskil** sont aussi des ports de pêche à l'activité fébrile. Depuis Fiskebäckskil, un bateau fait la traversée sur l'unique véritable fjord de Suède, **Gullmaren**, jusqu'à **Lysekil**. Cette ancienne ville norvégienne, appartient à la couronne suédoise depuis trois cents ans seulement. Au XIXe siècle, elle est devenue une station balnéaire très populaire, et aujourd'hui, elle attire encore de nombreux Suédois. Quand viennent les beaux jours, elle se réveille et devient le point de départ d'excursions en bateau jusqu'aux îles et aux villages de pêche avoisinants. Elle est aussi

Gravures rupestres de Tanum.

connue pour sa pêche en mer. Au nord de Lysekil, la **péninsule de Sotenäs** compte maints autres villages de pêcheurs. **Smögen**, également relié à la terre par un pont, est très séduisant, avec ses maisons lacustres peintes d'un rouge flamboyant. Des bateaux, de plaisance et de pêche, croisent au large. Les crevettes de Smögen sont réputées sur toute la côte. Ce petit port trouve son pendant exact dans l'arrière-pays avec **Kungshamn**. Plus au nord, sur la côte toujours striée de rochers plats de granite aux teintes roses et mauves, les villages, qui sont à la fois des centres de pêche et de vacances, se succèdent à l'infini, avec **Hunnebostrand**, **Tegelstrand**, **Hamburgsund**, **Fjällbacka**, **Grebbestad** et **Bovallstrand**, le plus vieux.

Kungälv, Uddevalla, Gustavsberg, Tanum et Strömstad

Le Bohuslän compte quelques grandes villes, et, au nord de Göteborg, Kungälv est un ancien centre viking qui jouit d'une position stratégique sur la Göta älv. Proche de Göteborg, il est devenu, à l'instar de Kungsbacka, une ville satellite. Uddevalla, la plus grande ville de la province, possédait un important chantier naval, qui, comme partout en Europe, dut fermer pour être partiellement remplacé par une autre activité industrielle. Si la ville n'est guère intéressante, les environs sont superbes. Gustavsberg se targue d'être la plus vieille station balnéaire, et était déjà mentionné en 1746 dans l'ouvrage *Voyage en Westgötha*, de Carl von Linné. A l'instar de bon nombre d'autres petits centres de vacances, il possède encore une **Societetshus**, une de ces grandes et belles maisons de bois abondamment ornées, aujourd'hui transformée en restaurant. La maison des bains a été convertie en auberge de jeunesse. Elle est entourée d'autres constructions dans un joli parc qui s'avance dans la mer. Plus au nord, près de **Munkedal**, se trouvent un petit **musée du Chemin de fer** et, plus étonnant, un **musée** dédié à Elvis Presley. La E6 mène à Tanum, une petite ville située dans l'arrière-pays, à la même hauteur que le village de pêcheurs Grebbestad. Elle abrite deux trésors, dont l'auberge **Tanums Gästgifveri**, établie il y a plus de trois cents ans par décret royal. La maison de bois peint, d'apparence modeste, abrite des pièces chaleureuses et est célèbre pour sa cuisine. Les mets de poisson figurent bien évidemment en tête de ses spécialités. Les chambres d'hôtel sont aménagées dans le bâtiment adjacent.

Le deuxième trésor de Tanum est un témoin historique bien plus important et constitue l'une des collections de gravures rupestres, **Hällristningar**, les plus prestigieuses d'Europe. Elles datent de l'âge du bronze et représentent des scènes de chasse et de pêche, des batailles, des bateaux. Près de **Vitlycke**, les **pétroglyphes** ornent une surface immense de 204 m^2 et représentent le plus grand groupe de gravures au monde. L'Institut d'études de gravures rupestres a pour tâche d'interpréter les symboles et de faire des recherches sur l'homme de l'âge du bronze. Il vous éclairera sur la signification de tel ou tel motif mystérieux. **Fossum** (à l'est) et **Tegneby** (au sud) possèdent aussi des groupes de Hällristningar, et à Litsleby vous pourrez admirer le plus grand homme que l'on ait vu sur une gravure.

La dernière ville avant la frontière norvégienne est Strömstad. C'est une vieille station balnéaire, et un des rares endroits de Suède où vous pourrez prendre des bains de mer et d'algue. Elle est connue pour être un des endroits les plus ensoleillés de Scandinavie et est réputée pour ses crevettes. Strömstad a une longue histoire commune avec la Norvège. Cela remonte à l'époque où le Danemark, la Norvège et la Suède formaient l'Union de Kalmar, régie par la couronne danoise. La ville fut norvégienne jusqu'à la bataille de Strömstad, en 1717, quand les Suédois vainquirent le redoutable Tordenskjiold et sa flotte danoise. Sans cette victoire, ce petit bout de terre situé à l'extrémité de la « Côte ensoleillée » aurait bien pu faire partie de la Norvège, de l'autre côté du **pont Svinesund**.

V
412

LA RÉGION DES GRANDS LACS

Pages précédentes : les rochers de la côte ouest. A gauche, scène suédoise typique ; ci-dessous, le paysage qui sépare les deux grands lacs.

Un rapide coup d'œil sur la carte de la Suède permet de remarquer les deux taches que forment les **lacs Vänern** et **Vättern**. Le Vänern, une immense étendue bleue de 5 585 km², est le plus grand lac d'Europe occidentale. Ses rives occidentales bordent deux provinces, le Dalsland et le Värmland. Le **Dalsland** est une province accueillante, dotée de fermes coquettes et de petites villes prospères, sillonnée de routes désertes qui traversent de profondes forêts de bouleaux. Il n'est pas rare, au crépuscule surtout, de voir un élan surgir au milieu de la route. Pour les automobilistes, cela signifie aussi qu'il faut rouler prudemment. Ce paysage souriant, avec ses lacs clairs et étincelants et ses multiples rivières, s'étend depuis les plaines fertiles de **Dalboslätten**, au sud-est, jusqu'aux collines boisées de la **région de Skogsdal**. Plus on approche de la frontière norvégienne, plus le paysage devient sauvage. Le principal intérêt de la province est le **Dalslands Kanal**. En réalité, le terme de canal n'est pas vraiment approprié puisqu'il s'agit d'un véritable réseau de lacs et de rivières. Il s'étire sur 240 km et seul un tronçon a dû être excavé. La voie d'eau a été conçue par Nils Ericsson et fut construite entre 1864 et 1868, dans le but de mieux desservir les aciéries et les scieries locales. Aujourd'hui, il n'est plus utilisé que par les amateurs de voile et de canoë. L'**aqueduc de Håverud**, véritable prouesse technique, mérite un détour. Cette structure d'acier haute de 33 m et assemblée grâce à quelque trente-trois mille rivets, achemine le canal au-dessus des rapides de la **rivière Upperud**, et ce depuis cent seize ans. Mais la structure est assortie de deux autres voies de communication, le pont du chemin de fer et le pont-route. C'est du haut de la colline qui surplombe la route que vous apprécierez le mieux ce fantastique complexe. Le petit **musée** de **Håverud** indique par exemple que le canal commence à Köpmannebro, sur le Vänern, pour s'arrêter à Töckfors, dans le Värmland, à deux pas de la frontière norvégienne. **Åmål**, sur la rive nord-ouest du lac Vänern, est la plus grande ville de la province. Elle fut fondée par la reine Christine en 1643. Ce centre commercial conserve des maisons du XVIIIe siècle autour de l'ancienne place du marché transformée en jardin public.

Entre les deux **lacs Stora Le** et **Lille Le** (le Grand Le et le Petit Le) se dressent les deux villages jumeaux de **Ed** et **Dals-Ed**. Ils sont maintenant si rapprochés l'un de l'autre qu'ils semblent confondus. De part et d'autre des villages on a une belle vue sur les forêts et les lacs alentour. Cet endroit a longtemps été un centre de vacances très apprécié, en particulier des Gothembourgeois. L'Histoire a laissé quelques traces dans ces villages lors de la dernière campagne des Suédois menée par Charles XII contre les Norvégiens. En 1718, alors que son

La région des grands lacs
50 km
VÄRMLAND
NORVÈGE
DALSLAND
VÄSTERGÖTLAND
Lac Vänern
Lac Vättern
Sunne
Munkfors
Åmotfors
Koppom
Arvika
Brunskog
Mell. Fryken
Klarälven
Filipstad
Yngen
Molkom
Deje
Ned. Fryken
Glava
Glafsfjorden
St. Gla
Forshaga
Storfors
Örje
Fagerås
Ullvettern
Skåre
Karlstad
Årjang
Vålberg
Grums
Skoghall
Karlskoga
Ed
Kristinehamn
Tista
V. Silen
Ö. Silen
Björneborg
Gustavsfors
Letälven
Lelång
Säffle
Stora Le
Bengtsfors
Åmål
Gullspång
Dals-Långed
Dalslandskanal
Götakanal
Bäckefors
207
Kynnefjäll
Mellerud
Mariestad
Töreboda
231
Kroppefjäll
Viken
Brålanda
306
Kinnekulle
Götene
Karlsborg
Munkedal
Lidköping
Billingen
299
Tibro
Uddevalla
Vänersborg
Skara
Skövde
Grästorp
Trollhättan
Hjo
Vara
327
Mössebg.
Nossebro
Falköping
Tidaholm
Lilla Edet
Anten
Herrljunga
Lödöse
Vårgårda
Göta älv
Nol
Alingsås
Ätran
Habo
Mjörn
Kungälv
Surte
Hedared
Ulricehamn
Jönköping
Huskva
Göteborg
Borås

armée assiégeait la forteresse frontalière de Frederiksten, une balle d'origine inconnue avait atteint le roi à la tempe et « avait fait un trou dans lequel on pouvait enfoncer trois doigts » (Voltaire, *Histoire de Charles XII*). Aujourd'hui, le **musée** de Dals-Ed relate l'histoire de la commune qui fut étroitement impliquée dans cet événement. Le musée a été aménagé dans une vieille maison. Bâtie en 1790, c'est une charmante construction de bois dotée de vérandas et de balcons, les fenêtres donnant sur les deux lacs. Au sud-est, **Kroppefjäll** est une région montagneuse sauvage et une réserve naturelle très appréciée des botanistes.

Au nord-est, **Dals-Långed** est connu pour son artisanat. Au sud, en direction de Håverud, **Tisselskog** conserve de mystérieux vestiges de l'âge du bronze : des gravures rupestres qui constituent le plus important centre d'intérêt historique de la région. La route mène, dans la direction opposée, à une petite péninsule qui s'avance dans le **lac Laxsjön** et sur laquelle se dresse, dans un magnifique jardin anglais, le **manoir de Baldernäs**. Cet édifice achevé en 1910 remplace l'ancienne maison de 1796. De l'autre côté du lac, au nord, **Bengtsfors** possède un musée de plein air, **Gammelgården**, entièrement dédié à l'histoire et à la culture locales.

« Entre la Suède et la Norvège se trouve le Värmland ». Cette phrase, extraite d'un ancien registre paroissial, illustre bien la situation du **Värmland** : une province restée sur son quant-à-soi et comme intemporelle, avec un petit air de Norvège. Le Värmland, entouré d'images mystérieuses et magiques, fermement ancré dans ses traditions, a produit une longue lignée de conteurs et de poètes. D'immenses forêts de sapins tapissent le sud de la province. C'est que la conjugaison des forêts, des rivières tumultueuses et de la découverte de minerai de fer ont joué un rôle primordial dans le développement économique de la province. Le Värmland est strié de lacs longilignes et de rivières, parmi lesquelles **Klarälven** (la rivière claire) est sûrement la plus belle. Elle commence dans un torrent d'écumes près de la frontière norvégienne, pour s'élargir et serpenter paresseusement avant de se déverser dans le Vänern, au pied de la plus grande ville de la province, **Karlstad**. Quatre fois centenaire, cette dernière se situe à l'emplacement de l'ancienne Tingvalla qui fut au Moyen Age un important centre commercial et juridique. Elle conserve encore sa **cathédrale**, construite entre 1723 et 1730 pour remplacer une ancienne église réduite en cendres. La ville fut aussi une des premières à être dotée d'une école, aujourd'hui transformée en musée. Le **parc d'attractions de Marieberg** est très populaire. Aux abords de la ville, le **manoir (herrgård) d'Alster** (XVIIIe siècle) a vu la naissance d'un des plus grands poètes suédois, Gustav Fröding. Il témoigne aujourd'hui de la vie du poète ainsi que de l'histoire et de l'industrie de la région. Depuis **Hammarö**, dans les environs de la ville, vous pourrez emprunter l'ancienne route de pèlerinage jusqu'à la **vallée de Klarälven**. Les pèlerins se rendaient à Nidaros (ancien nom de Trondheim) en Norvège, pour rendre hommage à saint Olaf. Ils s'arrêtaient à Hammarö après avoir traversé en bateau le Vänern. Puis, ils montaient vers le nord, en longeant la rivière Klarälven pendant 240 km. La vallée devait représenter un intermède agréable lors de ce long et dur pèlerinage. Aujourd'hui, le chemin constitue une promenade intéressante. **Ransäter**, sur la Klarälven, est un vieux village bien restauré, comprenant, outre une auberge, quatre **musées** consacrés aux activités minière, forestière, agricole et rurale. Réunis, ils dressent un tableau fascinant du Värmland d'autrefois. Le marteau-pilon actionné par une roue à eau est le seul dans son genre qui soit resté en état de marche. Chaque année, le festival attire de nombreux spectateurs pour sa pièce traditionnelle mise en scène dans le **théâtre de plein air**. La ville s'enorgueillit aussi de son manoir,

Les Suédo... descenden... la Klarälv... sur des radeau... de leur fabricatio...

Geijergården, où naquit l'écrivain Erik Gustave Geijer (1783-1847). En remontant le cours de la Klarälven, vous découvrirez l'**église d'Ekshärad**, du XVIIe siècle, au magnifique intérieur baroque. La rivière Klarälven est la dernière qui ait été utilisée pour le flottage du bois. Aujourd'hui, un nouveau type d'excursion rappelle cet ancien mode de transport. Il s'agit de rassembler des troncs d'arbre pour en faire un radeau, sur lequel on se laisse glisser au gré du courant. L'excursion, très intéressante en soi, est idéale pour les amateurs de pêche.

Au cœur de la province, parallèlement à la rivière, les deux **lacs Övre Fryken** et **Mellum Fryken** s'étirent sur 80 km de longueur. Ils sont séparés par la petite ville de **Sunne**, qui est un excellent point de départ pour explorer les alentours. Il ne faut pas manquer d'aller à **Mårsbacka**, le manoir dans lequel vécut la conteuse Selma Lagerlöf (1858-1940). En 1909, elle fut la première femme à recevoir le prix Nobel de littérature. Cette institutrice, qui voulait faciliter l'enseignement de la géographie de la Suède, inventa Nils Holgersson, un garçon qui parcourt le pays sur le dos d'une oie sauvage. Plus qu'un livre de géographie, *Le Merveilleux Voyage de Nils Holgersson à travers la Suède*, traduit dans toutes les langues, est un des livres les plus célèbres pour enfants. Selma Lagerlöf est l'auteur de nombreux autres récits, tel *La Saga de Gösta Berling*, autre classique de la littérature scandinave. Son œuvre brosse de magnifiques tableaux de sa région, de la **vallée de Fryk** et de ses deux grands lacs. Sa demeure, ouverte aux visites, est restée telle quelle. Au nord du lac Mellum Fryken, **Rottneros herrgård** est un magnifique manoir dont le parc (40 ha), peut-être le plus beau de Suède, abrite un arboretum et une centaine de sculptures exécutées par les artistes les plus réputés de Suède (Carl Milles, Carl Eldh, Christian Eriksson...). Rottneros est appelé Ekerby dans *La Saga de Gösta Berling*.

Le manoir Rottneros.

Sur la route qui mène à Branskog, **Fryksdalshöjden** offre une vue magnifique sur la vallée et les lacs. Un peu plus loin, à l'ouest, la montagne de **Tossebergsklätten** domine le lac Övre Fryken. Du sommet, le panorama sur les lacs et la campagne environnante est splendide. Au sud-ouest s'étendent de nouveaux espaces parsemés de lacs. **Glaskogen** abrite une faune abondante ainsi que 241 km de sentiers. Vous y découvrirez de beaux endroits propices à la pêche, aux baignades, au camping et au canoë. La plupart d'entre eux sont déserts et sauvages, seules de belles forêts entourent les **lacs** de **Stora Gla** et de **Övra Gla**.

La région compte d'autres centres d'intérêt : **Klässbols Linnerväveri** et **Brunskog Gammelvala**. Klässbols est une petite fabrique traditionnelle de lin, la dernière dans son genre en Europe. Elle produit, entre autres, le linge de table du corps diplomatique. Elle est ouverte au public et comporte une jolie petite boutique. Brunskog Gammelvala (le vieux monde), au bord du **lac Värmeln**, est un ensemble de quinze vieilles maisons pittoresques et bien conservées. Aux beaux jours, le site est le siège d'un déploiement d'artisanat traditionnel.

L'ouest de la province offre avec son paysage désert un contraste saisissant. Cette région est presque inhabitée, à l'exception des élans. A **Tjöcksfors**, tout près de la frontière norvégienne, on loge dans un hôtel qui propose une chambre insolite, aménagée dans un bunker de la Seconde Guerre mondiale et dont le style est celui des années quarante. Au nord du lac Vättern, le terrain riche en minerais a vu fleurir les premières industries suédoises. Cette région a gardé quelques anciennes fabriques sidérurgiques désaffectées et qui de nos jours représentent de véritables trésors pour les amateurs d'archéologie industrielle.

Filipstad attire de nombreux visiteurs des États-Unis pour son mausolée dans lequel repose l'inventeur américain d'origine suédoise, John Ericsson. Le mausolée est orné de

Parfum d'antan au musée en plein air de Gamme Brunskog.

deux copies des canons du navire cuirassé *Monitor*, dont les plans furent dessinés par cet inventeur. Le *Monitor* aurait joué un rôle primordial dans la victoire des nordistes pendant la guerre de Sécession. Ericsson fut également l'auteur d'une hélice de propulsion ainsi que de modèles de moteurs solaires. Il vit le jour au **manoir de Långban**, au nord de la ville. Le **manoir de Björkborn**, près de la ville de Karlskoga, fut la demeure d'un autre inventeur de renom : Alfred Nobel. Le manoir abrite un **musée**, et **Karlskoga** s'organise autour de **Bofors**, l'industrie d'armement fondée par l'inventeur de la dynamite. Plus au sud, la ville de **Kristinehamn** s'enorgueillit de sa sculpture de Picasso, haute de 15 m et inspirée des totems indiens. Voisine du Värmland, la **province de Närke** est l'une des plus petites de Suède. Sa capitale administrative, **Örebro**, mérite une visite. Elle est installée dans la plaine entre le **lac Hjälmaren** et le **mont de Kilsbergen**, et s'étend de part et d'autre de la **rivière Svartån**. Un **château** se dresse au centre de la ville, situé dans une île. Au sud, près de la rivière Svartån, **Wadköping** est une vieille ville classée, aux maisons rénovées, comme celle de **Cajsa Berg**. Ce site porte le nom que Hjalmar Bergman donna à sa ville natale dans son roman *Les Markurell à Wadköping*. Le château d'eau **Svampen** (« le Champignon »), qui s'élève à 58 m, offre une vue magnifique sur l'île. Au cœur des espaces verdoyants qui bordent la ville, on admirera **Karlslunds Gård**, une belle maison entourée d'annexes du XVIIIe et du XIXe siècle, notamment une étable et une taverne. La seule autre ville intéressante de la province est **Askersund**, un petit centre paisible au nord du lac Vättern. **Landskyrkan** est une église qui vaut la visite.

Le Västergötland

C'est, avec ses 2000 km², le deuxième lac de Suède. La province de Västergötland, qui se faufile entre les

Le château d'Örebro.

deux lacs pour terminer au sud de Göteborg (mais dans l'arrière-pays), offre bon nombre de curiosités. Le paysage est constitué par un ensemble de plateaux surplombant une plaine agrémentée de nombreux châteaux, comme celui de **Läckö**. On appelle également cette région le « Pays du textile », dont **Borås** est la capitale. Depuis Askersund, la 205 (vers le nord) et la 204 (vers l'ouest) mènent à Gullspång. Non loin de là se dresse **Södra Röda**, une des églises les plus remarquables de Suède. Cet édifice en bois du XIIe siècle, d'extérieur sobre, offre une décoration intérieure très chargée. La 64, en direction du sud, conduit jusqu'à **Mariestad**, situé à l'embouchure du Tidan, dans le Vänern. La ville est dominée par la flèche de la **cathédrale** érigée au XVIIe siècle, dans un style Renaissance, l'une des dernières églises de cette époque. La vieille ville entoure l'édifice, avec ses maisons des XVIIe-XVIIIe siècles. Entre Mariestad et Lidköping, la **colline de Kinnekulle** culmine à 306 m et offre un beau panorama sur la campagne environnante. Elle est appelée « la montagne fleurie », et l'on comprend bien pourquoi elle s'attira les louanges de Carl von Linné. Une route s'arrête un peu avant le sommet, où une tour d'observation permet de mieux apprécier la vue. Lidköping est la capitale de la porcelaine grâce, notamment, à la **fabrique de Rörstrand** qui est l'une des plus importantes du pays et qui possède son propre **musée**. Au mois d'août, la ville est le théâtre d'une activité effervescente et rassemble une foule d'artistes et d'artisans pour son festival de la porcelaine. **Lidköping** comprend deux villes : la vieille ville, qui date du XVe siècle, est située sur la rive orientale de la **rivière Lidan**. On attribue l'existence d'une nouvelle ville, sur la rive occidentale, au comte de Läckö, Magnus Gabriel de la Gardie qui, en 1670, établit un plan de ville quadrillé, ce qui à l'époque constituait une véritable innovation. Sa statue orne aujourd'hui la Grande Place,

L'art traditionne du potier.

Stora Torget. « Il n'est pas de plus grande place dans le monde entier », dit Sara, l'héroïne du roman *Cela peut aller*, de C.J.L. Almquist (1793-1866). Il est vrai que la place figure parmi les plus grandes d'Europe. Elle est dominée par le **Rådhuset**, l'hôtel de Ville, qui est la copie exacte de l'ancien pavillon de chasse que le comte avait fait transférer de Läckö. Les **musées de l'Artisanat** et **de la Marine** sont intéressants.

La plupart des Suédois ont appris à l'école que le roi qui unifia les tribus des Svear et des Götar, Olof Skötkonung (994-1022), fut baptisé en 1008 à la **fontaine de Husaby**, près de Lidköping. Les spécialistes ne s'accordent pas quant à la date et au lieu, mais certains tiennent fermement à faire de **Husaby** le berceau de l'État suédois. L'**église** de Husaby, du XIIe siècle, est très intéressante (on notera la présence d'une chaise épiscopale). A environ 1,5 km au nord-ouest de Husaby, **Lilla Flyhov** est un vaste ensemble de gravures rupestres de l'âge du bronze. Le motif de 28 cm de haut représentant un « dieu à la hache » est mondialement connu.

Fresque de l'église de Habo.

Au bout de la radieuse **péninsule de Kållandsö**, qui s'enfonce dans le Vänern et qui s'égrène en un chapelet d'îlots et de récifs, s'élève le **château de Läckö**, l'un des plus beaux du pays. Édifié au XVIIe siècle, ce magnifique exemple de style baroque, qui vient d'être entièrement rénové, compte quelque deux cent cinquante pièces. A la belle saison, d'importantes expositions y retracent l'histoire culturelle de la Suède. Au sud-ouest de la presqu'île, la **pointe de Hinden** est une bordure de moraines, vestiges de l'époque glaciaire, qui s'étire sur 7 km.

Au sud de Lidköping, **Skara** possède la plus vieille **cathédrale** du pays après Lund. Elle fut consacrée au XIIe siècle, et a fait l'objet de nombreux remaniements. Skara est aussi connu pour être le berceau de la médecine vétérinaire de Suède, grâce à l'école fondée en 1775 par un élève de Linné et, depuis, convertie en **musée**. Non loin de Skara, sur la 49, vers l'ouest, l'**abbaye de Varnhem** est l'un des plus anciens monastères cisterciens du pays. L'**église** à trois nefs date de 1260 et a gardé son allure médiévale. Elle abrite les reliques du comte de Läckö, qui la restaura, ainsi que celles de Birger Jarl. Le **Skara Sommarland**, grand parc d'attractions (77 ha), est connu pour son centre de loisirs aquatiques et ses engins lunaires. Au milieu du triangle que forment Skara, Skövde et Falköping, le **lac Hornborgasjön** constitue une véritable réserve ornithologique, avec plus de cent espèces d'oiseaux. En avril, des milliers de visiteurs viennent admirer la fameuse danse des grues. En longeant à nouveau la 49 vers Skövde, le **plateau de Billingen**, qui s'élève à 300 m, offre une belle vue sur les villes alentour.

Plus au nord, à **Töreboda**, vous pourrez franchir le Göta Kanal, qui s'étire depuis **Sjötorp**, sur le lac Vänern jusqu'à Karlsborg, sur le Vättern, en passant par le lac Viken et de nombreuses écluses. Encore plus au nord, la **rivière Tiveden** court entre les deux lacs et traverse des forêts épaisses parsemées de pierres morainiques. Sur la rive occidentale du lac Vänern, **Karlsborg** doit son allure à sa forteresse massive. En 1809, après avoir dû renoncer à la Finlande, au profit de la Russie, la Suède comprit qu'il lui fallait élaborer une nouvelle stratégie de défense. C'est ainsi qu'elle décida d'édifier deux importantes forteresses. Destinées à abriter le Gouvernement et le Trésor, celles-ci devaient être imprenables. Un premier fort fut construit en 1819. Les remparts, de 2 m d'épaisseur, s'étendent sur 5 km. Cependant, avant même d'être achevé, en 1909, le fort était devenu inutile, et le second ne fut jamais commencé. La forteresse comprend également **Slutvärnet** qui s'étire sur 680 m. Certains bâtiments sont encore utilisés par l'armée suédoise, et le **musée** est intéressant.

En descendant la côte, vous pourrez vous arrêter à **Hjo** qui, situé au bord de l'eau, fut un petit centre très apprécié dès le tournant du siècle. Cette petite ville conserve de belles maisons de bois, et se pare d'un joli parc lacustre. Vous pourrez voyager dans le temps en vous promenant dans une voiture à chevaux, ou en embarquant sur le vieux vapeur de 1892, *Trafik*, pour une balade sur le lac.

Il est difficile de croire aujourd'hui que la petite ville de **Tidaholm** fut autrefois un grand centre industriel. Elle connut une activité fébrile entre 1903 et 1934, mais seules quelques pièces exposées dans le **musée**, aménagé dans l'ancienne fabrique d'allumettes, évoquent encore son passé glorieux. Sur la rivière, **Turbinhuset** (« la maison de la turbine »), construite en 1898, sert désormais à des expositions d'art. Trois petites cabanes d'ouvriers du XVIIIe siècle ont été préservées. Au sud-est de Tidaholm, sur le lac Vättern, l'**église de Habo** est séparée de son village. C'est une des plus belles églises de bois de tout le pays. Vraisemblablement édifiée au XIVe siècle, elle fut remaniée et élargie au XVIe siècle et reconstruite en 1723. L'intérieur est entièrement décoré de

Paysage automnal.

coin idéal
our pique-
niquer.

peintures naïves. L'église abrite aussi un orgue de 1731, réalisé par Johan Niclas Cahman, célèbre facteur d'orgues. Le campanile est un ouvrage élégant aux lignes harmonieuses.

Au sud-est de Skara et de Falköping s'étend une vaste plaine. Les terres fertiles, qui constituent un important grenier, se succèdent en un immense tissu jusqu'à Vara et Grästorp. Ce paysage plat peut paraître morne, et il faut attendre le mois d'août pour y trouver un peu d'animation, au moment où la ville d'**Edsvara** organise ses championnats de brouette. **Trollhättan** se situe juste à la frontière du Västergötland, à l'extrémité sud du Vänern. La ville, un centre industriel d'importance, est le siège de Saab, grand constructeur aéronautique et automobile, qui possède aussi son propre **musée**. Ses écluses, qui donnent accès au lac, et sa cascade de 32 m constituent une agréable balade. La rivière sert à l'énergie hydraulique, et la cascade est asséchée les trois quarts du temps. En été, elle est libérée et offre, pour quelques jours, un spectacle impressionnant.

Le Västergötland méridional est la région de l'industrie textile suédoise, dont **Borås** est le centre. L'architecture de Borås ne présente guère d'intérêt, mais ses ateliers, ses boutiques et le **Textilmuseet**, ou musée du Textile, attirent beaucoup de monde. **Rydal**, au sud de Borås, conserve une vieille fabrique et des maisons d'ouvriers. A 2 km au nord de la ville, le parc animalier **Djur i natur** est le principal centre d'intérêt des environs. Ses 30 ha abritent quatre cents espèces animales. Sur la 180, vers le nord-ouest, **Hedared** possède une intéressante **église** en bois, du XIIIe siècle probablement. **Alingsås**, non loin de là, est connu pour son festival de la Pomme de terre. C'est ici que Jonas Alströmer planta la première pomme de terre de Suède. Plus au nord, **Gräfsnäs** possède un vieux **château** du XVIe siècle en ruine. Pour s'y rendre, on peut emprunter, depuis **Anten**, un **vieux train** qui est aussi un **musée**.

LE GÖTA KANAL

Relier les lacs et les rivières du centre de la Suède, de Stockholm à Göteborg, de la Baltique au Kattegatt, a constitué un véritable défi durant de longs siècles. Il fallut attendre le début du XIXe siècle pour qu'un certain Baltzar von Platen parvienne à concrétiser le projet. Il fut assisté de l'ingénieur écossais Thomas Telford. Il fallut une vingtaine d'années et près de soixante mille hommes pour réaliser ce qui est aujourd'hui la plus grande attraction de Suède : le Göta Kanal. Cette artère allait prendre une importance de premier ordre, qui devait permettre le transport, d'est en ouest, des marchandises, et l'installation d'usines tout au long de ses berges. L'époque à laquelle fut construit le canal coïncidait avec une période de déclin économique et politique. Depuis plusieurs années, les récoltes avaient été mauvaises, les caisses de l'État étaient vides. Suite aux guerres napoléoniennes, dans lesquelles elle avait été enrôlée, la Suède avait dû renoncer à ses territoires baltes et à ceux situés en Finlande, qui pendant des siècles avaient contribué à la grandeur du royaume. Mécontent, le peuple se souleva et, après une révolution, sans effusion de sang, le roi fut déposé. Dans cette atmosphère de découragement général, la réalisation de ce qui longtemps n'était resté qu'un grand rêve, insuffla au peuple un nouveau sentiment d'espoir.

Il existe bien des façons de découvrir ce qu'on appelle « le Ruban bleu ». Des bateaux à vapeur luxueux font la balade depuis Stockholm jusqu'à Göteborg. L'excursion dure quatre ou cinq jours, selon les visites que vous voulez faire. C'est une promenade agréable et reposante, mais tout de même assez onéreuse. Vous pourrez faire des périples plus courts (une journée), moins chers mais tout aussi intéressants, à partir de différentes villes. L'été, nombreux sont les Suédois qui explorent le canal à bord de leur propre bateau, à voile ou à

WILHELM THAM

moteur. Franchir les écluses demande à la fois vigilance et patience : afin d'éviter toute collision, les navigateurs tiennent des drosses amarrées de chaque côté du sas et guident le bateau qui descend lentement (ou monte, selon le sens de la traversée). De part et d'autre du canal, les chemins de halage sont des pistes idéales pour les randonnées à bicyclette. Vous pouvez, avec votre deux-roues, faire la traversée des lacs à bord de bateaux pour une somme raisonnable.

Le canal constitue un véritable livre d'histoire. En venant de Stockholm, la première ville que l'on rencontre, **Söderköping**, est un centre de commerce qui a conservé son caractère médiéval. Les ruelles pavées et bordées de vieilles bâtisses en bois de cette petite ville paisible s'animent en été. On y admire des églises et son hôtel de ville. Après avoir traversé le **lac Asplången**, préparez vos jumelles ou ouvrez grands vos yeux car tout près se trouve le refuge des hérons. Le **lac Roxen** est également une belle réserve d'oiseaux, que l'on peut admirer depuis la tour d'observation. Puis, sur 3 km, il faut passer quinze écluses qui élèvent le bateau d'une quarantaine de mètres. Chemin faisant, en direction de **Motala**, vous pourrez admirer une belle église médiévale (à **Brunneby**) située non loin d'un beau manoir du XVIIIe siècle. Motala s'est développé dans une baie du Vättern et doit sa naissance au canal et à Baltzar von Platen qui en dessina les plans. Ce dernier dota également la ville de son industrie mécanique, toujours en activité. Le **Göta Kanal Museet** (le musée du Göta Kanal) relate l'histoire de la voie d'eau. Le lac Vättern est très profond et ses eaux froides sont riches en poissons. **Vadstena**, au sud de Motala, a grandi autour du couvent fondé en 1370 par Heliga Birgitta (sainte Brigitte) et est depuis devenue un haut lieu culturel et spirituel. L'édification du château, récemment restauré, fut commencée par le roi Gustave Vasa en 1545. La ville elle-même, qui a conservé son plan médiéval et ses ruelles pavées, constitue une escale agréable. En traversant le Vättern, vous distinguerez bientôt la silhouette du château qui domine l'**île de Visingsö**. Une fois arrivé, vous pourrez explorer les lieux à bicyclette (location sur place) ou à bord d'une voiture à cheval. A partir de **Karlsborg**, le bateau descend le courant et le paysage devient de plus en plus spectaculaire. Forsvik fut jadis un centre industriel important, mais est aujourd'hui une ville-musée avec un moulin à eau du XIVe siècle. **Sjötorp** marque la fin d'une série de cinquante-huit écluses, et donne accès au Vänern. Faites un détour à **Mariestad**, au sud, qui, avec ses maisons de bois des XVIIIe-XIXe siècles, est une ville pleine de charme. Une fois le lac descendu, il reste encore quatre écluses à franchir avant d'arriver à la **cascade de Trollhättan**. Perchées sur un promontoire rocheux en forme d'étoile (après la ville de **Kungälv**), se dressent les belles ruines de la **forteresse de Bohus**. Puis, les quatres ponts de Göteborg annoncent la fin du voyage et l'arrivée sur « la Côte ensoleillée ».

Ci-dessous et à droite, la vie paisible du canal.

KAK

STOCKHOLM

« Tu étudieras toi-même comment la ville s'est développée, comment l'étroite cité, ceinte de remparts, s'est transformée en cette vaste mer de maisons que nous voyons à nos pieds ! Lis dans le livre comment le lourd donjon a cédé la place au beau et clair château en face de nous, comment l'église des Frères Gris est devenue la sépulture des rois de Suède. Lis dans le livre comment les jardins des maraîchers, au sud et au nord de la ville, sont devenus de beaux jardins et des quartiers habités, comment les détroits ont été comblés et les collines aplanies. »

Selma Lagerlöf,
Le Merveilleux Voyage de Nils Holgersson à travers la Suède

Du haut de ses 150 m, la plate-forme d'observation de la **tour de télévision Kaknäs** offre un panorama saisissant. A vos pieds, la ville aux couleurs mordorées se déploie gracieusement sur ses quatorze îles, entre lesquelles évolue une myriade de petits carrés blancs. En hiver, la capitale se recouvre d'un épais manteau neigeux et se fige dans une douce lumière pastel. Les bateaux sont alors prisonniers des glaces qui pénètrent jusque dans le cœur de la ville. Seuls les brise-glace parviennent à sillonner le port pour dégager les quais auxquels sont amarrés les ferries à destination de la Finlande. Du haut de la tour, on peut encore voir les vieilles façades aux couleurs rouille et ocre se détacher de la clarté étincelante des bâtiments modernes de verre et d'acier. Enfin, l'incomparable beauté du site tient à l'omniprésence de la nature. L'effet de contraste est déroutant : Stockholm est-il une ville bâtie dans la campagne ou est-ce la campagne qui a envahi la ville ?

A l'est, la ville égrène ses îles sur le magnifique **archipel de skärgård**. Il est difficile de savoir le nombre exact de ses îlots — parfois de simples rochers — tant ils sont nombreux. A l'ouest, la ville s'étend le long des bras tentaculaires du **lac Mälaren** à la rive paisible et verdoyante. Les eaux de la Baltique et du lac Mälaren sont séparées par Gamla Stan (la vieille ville) et la grande écluse de Slussen. C'est là que naquit Stockholm, à l'aube du XIIIe siècle. Ces sites formaient un obstacle naturel, un véritable verrou permettant d'assurer la protection du bassin du Mälaren, la région la plus riche du pays à l'époque où la ville fut construite. Stockholm semble donc se séparer en deux parties : une moitié s'étendant par-delà les îles du lac Mälaren, l'autre longeant le bras de **mer Saltsjön**, qui rejoint la Baltique à travers les méandres de l'archipel. Mais, en définitive, il est impossible d'en distinguer les limites, car elle continue à s'hypertrophier.

A l'origine une forteresse, Stockholm se développa petit à petit en un port commercial, et compta jusqu'au XVIIIe siècle vingt-cinq mille âmes. Puis, l'essor industriel draina des milliers et des milliers de Suédois,

Pages écédentes : régate au large ı capitale ; arholmen, 'amla Stan et le yacht Iälardrottningen. gauche, la le royale ; à droite, 'tockholm en ballon.

Riksdagshuset
Kungl. Slottet
Vasabron
Stora Nygatan
Västerlånggatan
Österlånggatan
Riddarholms-kyrkan
Tyskakyrka
Postmuseet
Gamla Stan
Skeppsbron
Centralbron
200 m
SOLLNA
NORRBACKA
Uppsalavägen
Eugeniavägen
Stationsgatan
Sveavägen
Birger Ja
Vanadisvägen
Frejgatan
Upplandsgatan
Norrtullsgatan
Dalagatan
Odengatan
Norra
Torsgatan
S:t Eriksgatan
Karlbergsvägen
Odenplan
Stads-biblioteket
VASA PARKEN
Norrbackagatan
S:t Eriksplan
Radmansgatan
Drottninggatan
NORRMALM
Tegnérsgatan
Kammakargatan
Tunnelgatan
Konser
Stadshagen
Kungsholmsstrand
Igeldammsgatan
S:t Göransgatan
KUNGS-HOLMEN
Strandbergsgatan
Lindhagensgatan
Fleminggatan
Fridhemsplan
Scheelegatan
KRONO BERGS PARKEN
Kungsholmsgatan
Radhuset
Rådhuset
Kungsg
Central-stationen
Drottningholmsvägen
Kristineberg
Thorildsplan
Hantverkargatan
Rålambsvägen
Västerbroleden
Norr Mälarstrand
RÅLAMBSHOV
Kungsholmstorg
Stadshuset
Essingevägen
Riddarfjärden
Luxgatan
Västerbron
Mälaren
LÅNGHOLMEN
Söder Mälarstrand
Heleneborgsgatan
SKINNARVIKS PARKEN
Långholms Bergsunds-gatan
Långholms-bron
Högalids kyrka
Lundagatan
Zinkensdamm
Hornstull
Hornsgatan
Rosenlundsgatan
Wollmar Yxkullsgatan
Essingeleden
Gröndalsvägen
E4
SÖDERMALM
Folkung
Ringväge
Liljeholmen
Södertäljevägen
Årsta
Södersjukhuset
LILJEHOLMEN
Årstabron
Aspudden
Hägerstensvägen
Viken

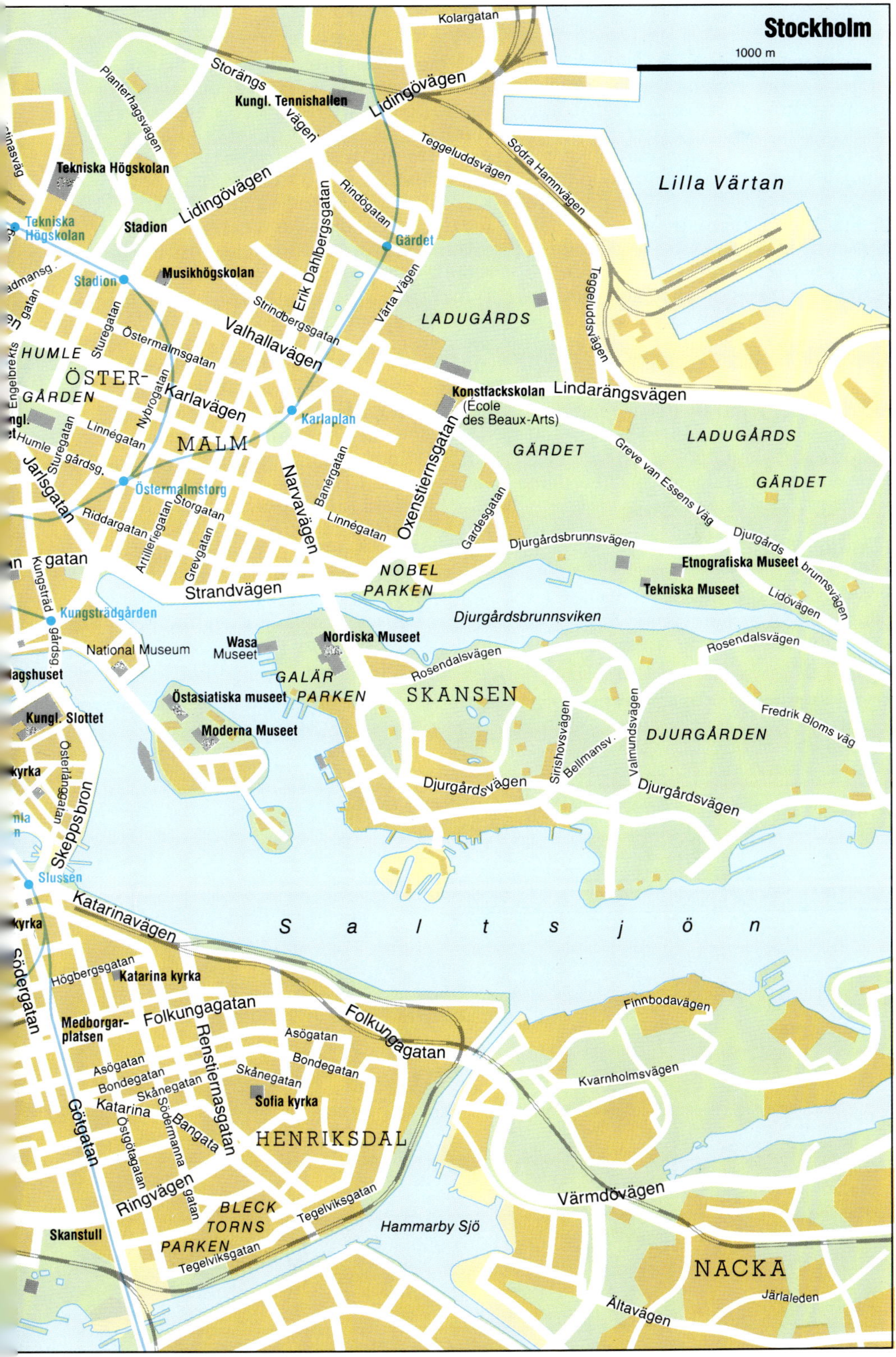
Stockholm
1000 m
Kolargatan
Storängs vägen
Kungl. Tennishallen
Lidingövägen
Planterhagsvägen
Tekniska Högskolan
Stadion
Tekniska Högskolan
Stadion
Musikhögskolan
Teggeluddsvägen
Södra Hamnvägen
Lilla Värtan
Rindögatan
Gärdet
Erik Dahlbergsgatan
Värta Vägen
Strindbergsgatan
Valhallavägen
LADUGÅRDS
Sturegatan
Östermalmsgatan
HUMLE
ÖSTER-
GÅRDEN
MALM
Karlavägen
Nybrogatan
Linnégatan
Humle gårdsg.
Jarlsgatan
Karlaplan
Konstfackskolan (École des Beaux-Arts)
Lindarängsvägen
LADUGÅRDS
GÄRDET
GÄRDET
Greve van Essens Väg
Östermalmstorg
Storgatan
Riddargatan
Artillerigatan
Grevgatan
Narvavägen
Banérgatan
Linnégatan
Oxenstiernsgatan
Gardesgatan
Djurgårdsbrunnsvägen
Djurgårds brunnsvägen
Etnografiska Museet
Tekniska Museet
Lidövägen
gatan
Kungsträd gårdsg.
Strandvägen
NOBEL PARKEN
Kungsträdgården
Djurgårdsbrunnsviken
National Museum
Wasa Museet
Nordiska Museet
Rosendalsvägen
Rosendalsvägen
GALÄR PARKEN
Östasiatiska museet
SKANSEN
Kungl. Slottet
Moderna Museet
Fredrik Bloms väg
DJURGÅRDEN
Sirishovsvägen
Bellmansv.
Valmundsvägen
Djurgårdsvägen
Djurgårdsvägen
Österlånggatan
Skeppsbron
Slussen
Katarinavägen
S a l t s j ö n
Högbergsgatan
Katarina kyrka
Södergatan
Medborgar-platsen
Folkungagatan
Folkungagatan
Renstiernasgatan
Asögatan
Bondegatan
Skånegatan
Asögatan
Bondegatan
Skånegatan
Finnbodavägen
Kvarnholmsvägen
Katarina Bangata
Sofia kyrka
Östgötagatan
Södermanna gatan
Götgatan
HENRIKSDAL
Ringvägen
BLECK TORNS PARKEN
Tegelviksgatan
Tegelviksgatan
Hammarby Sjö
Värmdövägen
Skanstull
NACKA
Järlaleden
Ältavägen

et, au début du siècle, Stockholm avait trois cent mille habitants. Ce mouvement d'immigration poursuit son cours et grossit la périphérie de la capitale. La population *intra muros* a plus que doublé (sept cent mille habitants), et Stockholms län, la province de Stockholm, regroupe plus d'un million et demi d'habitants. Stockholm et sa proche banlieue représentent le marché du travail le plus important du pays, soit plus d'un cinquième de la main-d'œuvre nationale, avec un ensemble de près de vingt mille entreprises. A l'instar de bon nombre de capitales, elle aurait pu devenir une grosse ville industrielle, densément peuplée, bruyante, polluée. Il n'en est rien puisqu'elle ménage, jusque dans son centre, de vastes espaces verts.

Gamla Stan

Protégée par ses douves naturelles, les deux bras du **Ström**, Gamla Stan (« la vieille ville ») est le noyau autour duquel Stockholm s'est organisé. La cité médiévale a gardé un caractère authentique. Ses nervures, de petites ruelles pavées, étroites et sinueuses, retracent les chemins qu'empruntaient jadis les marins pour charrier leurs marchandises. Aujourd'hui, on ne restaure pas une maison ou un hôtel sans mettre en valeur les vestiges d'un vieux mur ou d'un ancien atelier. Gamla Stan a gardé des traces historiques encore plus lointaines. Au coin de **Prästgatan** et de **Kåkbrinken**, la **pierre runique**, qui a servi à combler le mur, remonte à l'époque des Vikings. Les inscriptions runiques sont les seuls écrits autochtones et contemporains de la période viking (IXe-XIe siècle). Or, les runes n'étaient pas adaptées à l'écriture de longs textes, et servaient essentiellement à commémorer les hauts faits des guerriers. Ainsi, l'époque des Vikings et l'histoire antérieure à leur civilisation sont longtemps restées obscures. Cependant, les précieuses trouvailles des fouilles archéologiques ont permis d'établir que l'emplacement de Gamla Stan

Une rue de Gamla Stan.

était déjà habité pendant la préhistoire par des peuplades de chasseurs-pêcheurs. Le nom de Stockholm apparaît en 1252 et désignait alors une forteresse. Bâtie autour d'une ancienne tour de guet par le régent Birger Jarl, elle protégeait la côte. Baptisée Tre Kronor, en vertu des trois couronnes dorées (symbole national) qui étaient placées au sommet de la tour centrale, la citadelle occupait l'endroit même où se dresse aujourd'hui le château royal. Stockholm n'a jamais été une ville hanséatique proprement dite, mais elle fut longtemps occupée, au XIVe siècle, par les marchands lübeckois. Certaines constructions témoignent encore aujourd'hui de leur hégémonie. C'est le cas notamment de **Tyska kyrkan**, l'église allemande, avec sa flèche de cuivre et ses cloches qui, toutes les quatre heures, alternent deux carillons différents. Gamla Stan, que l'on appelle aussi *staden mellan broarna*, « la cité entre les ponts », embrasse les îles de Stadsholmen, Riddarholmen, Helgelandsholmen ainsi que le petit îlot de Strömsborg. Ces îles sont si rapprochées que l'on peut passer de l'une à l'autre sans s'en apercevoir, et, la cité médiévale étant petite, le mieux sera de la visiter à pied. Cela dit, sa richesse architecturale ne se laissera appréhender que superficiellement lors d'une première exploration. Chaque nouvelle promenade est un enchantement. Vous pourrez passer plusieurs journées à flâner dans le labyrinthe des ruelles tortueuses, vous enfoncer dans de vieilles cours ou découvrir de ravissantes petites places.

Les deux rues commerçantes **Österlånggatan** et **Västerlånggatan**, qui conservent leur tracé médiéval, sont bordées d'innombrables terrasses de cafés, de vieilles échoppes, d'antiquaires ainsi que de toutes sortes d'ateliers artisanaux (verreries, poteries, tanneries...). Gamla Stan, qui est aussi un centre d'affaires, est toujours très animée et draine un flot incessant de promeneurs, ce qui n'entame d'ailleurs en rien le charme de la cité.

Stortorget, ans Gamla Stan.

STADSHUSET

Depuis les rives sud du lac Mälaren, on voit s'élever la haute silhouette de Stadshuset, l'hôtel de ville, qui se détache majestueusement des constructions modernes du centre de la ville. Son isolement ne fait que magnifier sa splendeur. Stadshuset est le chef-d'œuvre d'un architecte du début du siècle, Ragnar Östberg. Ce dernier figurait parmi les fondateurs du mouvement romantique *national-romantik*, auquel se joignirent nombre de peintres et d'écrivains. Les façades de briques brunâtres, que domine une tour carrée aux contours sobres et élégants, inspirée de l'architecture des anciens phares, forment un ensemble gracieux. Les ailes sont décorées de flèches, de petits dômes et de minarets. Clochers et toits sont habillés d'un cuivre devenu vert. Au sommet de la tour, les **trois couronnes**, vieux symbole de Stockholm, percent le ciel de la capitale. Récemment nettoyées et polies, elles réfléchissent les rayons du soleil dans un éclat éblouissant. L'effet est particulièrement saisissant au petit matin, surtout si vous avez la chance de vous trouver à bord d'un ballon pour un merveilleux voyage au-dessus de la capitale (aujourd'hui, les balades en ballon constituent un cadeau de mariage très en vogue). Les trois couronnes semblent alors si proches qu'il suffirait presque de se pencher pour les attraper. L'étonnante architecture de l'hôtel de ville de Stockholm rappelle en partie celle du château de Läckö (sur la rive sud du grand lac Vänern), tandis que les colonnades et le grand escalier du Hall bleu s'inspirent du palais des Doges de Venise. L'aile sud, aux arcades ouvertes sur le lac, ne va pas non plus sans évoquer l'architecture vénitienne.

Östberg entreprit la réalisation de son ouvrage en 1911, et l'édifice fut inauguré en 1923. Pour l'anecdote, signalons qu'il compte huit millions de briques, taillées à la main, et dix-neuf millions de céramiques dorées. Celles-ci ont essentiellement été utilisées pour la décoration de la célèbre **Salle dorée**. L'effet en est saisissant. Les murs, entièrement habillés d'or, brillent de mille feux et réfléchissent leur éclat sur un magnifique sol de marbre. Les **vitraux** représentent des épisodes importants de l'histoire de Suède : l'arrivée d'Anschaire à Birka (IXe siècle), la bataille de Brunkeberg (1471), et les événements tragiques qui ont marqué le règne de Charles XII. Deux fois par jour, le **carillon du clocher principal** évoque la victoire de Brunkeberg, qui suivit la bataille menée par Sten Sture l'Ancien contre les Danois. Autrefois petite colline, Brunkeberg a été aplanie et constitue aujourd'hui une partie de la cité. Une pléiade d'artistes suédois ont contribué à la décoration intérieure de l'édifice. Parmi eux, le prince Eugen, dont la grande fresque, ***La Ville au bord de l'eau***, orne la **galerie du Prince**. La **salle de réception Ovalen** abrite des **tapisseries de Beauvais**.

Dans les **jardins** qui bordent le lac Mälaren, se dresse la **statue d'Engelbrekt**, qui avait fomenté une révolte parmi les paysans de sa Dalécarlie natale, dans le but de libérer le pays du joug danois. Mort en 1436, il est resté dans la mémoire collective comme le symbole de l'indépendance. La **tour principale** s'élève à une hauteur de 105 m. En été, elle est ouverte au public, et vous aurez le choix entre l'escalier et l'ascenseur. Perchée à 76 m, la **plate-forme panoramique** offre différentes perspectives, toutes plus belles les unes que les autres, sur l'ensemble de la ville. A la belle saison, le site de Stadshuset est abondamment décoré de parterres de fleurs. Ceinturé par les eaux du lac Mälaren, c'est un endroit très apprécié des promeneurs. Les visites guidées retracent l'histoire du site et présentent les différentes fonctions de l'hôtel de ville. Si elles ne sont pas occupées, certaines salles peuvent être visitées. C'est le cas en particulier de la **salle du conseil municipal** qui, avec ses tribunes, ressemblerait presque à un petit parlement. La longue et majestueuse **table du conseil d'administration**, que surveillent d'un œil sévère les anciens édiles, illustre toute la dignité d'une capitale. Enfin Stadshuset est le cadre des cérémonies de remise des prix Nobel. Mais il n'est pas réservé aux seules autorités, et tout le monde peut y louer une salle pour une réception privée.

Jadis quartier populaire réservé aux étudiants et aux artistes, elle est devenue l'un des lieux les plus huppés de la capitale, et les Stockholmois se disputent le privilège d'y habiter. La vieille ville est également le quartier des restaurants, des cabarets et des boîtes de jazz. La plupart ont été aménagés dans de vieilles caves qui servaient jadis d'entrepôts aux marchandises venues des rivages les plus lointains. L'histoire est partout présente, depuis les vieux pavés jusqu'aux anciennes voûtes.

Le meilleur point de départ pour visiter Gamla Stan est **Stortorget**, « la Grande Place ». Ceinte de maisons ocres et rouges à pignons, Stortorget, le cœur de la cité, est aujourd'hui une place paisible. Au Moyen Age, c'était un centre de commerce bruyant et hautement animé qui réunissait les négociants lübeckois, les marchands, les artisans, et les domestiques.

Le bâtiment qui domine la place, **Börsen** (la Bourse), ne date pas du Moyen Age mais remonte au XVIIIe siècle. La Bourse actuelle y occupe encore le rez-de-chaussée, l'étage supérieur étant le siège de l'**Académie suédoise**. Les lustres, qui autrefois couronnaient l'assistance royale lors des somptueux bals du nouvel an, surveillent aujourd'hui les réunions hebdomadaires des académiciens. Ils sont également les premiers à connaître le nom du lauréat du prix Nobel de littérature. Dehors, les promeneurs se prélassent sur les bancs de bois disposés entre les bacs fleuris, ou sur la terrasse d'un café, et admirent les ancres forgées des vieilles façades. Rien ici ne rappelle « le Bain de sang de Stockholm » (Blodbadet) de 1520. Malgré sa promesse de ne pas s'en prendre aux fidèles du roi suédois, le Danois Christian II, appelé « le Tyran », fit décapiter quatre-vingt-deux membres de la noblesse suédoise. Les têtes des victimes furent empilées en une pyramide au milieu de la place. Ce sinistre événement précipita la fin de l'Union de Kalmar qui jusqu'alors avait réuni la Suède, la Norvège et le Danemark sous la

A gauche, Stadshuset ; ci-dessus, sa Salle dorée.

même couronne. L'année suivante, Gustave Vasa, le père de l'État suédois, porta le coup de grâce à l'Union scandinave en renforçant l'identité de la Suède et en faisant de Stockholm la capitale du pays.

Köpmangatan, qui commence à l'un des angles de la place, était au Moyen Age la principale rue commerçante de la cité. Au **n°11**, vous découvrirez peut-être le plus beau jardin de la ville. Les façades colorées qui la surplombent, ses fleurs, ses arbres et sa fontaine en font un endroit idéal pour faire une halte. Les travaux de restauration ont été entrepris par l'association de Saint-Éric à titre d'exemple. Cette association a ensuite largement contribué à la rénovation de l'ensemble de Gamla Stan. En face de l'entrée de la cour, un petit passage mène à **Bollhustäppan**. Cette jolie cour possède une statue haute de quelques centimètres seulement, qui représente un garçonnet assis. Et, détail pittoresque, chaque hiver, un admirateur anonyme le coiffe d'un petit capuchon rouge qui le protège du froid. Revenez ensuite sur vos pas, prenez sur votre droite la rue **Källargränd** qui mène à **Storkyrkan** (« la Grande Église », encore appelée cathédrale). Storkyrkan était à la fois la paroisse de la cité et le lieu où se déroulaient les cérémonies de couronnement (jusqu'en 1907, date à laquelle le roi Gustave V abolit la cérémonie religieuse). Cet impressionnant édifice, dont une partie date du XIIIe siècle, est la plus vieille construction de Gamla Stan. L'intérieur est de style gothique alors que la décoration baroque des façades résulte des remaniements effectués au cours du XVIIIe siècle. Le samedi, à midi, avant de prolonger votre visite, vous pourrez assister à un récital d'orgue. Les arcs et les colonnes, dont on a découvert la brique rouge initiale, sont particulièrement beaux. L'édifice contient deux pièces maîtresses : le tableau parhélique (à droite en entrant), vraisemblablement réalisé en 1535, et la statue de saint Georges terrassant le dragon. Érigée par un artiste lübeckois en 1489 en l'honneur de la victoire de Brunkeberg (1471) contre les Danois, la sculpture en bois symbolise la lutte pour l'indépendance et l'identité nationales. Elle est bien conservée et a gardé ses couleurs d'origine. Il en existe une réplique en bronze en bas de la rue Köpmangatan. L'église renferme également un candélabre à sept branches, de 1470, ainsi que le monument funéraire des Tessin, célèbre famille d'architectes à qui l'on doit également le château royal. Derrière l'église, sur la grande **place Slottsbacken**, se dresse la **statue d'Olaf Petri**. Père de la Réforme suédoise, il fut un proche collaborateur du roi Gustave Vasa jusqu'à ce que ce dernier le condamne à mort pour trahison. Gracié, Olaus Petri put se consacrer à l'écriture, pour devenir le premier grand écrivain suédois.

Le château royal

Kungliga Slottet, ou château royal, occupe le site de l'ancien fort Tre kronor (Trois Couronnes). Sous Gustave

Sous le regard menaçant d'Héraclès.

Vasa et Gustave III, le fort fit l'objet de nombreuses transformations. Le célèbre architecte Nicodemus Tessin l'Ancien le dota d'une belle façade de style Renaissance. L'aile droite est l'œuvre de son fils, Nicodemus Tessin le Jeune. Mais le donjon fut réduit en cendres en 1697. Les mauvaises langues prétendent que l'incendie aurait été provoqué avec la complicité de Nicodemus Tessin le Jeune, à qui l'on doit l'architecture du château actuel. Après lui, son fils fut chargé d'achever la réalisation des travaux (1754). Le château, habité, compte quelque six cents pièces ; on en visite cependant beaucoup : les **appartements Bernadotte**, les **appartements des Hôtes**, la **salle du Trône**, la **salle du Trésor**, la **chapelle**, le **musée du château** et le **musée des Armures**. Les salles les plus anciennes datent de 1660 et occupent l'aile nord-est, la seule qui ait été épargnée par l'incendie. Kungliga Slottet est particulièrement réputé pour ses tapisseries provenant des manufactures suédoises et des Gobelins. La salle la plus spectaculaire est le **bureau du roi Oscar II**, situé dans les appartements Bernadotte. Il est resté exactement tel que l'avait laissé le roi à sa mort, en 1907. Sa table de travail même est restée en l'état. Au sous-sol, de magnifiques voûtes abritent les **joyaux de la couronne**, parmi lesquels douze couronnes royales, des sceptres et des pommes (symboles du globe). Ces fabuleux trésors, qui brillent de mille feux dans la pâle lumière, offrent un spectacle étonnant. Un peu plus loin, toujours au sous-sol, vous pourrez découvrir le musée des Armures, où est conservé le cheval, empaillé, du roi Gustave II Adolphe, grand génie militaire qui repoussa les frontières suédoises jusqu'en Pologne, et qui fut tué à la bataille de Lützen (1632). On peut également voir l'uniforme que portait Charles XII à sa mort, ainsi que la tenue dans laquelle le roi Gustave III fut assassiné.

En été, tous les soirs, la garde royale traverse le **pont de Norrmalm** (l'île où

La relève de la garde royale.

s'est développé le centre moderne de la capitale) pour assurer la relève de la garde du château. Deux sentinelles sont placées en faction de part et d'autre de l'entrée du palais, insensibles aux appareils photo des touristes amusés.

Riddarholmen et Helgeandsholmen

Pour vous rendre sur l'île Riddarholmen, rebroussez chemin jusqu'à Storkyrkan, et prenez la rue Storkyrkobrinken. Vous gagnerez **Riddartorget**, une place dominée par **Riddarhuset** (le palais de la Noblesse), chef-d'œuvre du XVIIe siècle, splendide exemple du style baroque hollandais, où siégeaient autrefois les quatre États parlementaires. A l'intérieur, on appréciera tout particulièrement la somptueuse décoration de la Grande Salle, dans laquelle les nobles se réunissaient sous le regard de Moder Svea (« Mère Svea »), la fresque du plafond, une allégorie de la Suède.

A l'autre bout du pont, se trouve **Riddarholmskyrkan**, l'église de Riddarholm, en brique rouge et couronnée d'une belle flèche. Certaines parties de l'édifice proviennent de l'ancienne abbaye fondée en 1270, au sud de l'île. L'église elle-même fut bâtie au milieu du XVe siècle. A l'origine, ses parois avaient une teinte rouge cru que le temps a adoucie. Transformée en sépulture royale, l'église abrite les dépouilles de presque toute la royauté suédoise depuis Gustave II Adolphe. Les cryptes sont de styles différents et méritent le détour.

Les bâtiments environnants sont pour la plupart des locaux administratifs, de sorte que, en début et en fin de journée, l'île est d'une tranquillité absolue. Ses quais, que gardent des façades rougies par le soleil couchant, sont propices à la flânerie. Pas de restaurant, pas de café, pas de boutique ; rien ne trouble la quiétude des lieux. Près des bateaux de plaisance, se dresse la gracieuse silhouette du yacht

Le Riksdag.

Mälardrottningen, transformé en un somptueux hôtel.

La plus grande partie de Helgeandsholmen, l'île du Saint-Esprit, est occupée par le Parlement, le **Riksdag**, qui comprend également l'ancien bâtiment de la Riksbanken (la Banque nationale). Dans les années soixante-dix, ce dernier a été doté d'un niveau supplémentaire. Si l'extension moderne épouse le contour semi-circulaire du vieil immeuble, sa façade de cuivre rompt l'homogénéité de l'ensemble. Cette construction n'est pas allée sans susciter une violente polémique parmi les Stockholmois. Il est vrai que, loin d'être discrète, elle s'impose au regard depuis tous les ponts à l'est de la ville. Plusieurs sections du Parlement sont ouvertes au public, en particulier les **tribunes**. Le réaménagement du Riksdag occasionna une importante découverte archéologique et, partant, l'ouverture d'un nouveau musée. L'excavation des fondations, qui devait permettre l'installation d'un parking souterrain, a permis de mettre au jour une partie de la muraille médiévale édifiée en 1530, ainsi que les ruines d'un mur de granit du XIVe siècle. Ce qui devait servir aux voitures est devenu un musée : le **Medeltidensmuseet**, ou musée du Stockholm médiéval. A quelques pas du Riksdag débute **Västerlånggatan**, l'un des deux axes principaux de la cité. Au bout de la rue, on tombe dans **Mårten Trotzigs gränd**, l'artère la plus étroite de la cité. Vous découvrirez, non loin de là, **Järntorget**, une place sur laquelle s'élève la **statue d'Evert Taube**, chanteur et musicien très populaire, mort en 1976. Son répertoire s'inscrit dans la tradition des chansonniers suédois. Dans **Lilla Nygatan**, on admirera le bâtiment du musée de la Poste, **Postmuseet** (près de la station de métro), qui fut achevé en 1720. L'intérieur retrace l'histoire des services postaux, montre le premier timbre anglais oblitéré, émis le 6 mai 1840, ainsi qu'un ancien convoi postal et un wagon de tri.

Des fraises au marché.

Le quartier de Slussen et Södermalm

Sans faire réellement partie de Gamla Stan, le quartier de Slussen, situé juste au sud de la vieille ville mérite le détour. C'est ici que se séparent les eaux du lac Mälaren et celles de la Baltique. Non loin, le **Stadsmuseet**, le Musée municipal, installé dans l'ancienne mairie, relate l'histoire de la capitale. Si la mention de la ville remonte au XIIIe siècle, une quantité d'objets présentés au musée attestent que ce site stratégique était habité longtemps auparavant. L'évolution de la ville, de sa création jusqu'à nos jours est magnifiquement relatée. Après la visite du musée, on peut emprunter le **Katarinahissen**, un ascenseur datant du XVIIIe siècle, rénové en 1935, qui mène jusqu'aux hauteurs de **Södermalm** (l'île sud de la capitale). On domine la ville et on aperçoit en contrebas les étalages de fruits, de légumes et de fleurs du marché, si prisés des Suédois. Sur la place, des jeunes se massent et improvisent des spectacles de rue. Södermalm (qui est aussi à dix minutes de métro de la station Slussen) est un quartier émouvant. Perché sur sa falaise escarpée il a gardé un caractère authentique. Les petites maisons de bois accrochées à ses flancs sont restées intactes, tout comme ses ruelles pentues, ses petites cours et ses anciens ateliers. Cet ancien faubourg populaire est un témoignage vivant de la ville du XIXe siècle. Longtemps resté le quartier pauvre et désolé des prolétaires, où la faim et la maladie étaient leur lot quotidien, il est progressivement devenu le site des artistes. **Hornsgatan**, en pente raide, compte encore quelques galeries, en particulier celle d'Origo, où vous pourrez vous entendre raconter l'histoire de Söder.

Vers Djurgården

Depuis Gamla Stan (quai de Skeppsbron), il n'y a que dix minutes de traversée jusqu'à l'île Djurgården. Le court trajet en bateau permet d'admi-

A gauche, le trois-mâts af Chapman *est l'auberge de jeunesse de la ville. Ci-dessous carrousel à Gröna Lund.*

rer la capitale sous un angle différent. Sur la gauche, face aux quais où sont amarrés les ferries, on aperçoit la forteresse qui a donné son nom à l'**île Kastellholmen**, aujourd'hui une base militaire. Plus loin, le long du quai de Skeppsholmen, se dresse la somptueuse silhouette blanche du trois-mâts, *af Chapman*. Ce bateau du XIXe siècle est devenu une magnifique auberge de jeunesse. L'île abrite le musée d'Art moderne, **Moderna Museet**, qui fut aménagé en février 1998 dans un nouveau bâtiment, dessiné par l'architecte espagnol Rafael Moneo. Sa collection d'œuvres de grands maîtres du XXe siècle, tels que Picasso, Dali et Matisse, passe pour l'une des meilleures du monde. Elle y côtoie les formes d'art les plus diverses : cinéma, musique, danse, photographie, multimédia… Rafael Moneo a aussi conçu l'extension des anciens locaux du musée qui accueillent désormais le musée de l'Architecture. Un peu plus loin, la majestueuse façade du **Grand Hôtel**, un des hôtels les plus réputés de Scandinavie, orne les **quais de Blasieholmen**. Non loin, le **National Museum** renferme des œuvres du XVe au XIXe siècle, et notamment un nombre impressionnant de toiles de Rembrandt. Les soirs d'été, on y donne également des concerts.

Le meilleur moyen d'explorer les beaux espaces verts de **Djurgården,** ancien domaine royal de cerfs, est d'y louer une bicyclette. Cette île est aussi le paradis des divertissements. Ainsi le nouveau musée **Junibacken** propose aux enfants un voyage à travers des scènes tirées du monde imaginaire de l'écrivain Astrid Lindgren (la « mère » de Pippi Långstrump, Fifi Brindacier en français). Quant au parc d'attractions **Gröna Lund**, qui date du XVIIIe siècle, il promet encore des sensations fortes avec ses trains fantômes et autres montagnes russes.

Skansen

A l'intérieur de l'île, un funiculaire grimpe au flanc d'une colline ver-

La scène de Gröna Lund accueille les groupes de rock de variété.

doyante pour vous conduire dans le plus vieux musée de plein air du monde, Skansen. Fondé par Artur Hazelius, en 1891, sa réalisation s'inscrit dans la mouvance du courant *national-romantik*, au nom duquel la culture nationale devait être glorifiée. Le musée est le fruit d'un travail ethnographique minutieux. Patrimoine de l'habitat et du mode de vie suédois, Skansen réunit des maisons traditionnelles, de la hutte lapone à la ferme à colombages de Scanie, soit près de cent cinquante bâtiments qui ont été transportés ici depuis leur province d'origine. Mais pour Hazelius, apôtre du pragmatisme, il s'agissait de faire un musée vivant. Les habitations qui bordent des rues pavées forment ainsi une véritable petite ville. En été, des employés font revivre les traditions d'antan et perpétuent les activités artisanales. Dans la maison du cordonnier, le cuir est découpé et cousu selon les techniques traditionnelles. Vous pourrez aussi admirer l'atelier du souffleur de verre et du potier et acheter un objet après avoir assisté à sa fabrication. Ne manquez pas de rendre visite au fabricant de peignes (le seul de toute la ville), un vieil artisan qui se fera une joie de vous expliquer ses techniques de travail. Et, comme le font tous les Stockholmois le dimanche matin, vous pourrez faire la queue devant la boulangerie de laquelle s'échappe une irrésistible odeur de pain frais et de *kanelbullar* (pains à la cannelle). L'**église** du XVIIIe siècle est le lieu très apprécié de la jeunesse qui y célèbre mariages et baptêmes. Skansen donne également un aperçu de la nature suédoise d'aujourd'hui. Il abrite principalement des espèces animales locales et en voie de disparition. Mais vous pourrez aussi voir de près des élans ainsi que des éléphants et des singes. Dans **Lill Skansen** (« le petit Skansen »), les jeunes visiteurs peuvent également jouer avec des lapins, des agneaux, des chatons... A la belle saison, Djurgården est le théâtre d'une foule d'animations nocturnes. Vous pourrez écouter de la musique de chambre dans le vieux **manoir de Skogaholm**, assister aux concerts (rock et variétés) de plein air de Gröna Lund, ou prendre part aux bals populaires, danses folkloriques et autres fêtes traditionnelles telles que la *Midsommarafton* (nuit de la Saint-Jean) à Skansen. Si vous gagnez l'île en voiture (par la rue Strandvägen et le pont Djurgårdsbron), vous verrez d'emblée la majestueuse façade du **Nordiska Museet**, le Musée nordique, qui retrace l'histoire du peuple nordique depuis le Moyen Age, et que l'on doit aussi à Artur Hazelius. Vous pourrez y admirer une collection de costumes d'époque, en particulier des robes et des couronnes de mariées en or et en argent. Des produits de l'artisanat suédois et lapon évoquent la vie des anciens Scandinaves. Des expositions temporaires présentent l'évolution des coutumes vestimentaires. A quelques pas de là se trouve le **musée d'Histoire naturelle**, regroupant faune, flore et minéraux. A voir également une exposition relative à l'exploration lunaire et la fameuse salle des

Skansen fait revivre les métiers d'antan.

baleines. Un peu plus loin, près de l'entrée de Skansen, se dresse l'étonnant bâtiment du **Biologiska Museet**, le musée de la Biologie. Achevé en 1893, il s'inspire de l'architecture des églises norvégiennes en bois debout. A l'intérieur, des animaux empaillés représentent les différentes espèces nordiques. L'ensemble des dioramas, qui représentent leur habitat naturel, a été conçu à partir de l'œuvre d'un des plus talentueux peintres animaliers de Suède, Bruno Liljefors.

La galerie Thiel, **Thielska galeriet**, est installée dans une belle villa. Elle fut conçue pour abriter la collection du grand banquier Ernst Thiel. Cette fastueuse collection représente les courants Art nouveau et *national-romantik*, avec des toiles des Suédois Carl Larsson, Anders Zorn, Gustav Fjaestad, Bruno Liljefors, August Strindberg et du Norvégien Edvard Munch. Au début du siècle, la maison du mécène était un lieu de rencontre pour tous les artistes, peintres, poètes et écrivains qu'il avait encouragés et dont il était devenu l'ami. Lorsqu'il fit faillite, dans les années vingt, l'État racheta cette splendide galerie. La **château de Waldemarsudde** regroupe la collection du prince Eugen, le frère du roi Gustave V, surnommé « le prince peintre », qui fut lui-même l'auteur de beaux paysages impressionnistes. A sa mort, en 1947, il légua à l'État son château, son parc et l'ensemble de sa collection, qui comprend certaines de ses toiles. Le château, avec son parc qui s'avance dans la Baltique, est un véritable trésor et mérite un détour tant pour sa galerie que pour son site magnifique. Il existe encore une galerie, celle de **Liljevachs**, près des quais. Presque entièrement dédiée à l'art contemporain, elle est connue pour sa manifestation de printemps qui est une véritable source d'inspiration pour les artistes.

La tragique histoire du *Wasa*

L'imposante et étrange construction située au bord de l'eau, **Sjöhistoriska**

…nandagen, « le jour Bellman », …st consacré …a musique.

Museet, le musée de la Marine, renferme un trésor on ne peut plus original : le *Wasa*. Il fut construit en 1620, sous l'ordre du roi Gustave II Adolphe, en l'honneur du fondateur de la dynastie royale, Gustave Vasa. C'était un magnifique bâtiment, un des navires les plus somptueux de son époque. Pas moins de sept cents sculptures et décorations ornaient sa coque, et sa poupe et sa proue dorées sont de véritables chefs-d'œuvre. Mais sa gloire fut de courte durée. Le 10 août 1628, lors de son baptême, le navire largua les amarres pour prendre le large sous le regard du roi, de la cour et du peuple en liesse. Mais à quelques encablures du quai seulement, le navire sombra. Une forte risée avait suffi à faire vaciller ce monstre, mal lesté, de mille trois cents tonnes. L'eau s'engouffra par les sabords restés ouverts pour le salut royal, précipitant le navire et l'équipage sous les flots. L'épave resta engloutie jusqu'en 1956, date à laquelle l'archéologue Anders Franzén la découvrit. Il élabora un plan de sauvetage et, en 1961, l'impressionnante proue du navire sortit des eaux. Commença alors un long processus de restauration qui dura près de vingt-cinq ans. Ce travail de longue haleine a porté ses fruits : le *Wasa* a retrouvé sa splendeur d'antan et son état de conservation en fait une pièce unique au monde. Plus de vingt-quatre mille objets ont été retrouvés (voiles, canons, vêtements, chaussures, vaisselle, outils, pièces de monnaie) et constituent une mine d'informations précises sur la marine du XVIIe siècle.

Le Sjöhistoriska Museet compte deux autres bateaux, situés à quelques pas du *Wasa*. Le ***Sankt Erik*** (1915) fut le premier brise-glace suédois, construit pour dégager l'accès à la Baltique pendant l'hiver. Le ***Finngrundet***, l'un des derniers bateaux-phares suédois, date de 1903. Le reste du musée est consacré à l'histoire de la marine et au commerce maritime. Il présente aussi l'évolution des techniques de construction navale et renferme les dessins de l'architecte F.H. Chapman, qui a donné son nom au trois-mâts. Le musée est situé de l'autre côté de la **baie de Djurgårdsbrunnsviken**, sur la route Djurgårdsbrunnsvägen. Avant de vous y rendre, faites un petit détour par le **Musée historique**, sur la rue Narvavägen qui prolonge Djurgårdsvägen après le pont. Ce musée est en partie consacré aux grands hommes de la mer, les Vikings. Un petit village typique y a été reconstitué, avec un habitat authentique. Outre les objets usuels, le musée renferme des objets précieux d'or ou d'argent que les Vikings fabriquaient ou rapportaient de leurs incursions.

Norrmalm, le quartier moderne

D'aucuns pourraient se demander ce que John Tobias Sergel aurait pensé de l'obélisque de verre et de la place qui portent aujourd'hui son nom et qui forment le noyau du quartier moderne de la capitale. Sculpteur néo-classique, Sergel connut son heure de gloire à Rome, avant d'être introduit dans la cour cultivée de Gustave III. Il

Sabord du Wasa.

exécuta de nombreuses statues, dont une représente le roi, et une autre, *Oxenstierna et l'histoire*, rend hommage à l'ancien chancelier. Le quartier moderne est un centre d'affaires et de commerce relativement petit, mais qui n'est pas du goût de tout le monde. Depuis la **Sergelstorget**, la perspective est quelque peu limitée par les cinq tours qui dominent **Sveavägen** et qui projettent leur ombre sur les bâtiments voisins plus anciens. Comme dans bon nombre de pays, les pouvoirs publics ont rasé les anciens bâtiments d'habitation qui font place à d'assez laides tours de verre et de béton.

Dans les années soixante, la modernisation et l'élargissement du quartier des affaires se sont doublées de l'installation du réseau du **Tunnelbanan**, le métro de Stockholm. La destruction du vieux quartier s'est poursuivie jusqu'au jour où elle menaça de sacrifier l'allée d'ormes qui borde le jardin royal, **Kungsträgården**. Le projet provoqua une levée de boucliers : les Suédois, tempérés de nature, investirent le jardin et grimpèrent sur les arbres menacés, jurant qu'ils poursuivraient la lutte jusqu'à l'annulation du projet. Ce sursaut populaire fait qu'aujourd'hui Kungsträgården reste l'endroit idéal pour se promener, pour se reposer au pied de la fontaine, ou à la terrasse ombragée d'un café, pour jouer aux échecs sur le damier géant ou encore pour écouter quelque musicien de rue. En été, de nombreux concerts de plein air sont donnés à la plus grande joie des promeneurs. En hiver, l'allée se transforme en une immense patinoire très appréciée des Stockholmois.

A l'angle de Kungsträgården et de Hamngatan, se dresse **Sverigehuset**, la Maison de Suède, où est installé l'office de tourisme de la capitale, très utile pour toutes les informations qu'on y trouve, et où l'on peut réserver des places de spectacle et de promenade, ou encore se procurer la carte *Stockholmskort* qui donne libre accès au métro et à la plupart des musées de la ville. L'office de tourisme a une

La place ·rgelstorget, centre du quartier moderne.

boutique et est aussi le point de départ des visites organisées en bus. En bas de Hamngatan, le palais construit au siècle dernier fut la demeure du comte de Hallwyl. De nos jours, c'est un des musées les plus insolites et passionnants de la capitale, **Hallwylska Museet**. Il renferme une étonnante collection privée comportant un piano joliment orné, des services de porcelaine, un somptueux mobilier et une foule de bibelots. Tout est resté tel quel. En face, le **parc Berzelii** est un agréable espace vert près duquel émerge l'amusante sculpture de K. Bejermark. Sergelstorget, réservée aux piétons, est une véritable agora : un lieu de rencontres, de manifestations, peuplé de musiciens africains ou sud-américains. La place est dominée par la **Kulturhuset**, la maison de la Culture, qui fut le siège provisoire des membres du Riksdag pendant la construction du nouveau parlement. Au rez-de-chaussée, la belle salle de lecture est aussi un lieu de rencontres et de conférences. Elle joue un rôle prépondérant dans la vie sociale des Stockholmois. Depuis la place, vous pourrez emprunter un passage souterrain jusqu'au **Gallerian**. Ce grand centre commercial se déploie sur trois niveaux et relie Hamngatan à Jakobsgatan, qui donne sur la place Gustave Adolphe (Gustav Adolfstorget) et l'Opéra. Gallerian abrite les boutiques les plus intéressantes de la capitale.

A l'extrémité de Gallerian se cache un trésor peu connu des visiteurs étrangers : **Auktionsverket**. En service depuis 1674, c'est la salle de vente aux enchères la plus vieille qui soit, ouverte six jours sur sept. Dans l'entrepôt de la salle, on trouve pêle-mêle des services de porcelaine, des toiles de Chagall, de beaux meubles, des œuvres de Carl Larsson... Vous pouvez vous y promener et chiner parmi les vieilleries et les antiquités. Elles témoignent de la façon dont les Suédois décorent leur intérieur et, plus généralement, de la façon dont ils vivent.

Chahut d'étudiants pendant le carnaval de l'univer

Les grands magasins

Une enseigne lumineuse et pivotante annonce, dans Hamngatan, près de la Maison de Suède, l'équivalent de nos Galeries Lafayette : **NK**, ou **Nordiska Kompaniet**. On y trouve de tout et, au sous-sol, plusieurs services sont proposés : optique, poste, agence de voyages... vous pourrez même y faire cirer vos chaussures en attendant le développement de vos photos. **Åhlens City** surplombe l'angle de Drottninggatan et de la place Sergelstorget. Les articles sont les mêmes que ceux proposés à NK, avec en plus un immense rayon d'alimentation. Le troisième grand magasin, **PUB**, se trouve dans Drottninggatan, près de la place Hötorget. On y trouve la qualité à des prix relativement peu élevés. Rares en effet sont les magasins bon marché en Suède, mais la qualité est toujours garantie. En été, vous pourrez profiter des soldes, *REA*, ou des *EXTRAPRIS*, c'est-à-dire des promotions. Tous les produits sont soumis à la T.V.A., *moms*, très élevée en Suède. Mais il vous sera possible de déduire 15 % de la taxe aux services de dédouanement des ports et des aéroports, en faisant vos achats dans les magasins pratiquant le système *tax free shopping*. Un chèque spécial vous sera remis que vous devrez présenter à la douane.

Sur les traces d'August Strindberg

Drottninggatan, la rue de la Reine, est l'une des plus grandes rues piétonnes de la capitale. Décorée de fanions et très animée, elle est bordée d'une multitude de boutiques et de cafés. « 11 juillet 1908. Me suis installé au 85, Drottninggatan, 4e étage. » sont les derniers mots du *Journal occulte* d'August Strindberg. Il venait de s'installer dans **Blåa Tornet**, la Tour bleue. C'est là que, l'année suivante, il écrivit sa dernière grande pièce : *La Grand-Route*. L'appartement est resté exactement tel que l'écrivain l'a laissé à sa

Musiciens dans le quartier moderne.

TUNNELBANAN

Bien plus qu'un réseau de transport souterrain, le Tunnelbanan, le métro de Stockholm, est un dédale de cavernes aux couleurs et aux formes des plus déroutantes. Dès le début de l'installation du réseau, à la fin des années quarante, les ingénieurs ont projeté de décorer les stations. Ils sont ainsi à l'origine de la plus longue galerie d'art au monde. Entrées, plafonds et parois ne sont plus qu'une débauche de motifs et de couleurs les plus divers.

Comme le dit Tony Cartano, dans *Un guide intime, Stockholm*, on voit « peu de graffitis ou d'affichage sauvage puisque, comme à Kungsträdgården, par exemple, des espaces réservés ont été aménagés. Toujours l'environnement, l'écologie ». Et la visite ne coûte que le prix d'un ticket de métro. La moitié des quatre-vingt-dix stations sont pourvues en fresques, sculptures, mosaïques et gravures. Les murs troglodytiques offrent des tableaux variés : jardins verdoyants, forêts, nénuphars, figures géométriques. Plus de soixante-dix artistes ont contribué à ce formidable kaléidoscope souterrain. Au centre du réseau, la **station T-Centralen**, à laquelle on accède par d'innombrables entrées, couloirs et escalators, fut la première à bénéficier de cette vaste entreprise de décoration et compte le plus grand nombre de curiosités. Les premières réalisations datent de 1957. Il s'agit, en particulier, de celle d'Egon Möller-Nielsen, dont les bancs de mosaïque ornent le niveau supérieur de T-Centralen. Trois autres artistes ont doté les parois de la station d'une myriade de céramiques et de prismes de toutes les couleurs. En 1958, Tom Möller signait la décoration de **Hammerbyhöjden**, sur la ligne 19. Les Stockholmois ne sont pas d'accord pour désigner la ligne la plus réussie, mais le trajet de **T-Centralen** vers **Akalla** (ligne 11) reste parmi les favoris. La rame part de la station du niveau inférieur de T-Centralen. Pénétrer dans la station, c'est comme s'enfoncer dans une cave surréaliste. Les quais semblent émerger de la pierre brute, et des feuillages bleus grimpent le long des parois blanches et bosselées. Un éclairage savant contribue à renforcer l'effet de mystère. Chemin faisant, vous découvrirez plusieurs autres installations surprenantes. **Västra Skogen** est dominée par une silhouette géante (de 18 m de haut) constituée à partir d'une vaste mosaïque de tuiles et de galets. **Solna Centrum**, avec ses collines vertes et ses forêts sombres qui se détachent d'un ciel rougeoyant, surpasse toutes les autres. Aurez-vous le temps de repérer l'accordéoniste, la station d'essence, l'élan, le vieux coucou et le camion qui grimpe le long de la colline ? Mille autres détails surprenants se côtoient. Chaque fois que l'on passe devant cette fresque on ne peut plus étonnante, de nouveaux éléments semblent s'être ajoutés. L'œuvre paysagiste, intitulée *La Suède des années soixante-dix* fut achevée en 1975 et porte les signatures de Karl-Olof Björk et d'Anders Åberg. La ligne 10 dessert notamment la banlieue de Tensta, qui abrite la plus large communauté d'immigrants, puisque trente nationalités y habitent. La décoration de la station est un *Hommage aux immigrants*. D'amusants oiseaux sculptés en égayent la sortie. **Kungsträgården**, aux deux somptueuses entrées, est unanimement appréciée. Mais d'autres curiosités jalonnent le réseau. A **Rådsved** (ligne 19), vous pourrez admirer la sculpture de *L'Oiseau vert*, haute de 7 m. **Tekniska Högskolan** (l'École polytechnique, lignes 15 et 24) est décorée de symboles mathématiques, tandis qu'à **Gärdet** (lignes 13 et 14), des insectes enfermés dans des bocaux de verre excitent la curiosité des jeunes voyageurs. Les thèmes exposés à **Östermalmstorget** (lignes 13, 14, 15 et 24), qui évoquent la paix, le mouvement écologique et l'émancipation de la femme, brossent un véritable tableau de la société suédoise. A **Karlaplan** (lignes 13 et 14), un immense montage de trois cent quinze photos rassemblées sur 96 m retrace les différents événements qui ont marqué la Suède du XXe siècle. On doit cette œuvre à Lars-Eric Vänerläf. A **Vällingby** (lignes 17 et 18) Casimir Djuric a transformé les piliers de la station en arbres géants.

mort, en 1912. Ses meubles, objets personnels, manuscrits, photographies et ses tableaux impressionnistes (de grande valeur), forment un **musée Strindberg** très intéressant. Drottninggatan mène à **Hötorget**, la place sur laquelle les Stockholmois font leur marché. On y trouve des spécialités suédoises telles que de la viande d'élan et de renne. A la fin de l'été, si la saison a été bonne, vous pourrez admirer les étonnants étalages orange de baies polaires. Au fond de la place se dresse la façade bleue de la salle de concerts, **Konserthuset**, ornée par la fameuse ***Orpheus***, de Carl Milles.

Certaines banlieues de la périphérie sont à voir pour leurs rues commerçantes : **Kista**, **Täby** et **Vällingby**. A **Skärholmen**, le marché aux puces regroupe un nombre infini de petits commerçants et attire tous les week-ends une foule de curieux. Skärholmen est aussi un des haut lieux du géant mondial du meuble, Ikéa. Le magasin est si populaire que des bus spéciaux sont réservés en semaine pour les allers-retours entre la Maison de Suède et le centre de Skärholmen.

A gauche, détail de décoration murale de la station de métro Solna Centrum ; ci-dessous, la banlieue Hallunda.

Le lac Mälaren et ses îles

Aucune autre capitale européenne ne vit dans un rapport aussi étroit avec son site naturel. L'eau est omniprésente et laisse affleurer quelque vingt-cinq mille îlots. Jusqu'à l'installation du réseau du Tunnelbanan, le bateau était bien souvent le seul moyen de transport. Aujourd'hui encore, la circulation en bateau est un aspect essentiel de la vie stockholmoise. Pour relier la ville à l'archipel, les autorités publiques ont instauré un service spécial, assuré par la société Waxholmbolaget, qui permet de desservir par bateau toutes les îles habitées. Les bateaux-promenades de la grande compagnie privée, Strömma Kanalbolaget, font principalement la visite des îles du lac Mälaren. De nombreuses autres compagnies organisent des circuits depuis le lac jusqu'à la Baltique. Les bateaux peuvent aller du

plus rustique au plus sophistiqué, des vieux vapeurs aux vedettes modernes. De même pour les excursions qui peuvent varier depuis les visites d'une demi-heure aux périples d'une journée. Certaines compagnies proposent également des balades nocturnes, gastronomiques et musicales. Le lac Mälaren s'étire vers l'ouest sur plus de 100 km. Ses bras, ses larges baies, ses plages de sable et de rochers en font un paysage de toute beauté. Après avoir dépassé les immeubles modernes de Norrmälrstrand, le bateau vous emmène sous les hautes arches du **pont Västerbron**. Le paysage se transforme alors de façon notable : à votre gauche, vous pourrez voir l'**île de Långholmen**. Sur la rive droite s'étend une plage insolite, une des rares plages au monde à se trouver au cœur d'une capitale. **Smedsudden** n'est pourtant qu'une plage parmi quinze autres où les Suédois se rendent pour goûter à la fraîcheur des ondes et pratiquer toutes sortes d'activités nautiques. Sur les rochers plats qui émergent de la surface, on vénère le soleil en attendant l'été. En fin de journée et les week-ends, le lac se pare d'innombrables voiles blanches.

Le **château de Drottningholm**, sur l'**île de Lovön**, est l'endroit le plus populaire du Mälaren. Le château royal qui date du XVIIe siècle est la résidence principale de la famille royale depuis que celle-ci a quitté le palais de Gamla Stan : il s'agissait d'offrir aux enfants du roi de larges espaces verts. A ce titre, Drottningholm était l'endroit rêvé car le château domine un vaste parc jalonné de sculptures de bronze, de fontaines, de parterres de fleurs et de petites haies d'arbustes délicatement taillées. On doit l'architecture du palais à la famille Tessin, en particulier à Tessin l'Ancien, qui en dessina les plans ; Tessin le Jeune supervisa les travaux et réalisa les jardins, d'inspiration française. Bien que résidence royale, le palais reste en grande partie ouvert au public. Les intérieurs datant des XVII, XVIII et XIXe siècles sont particulièrement réussis.

Humour, *par K. Bejemark, au bas de la rue Hamngata*

Dans le jardin, la façade du pavillon chinois, **Kina Palatset**, allie harmonieusement le style rococo à l'exotisme des pagodes et des balcons. A la fin du XVIIIe siècle, le palais chinois était le lieu de villégiature de la cour du roi Gustave III. Dans le petit village manufacturier, **Kanton**, à proximité du pavillon, on a même tenté, en vain, de cultiver des vers à soie. **Hovsteatern**, le théâtre de la Cour, est le joyau de Drottningholm. Fondé en 1766 à la demande de Louisa Ulrika, la mère de Gustave III, il connut son heure de gloire sous le règne de ce dernier, qui était passionné d'art dramatique au point qu'il fut auteur et acteur. Farouchement déterminé à donner ses lettres de noblesse à la culture suédoise, il congédia les comédiens français de Drottningholm (il vénérait la culture française et était parfaitement bilingue) pour laisser place aux artistes locaux, donnant ainsi naissance à l'âge d'or de la culture suédoise. Despote éclairé par excellence, Gustave III avait également réintroduit l'absolutisme en Suède, au grand mécontentement de la noblesse. Son assassinat lors d'un bal masqué, en 1792, inspira à Verdi son *Ballo in Maschera* (*Le Bal masqué*). Le théâtre de la Cour resta fermé jusqu'en 1920. C'est à cette date seulement qu'il fut redécouvert par le professeur Agne Beijer qui le trouva en parfait état de conservation. C'est ainsi qu'il est aujourd'hui le seul théâtre au monde à utiliser ses toiles de fond et sa machinerie scénique d'origine. Mais on n'y joue encore qu'en été, le théâtre étant converti en musée le reste de l'année. Vous y ferez une visite inoubliable. On peut encore lire sur les fauteuils le nom des anciens courtisans, et se replonger ainsi quelque deux cents ans en arrière.

On peut également se rendre à Drottningholm en voiture ou en bus. La route à emprunter commence à Fridhelmsplan, sur l'**île Kungsholmen** (accessible depuis l'hôtel de ville, Stadshuset, via Hantverkargatan). Cette route mène directement aux

L'archipel Stockholm offre de multiples coins pour la baignade.

principales îles du Mälaren. La première, **Kärsön**, était, au XIIIe siècle, le site d'un somptueux cloître, **Klara klostret**. Après Lovön et Drottningholm, **Svartsjölandet**, qui possède un château et des pierres runiques (à **Hillehög**), constitue une étape obligée. Puis, vous arriverez dans l'**île d'Ekerö** qui, au cours des Ve et VIe siècles, était un important site commercial. Aujourd'hui encore, des archéologues tentent d'y découvrir quelque fabuleux vestige. A l'extrême nord de l'île, s'élève **Munsö**, une église fortifiée qui abritait les villageois en temps de guerre. Plus à l'ouest, la célèbre **île de Björkö** est chargée d'histoire. C'est là que naquit le tout premier centre urbain de Suède, Birka. A son apogée, entre 800 et 975 apr. J.-C., Birka était le centre commercial des riches habitants alentour. A l'époque, le lac était facilement accessible par la Baltique, si bien que Birka devint rapidement un comptoir pour les marchands arabes, russes et d'Europe occidentale. Ce site fut aussi le premier à être sensibilisé à la religion chrétienne. Le missionnaire Anschaire (Ansgarus) y fut envoyé en 830 pour évangéliser. Ce que l'on sait de Birka à cette époque nous vient essentiellement de la biographie de l'évangélisateur, la *Vie de saint Anschaire* (*Vita Anskarii*), écrite par le moine Rimbert. La **chapelle Saint-Ansgar**, bâtie dans les années trente, lui rend hommage. C'est une construction sobre, en grès rouge, ornée de trois sculptures de Carl Edh. L'une d'entre elles représente Frideborg, qui aurait été la première femme de Birka a être baptisée. Sur les parois chaulées, au-dessus de l'autel, vous pourrez admirer les peintures de Olle Hjortzberg. L'église est encore utilisée par différents ordres. Le **monument d'Ansgar** a été érigé au sommet de la colline, sur lequel on voit encore les ruines d'un fort. De là, le regard plonge sur l'île opposée, **Adelö**, où se dresse une belle **église**. A l'époque de Birka, cette île était un site royal. Il ne reste que très peu de vestiges de

Le château de Drottningh… vu du lac Mäla…

Birka, mais les fouilles archéologiques ont permis de retracer la configuration de l'ancien site et de découvrir de vieilles pierres sacrificielles. Le nombre de tombes à caractère païen atteste l'échec de la mission évangéliste d'Anschaire. L'île n'est accessible que par bateau. Un guide accueille les visiteurs à l'arrivée. Enfin Björkö est verdoyante et dispose de belles plages pour la baignade. Au cas où vous ne vous arrêteriez pas à Björkö, le bateau vous mènera jusqu'à **Strängnäs**, une charmante petite ville, avec son église et ses rues commerçantes. Il existe bien d'autres parcours intéressants et bien d'autres sites à voir, tels que les vieilles villes et les châteaux situés sur la rive du lac Mälaren. **Mariefred** est un joli petit village du XVIIIe siècle, que surplombe l'impressionnante **forteresse de Gripsholm**. **Skokloster** est un splendide château de style baroque, et **Sigtuna** une des plus anciennes cités de Suède, tout comme l'ancienne capitale et vieille ville universitaire, **Uppsala**.

ttningholm ' ses jardins ı française.

Aux portes de la Baltique

Le chapelet d'îles de Stockholm semble s'émietter jusqu'aux côtes finlandaises. C'est à croire que chaque habitant de Stockholm pourrait posséder sa propre petite île. Servant principalement de barrière naturelle pour défendre le bassin du lac Mälaren et les régions minières du centre du pays, l'archipel est longtemps resté inhabité. Mais l'apparition du bateau à vapeur a entraîné la naissance de belles stations balnéaires. Les îles se sont peu à peu parsemées de *sommarstugor*, des maisons allant des cabanes les plus rustiques aux pavillons luxueux dotés de petites tours, de balcons et de « vérandas à punsch ». Ce magnifique paysage marin inspira nombre d'artistes, tel le peintre Bruno Liljefors, ou d'écrivains tel August Strindberg (« Je n'avais jamais vécu au bord de la mer, et lorsque j'aperçus l'île verdoyante, je crus voir le paradis. »). Sillonner les flots au milieu de ce merveilleux dédale d'îles et d'écueils procure un senti-

ment inégalable de liberté et d'évasion. Même si l'on peut désormais s'y rendre en train ou en bus, la balade en bateau s'impose.

La première île éloignée de la capitale est **Lidingö**. Elle était autrefois habitée par une petite communauté étroitement impliquée dans la vie intellectuelle et artistique de la capitale. Aujourd'hui, elle fait partie intégrante de la ville. Lidingö est connu pour son étonnant musée, **Millesgården**. C'était la résidence d'été du grand sculpteur Carl Milles et de sa femme, le peintre australien Olga Granner. Il s'y rendait pour reproduire ses sculptures. L'artiste fut plus reconnu aux États-Unis, son pays d'adoption, qu'en Suède. Son œuvre insolite, exposée dans le jardin qu'il a lui-même conçu à cet effet, témoigne d'un nouvel équilibre sculptural : les statues, élancées vers le ciel, semblent échapper aux lois de la pesanteur. Ce site particulièrement beau donne, par-delà le bras d'eau, sur les quais et les constructions modernes de la ville.

L'**île de Vaxö**, au nord-est, constitue le centre urbain des soixante îles avoisinantes. Elle est reliée à la Suède continentale par des axes routier et ferroviaire et aux îles par des bacs. Grâce à un réseau de communication bien développé, les îles peuvent rester en contact les unes avec les autres, et, surtout, avec la ville de Stockholm. Avant la construction, en 1926, de la route qui la relie à la capitale, la ville de **Vaxholm** dépendait uniquement des rameurs locaux. Aujourd'hui encore, la barque est indispensable aux insulaires. Mais vous aurez la possibilité de pratiquer nombre d'autres sports nautiques (bateau à voile, canoë, planche à voile...) et de profiter de belles plages pour vous baigner dans les eaux fraîches de la Baltique. Sur les quais de la petite ville, vous pourrez également goûter aux joies de la pêche au hareng, une activité très populaire en été. On peut, bien sûr, se contenter de savourer des harengs au restaurant de l'hôtel, situé près du port, ou encore, au pied de la **forteres-**

La forteres de Vaxholn

se. Vaxholm a gardé des traces de son histoire. Au XVIe siècle, cette barrière côtière naturelle fut renforcée d'une forteresse bâtie par Gustave Vasa « dans le but de rendre l'archipel de Stockholm inaccessible à l'ennemi et d'assurer un approvisionnement continu des marchandises vitales ». Mais ce fut une entreprise vaine, ses remparts n'ayant pas résisté aux tirs d'essai. Aujourd'hui, un **musée** y est installé. Les remparts et la batterie méritent un détour. Au XVIIIe siècle, la noblesse stockholmoise fit du site une élégante station balnéaire parée de belles maisons de bois. En vous promenant dans la ville, vous pourrez admirer d'anciennes maisons et le bureau des douanes, dont le chef était autrefois la personnalité la plus importante de la ville. Le **musée de l'Habitat**, aménagé dans une vieille maison de pêcheur, est également intéressant. L'excursion jusqu'à Vaxholm dure un peu plus d'une heure et constitue une introduction intéressante à la visite de l'archipel. Les bateaux Vaxholmbolaget sont essentiellement destinés à relier les différentes îles entre elles, mais la compagnie organise aussi des excursions touristiques. Vous pourrez ainsi rester une journée entière sur une île et reprendre le bateau en début de soirée. Les îles de l'archipel forment grossièrement trois vastes ensembles qui s'étirent parallèlement à la Suède continentale : les grandes îles intérieures sont ceinturées par de petits îlots, et encerclées, plus au large, par un dernier chapelet d'îles. Il n'y en a pas deux qui se ressemblent. Certaines sont couvertes de forêts, d'autres de fougères, et d'autres encore, balayées par la mer et le vent, n'ont que maigre végétation. Certaines, enfin, sont absolument désertiques. Les grandes îles sont idéales pour les randonnées à bicyclette. Des excursions sont organisées dans l'**île de Ljusterö**, à une heure environ de Vaxholm. Vous pourrez louer des vélos dûment équipés de paniers à pique-nique, de cartes et d'itinéraires conseillés. Après avoir pédalé une bonne journée, vous pour-

.e capitaine et son ıoussaillon.

rez vous reposer sur le vapeur ***SS Storskär***, qui vous ramènera à Stockholm en vous faisant découvrir de merveilleux paysages marins, dorés par le soleil couchant. **Utö**, dans la partie sud de l'archipel, vous invite également à découvrir à bicyclette sa réserve naturelle. L'île est dotée d'un port de plaisance, d'un hôtel, d'un restaurant, d'une boulangerie, d'un terrain de camping et de magnifiques plages. Si les régions centrales de la Suède ont été le berceau de l'industrie métallurgique du pays, Utö peut se targuer de posséder la plus vieille mine de fer, transformée en **musée**.

Bon nombre d'îles abritent élans, cerfs, loutres, visons, renards, blaireaux, et lynx parfois. Certaines, avec leurs rochers plats couverts de lichen, attirent spécialement les oiseaux… et les ornithologues ! Mouettes, canards, cygnes, huîtriers et autres échassiers y trouvent refuge, ainsi que des espèces plus rares telles que le grand aigle des mers. Plus on s'aventure au large, plus le paysage est à la fois calme et sauvage. À la belle saison, les îles se couvrent d'un tapis coloré de primevères, de pensées, de coquelicots et d'orchidées sauvages. Ces îles éloignées sont difficilement accessibles, d'autant plus que le temps change rapidement quand on gagne le large. Mais la vue inoubliable de ces bouts de terre vierges et désolées mérite certes un détour.

Gällnö est le cœur de l'archipel. Elle est habitée tout le long de l'année par de vieux fermiers, et est dotée d'une auberge de jeunesse et de terrains de camping. Habituellement, on ne peut y rester plus de deux jours, mais il est toujours possible de s'arranger pour séjourner plus longtemps. L'**île de Svartlöga** est située dans la partie nord de l'archipel, après **Blidö**, et peut se visiter en même temps que celle de **Rödlöga**. Svartlöga est la seule de tout l'archipel à être peuplée d'arbres feuillus. Elle possède un magasin d'alimentation ouvert en été et offre, près des quais, un bel endroit pour se baigner. **Bullerö**, près de Sandhamn, est un chapelet réputé pour sa réserve naturelle constituée de six cents îlots plus ou moins grands. Une exposition prodigue en renseignements sur la culture et la nature du site a été aménagée dans un ancien atelier. Bullerö est accessible par bateau depuis Stävnäs ou Stockholm. La grande **île de Sandhamn** offre un spectacle étonnant et constitue l'endroit idéal pour marquer une étape de quelques heures. Des excursions commencent à 9 h du matin. Bien que l'île soit isolée, située à la périphérie de l'archipel, son village est très animé, et comporte un restaurant, un **musée** et un un joli port de plaisance. C'est aussi le quartier général du **Yacht Club Royal** de Suède. Malgré l'abondance des visiteurs qui, en été, gonflent la population insulaire de cent à un millier d'occupants, l'île suscite un sentiment de solitude, d'évasion, et de nostalgie des terres lointaines et inconnues : ce fameux *längtan* qui, il y a quelques siècles, poussait les grands hommes de la mer vers le large, exhorte encore les Suédois à trouver un bateau… et une bonne étoile pour les guider.

Ci-dessous et à droite, détails de la vie sauvage de l'archipe

4
4

LES ENVIRONS DE STOCKHOLM

Trois provinces entourent la capitale : l'**Uppland**, le **Södermanland** et le **Västmanland**. Elles s'étendent depuis la côte ciselée de la Baltique, bordée d'îles, de récifs et de petites baies, jusque dans l'arrière-pays où lacs et cours d'eau éclaircissent l'épaisse forêt. Au cœur de la région, les affluents du lac Mälaren se transforment en de longs rubans bleus qui relient les provinces à la capitale. De temps en temps, on voit passer de vieux vapeurs blancs. Le long des rives se dressent châteaux et manoirs. Cette région, qui doit sa richesse aux gisements de fer et de cuivre, est véritablement le berceau de la Suède, un livre d'histoire qui témoigne d'un glorieux passé. Et l'excellent réseau routier ainsi que les nombreux bateaux la rendent très facilement accessible.

Au nord de Stockholm, nichée dans la **plaine de l'Uppland**, à l'endroit où la mer rencontre la forêt, se trouve **Sigtuna**, une petite ville très ancienne et tout à fait charmante. Au XIe siècle, c'était un comptoir pour les tribus des Svear et des Vendel. Les marchands venaient de partout pour y ancrer leur navire. Monastères et abbayes rivalisaient pour donner à la cité la plus belle église. Aujourd'hui, Sigtuna est un bourg endormi, aux ruelles étroites et escarpées, aux petites maisons de bois rouge, et au minuscule hôtel de ville. Les vestiges des monastères médiévaux renforcent l'aspect culturel de la cité. De même pour les concerts de nuit donnés, en été, sur la pelouse du belvédère. Plus au nord, **Skokloster** est tout ce que l'on peut attendre d'un château : imposant, majestueux, hérissé de tours et abondamment décoré. C'était le siège des Wrangles, grands seigneurs du XVIIe siècle qui dominaient une grande partie de l'Europe du Nord. Aujourd'hui, leurs descendants vivent dans le vieux château, dont une partie est ouverte au public. La collection d'armes, de peintures, d'étoffes, de livres et d'anthropologie, est une des plus belles du pays. Moins d'une heure de route sépare Skokloster d'**Uppsala** (au nord de Stockholm, sur la E4). Des vapeurs font également la navette entre la capitale et Uppsala, et desservent tous les sites intéressants. Uppsala est l'ancienne capitale de la Suède, le dernier bastion du paganisme et l'une des grandes universités européennes. C'est aussi la ville que choisit Ingmar Bergman pour son film *Fanny et Alexandre*. Son enchevêtrement de vieux bâtiments pleins de charme (qui bordent la **rivière Fyrisån**) est particulièrement animé le 30 avril, à l'occasion de la grande **fête du Sista April** (fête de Walpurgis), quand les étudiants défilent, par milliers, coiffés de leur casquette blanche. La ville est également le siège de l'archevêché de l'église suédoise depuis plus de huit cents ans. La **cathédrale** est le plus grand édifice gothique de Scandinavie. Les chapelles, qui datent de 1435, et qui servent de sépulture, abritent les **reliques de saint Erik**, ancien roi et

Pages ·cédentes : ›comotive à vapeur Mariefred. A gauche, la côte de : Baltique est aussi un vaste terrain de jeux ; à droite, l'église de ·kkeberga, décorée s fresques 'Albertus Pictor.

patron de Suède, ainsi que celles des premiers rois, d'évêques et de généraux. Un impressionnant **sarcophage** de granit rouge renferme deux crânes : celui du philosophe mystique Emanuel Swedenborg (acheté à une vente aux enchères à Londres) et celui d'un marin qu'on a longtemps pris pour celui du penseur. La cathédrale contient de nombreux autres trésors d'intérêt historique et artistique : les **robes ecclésiastiques** serties d'or et des **tapisseries médiévales** notamment. De l'autre côté de la rue s'élève le **Gustavinum**. Sous sa coupole en forme de bulbe, l'amphithéâtre d'anatomie était l'ancienne salle de dissection du biologiste du XVIIe siècle, Olof Rudbeck. Sur la colline, derrière les parcs et les jardins verdoyants, le **château** domine la ville. Ce monument massif de brique rouge fut construit par Gustave Vasa. On admirera la collection de manuscrits (notamment le ***Codex Argenteus***, du XIe siècle), butins de la guerre de Trente Ans. L'université d'Uppsala connut une autre personnalité : Carl von Linné (1707-1778), le père de la classification des plantes. Sa demeure, dans le centre de la ville, a été transformée en **musée**. Elle est entourée de magnifiques jardins botaniques regroupant mille six cents variétés de plantes disposées selon les plans du savant. Au sud-est de la ville, la **ferme Hammarby**, fut la dernière demeure de Linné. C'est une maison du XVIIIe siècle pleine de charme, mi-ferme mi-manoir, aux parterres de fleurs soigneusement entretenus.

A 5 km au nord de la ville, **Gamla Uppsala** (le vieil Uppsala) est un vestige du Ve siècle. C'était le bastion de la dynastie des Yngligar. Les trois tumuli renferment, selon le *Lai de Beowulf*, les dépouilles des premiers rois Svear ; Egil, Aun et Adils. Les tertres dominent le champ funéraire de l'église paroissiale de la vieille ville. Ce curieux édifice de brique rouge a été construit sur l'emplacement de l'ancien temple païen : « Un sanctuaire entre tous illustre, qu'on appelle Ubsola, il n'est pas très éloigné de la

Les environs de Stockholm

cité de Sictona [Sigtuna] ou de Birka. Dans ce temple, qui est tout décoré d'or, le peuple vénère les statues de trois dieux, le plus puissant de ces dieux, Thor, trône au centre entouré de Wodan [Odin] et de Fricco [Freyr, Freja ou Frö]... Thor a tout pouvoir sur le tonnerre, la foudre, les vents et la pluie, sur le beau temps et sur les récoltes. Le second, Wodan — ce qui signifie la fureur — conduit la guerre. Le troisième — c'est Fricco — prodigue aux mortels la paix et la jouissance. » (description d'Adam de Brême). Tout près, dans l'auberge d'Odinsburg, vous pourrez boire de l'hydromel, la boisson des dieux scandinaves. Au nord de Gamla Uppsala, le **château d'Örbyhus** est la copie exacte de l'ancienne forteresse. Le roi Erik XIV y fut emprisonné par ses frères. On dit qu'il y mourut empoisonné par une soupe de pois. Les appartements de style Renaissance de Erik XIV ont été parfaitement préservés, contrairement au reste du château qui dut subir de nombreux remaniements depuis la fin du XVIe siècle. C'est aujourd'hui un bel exemple de construction baroque. Enfin l'endroit comporte une orangerie turque, des étables et un beau jardin anglais.

A **Älvkarleby**, le **fleuve Dalälven** se jette dans la Baltique entre d'impressionnantes falaises. Cet endroit était réputé au XIIe siècle pour la pêche au saumon. Malgré la présence d'une centrale hydroélectrique, les saumons sont toujours nombreux. Vous pourrez visiter le **musée de la Pêche** et le centre de recherche de pisciculture. A la frontière de la province, toujours sur la Baltique, se trouve **Furuvik**, dont le parc d'attractions, le plus important de la région, est le cadre idéal pour pique-niquer et camper. **Gävle** est un grand centre commercial, très animé, tout au long de l'année, de manifestations culturelles et sportives. La vieille ville, **Gamla Gefle**, aux maisons de bois rouges du XVIIIe siècle, a gardé son charme d'antan. Les vieilles locomotives à vapeur du musée du chemin de fer méritent un détour.

La vieille église de Gamla Uppsala.

Plus au nord, la petite bourgade de **Bönan** est réputée pour son hareng fumé, ou *böckling*. Son unique **restaurant** constitue une étape obligée. Le vieux **phare** de Bönan a été converti en **musée** ; vous pourrez le visiter avant de profiter des belles plages alentour. Un joli terrain de camping a été aménagé au bord de l'eau. Vous gagnerez **Oslättfors Bruk** en empruntant la route 272 Sandviken (à l'ouest de Gävle). L'**église** du village, dressée sur pilotis, se mire dans les ondes, tandis que les vieilles maisons de bois sont noyées dans l'épaisseur des forêts du **Gästrikland**. A **Norrtälje**, accessible par la 77 depuis le sud d'Uppsala, vous pourrez acheter votre hareng ou votre saumon sur la place du marché ou visiter le **musée de l'Humour**. Dans le **Roslags Museet**, on suivra avec intérêt toute l'histoire de la vie sur la côte. Un autre voyage dans le temps vous est proposé à la **ferme Wallinska**. Sur un bout de terre encore plus reculé de la Baltique, **Grisslehamn** est le site le plus voisin des **îles finlandaises de Åland**. Vous pourrez louer un bateau pour visiter les alentours ou savourer un poisson fumé dans une petite maison de pêcheur. Les stations estivales d'**Östhmmar** et d'**Öregrund**, à proximité, ont conservé certaines de leurs constructions du XVIIIe siècle. Allez au musée de plein air, **Gammelhus**, flânez le long de l'étroite **passe Tullporten**, ou vénérez le soleil sur un des nombreux rochers plats.

Au cours des XVIIe et XVIIIe siècles, le pays prospéra grâce à l'exploitation de ses gisements de fer. Des Wallons d'Écosse et de Belgique s'établirent dans la région d'Uppsala et fondèrent des forges, des fonderies, et des dynasties. Les petits centres d'exploitation, *bruk*, se développèrent à proximité des forêts, des cours d'eau et de la mer. Il y a bien longtemps que le **manoir de Forsmark** (XVIIIe siècle) ne produit plus ni canons ni socs de charrue. Désormais, ce site entouré d'îles boisées est occupé par une centrale nucléaire. Toute proche, **Österbybruk**, fondée en 1443, est la plus vieille fon-

Skokloster, le château de la famil Wrangel.

derie d'Uppland. La forge d'origine wallonne, entièrement conservée, est ouverte au public. Les jardins et les étables du **manoir** méritent aussi une visite. La bâtisse principale abrite une belle collection de scènes de chasse du peintre Bruno Liljefors. Le centre florissant de **Lövstabruk** fut jusqu'au XVIIe siècle le plus gros producteur de fer du pays. La rue, restée telle quelle, indique que les villageois habitaient de modestes cabanons uniformes, tandis que, de l'autre côté de la rue, le maître vivait dans un beau manoir agrémenté de parterres à la française. A **Rullsand**, la baie descend en pente douce et constitue une des plus belles plages de sable d'Uppland. A l'embouchure du **fleuve Dalälven**, la côte attire les véliplanchistes.

Au sud de Stockholm

Des avenues bordées d'arbres, des terrasses de café, un tramway et une élégante architecture font de **Norrköping** (sur la E4) une ville très agréable. Muni du dépliant *Norrköping à la carte*, vous bénéficierez de prix réduits dans tous les lieux publics. Dans le **parc zoologique de Kolmården**, vous pourrez faire un véritable safari scandinave au milieu d'habitats naturels et d'attractions diverses. A proximité, le **Göta Kanal** est sillonné de nombreux bateaux-promenades. Un peu plus au nord se niche la deuxième verrerie suédoise, **Reijmyre**. Vous pourrez y admirer des souffleurs. La boutique est une véritable galerie d'art. A l'écart de la route 55, le **manoir de Julita** se mire dans les eaux du lac Mälaren. Ouvert au public, il mérite un détour, en particulier pour ses salons et ses halles typiquement suédoises. Après la visite, vous pourrez boire une tasse de café dans l'ancienne étable. **Malmköping** est une étape intéressante pour ses voitures d'époque que vous pourrez admirer dans le **musée du Tramway** et le **musée des Véhicules militaires**. Le **Musée mécanique** abrite des rouleaux compresseurs, divers engins de trac-

Façades recouvertes de peinture au cuivre de Gräsö.

tion et autres véhicules de construction routière. La route longe ensuite les contours des baies et des bras du lac Mälaren et mène à **Strängnäs**, charmante petite bourgade dominée par une magnifique église gothique. Les peintures qui ornent l'autel valent à elles seules le détour. Sur la rive opposée, **Boglösa** compte des centaines de gravures rupestres de l'âge du bronze. Vous pourrez recueillir des explications sur les symboles qu'elles représentent, et sur la mythologie scandinave en général, au **musée de l'Église**. On s'arrêtera à l'**église de Härkeberga**, dont les fresques du XVe siècle, au plafond, sont l'œuvre d'un peintre itinérant, qui y illustra la vie des habitants du village. Vous gagnerez ensuite **Länna** d'où s'étire le plus long chemin de fer d'époque de Suède, **Lännakatten**, qui relie la petite ville à Uppsala. Située à l'extrémité orientale du **lac Hjälmaren**, **Örebro** est une ville très animée. C'est la capitale de la **province de Närke** et de la région montagneuse environnante, le **Bergslagen**, berceau de la métallurgie suédoise. Ses forêts alimentaient les centres d'exploitation en charbon, ses rivières tumultueuses faisaient tourner les machines, et ses lacs servaient à l'acheminement des armes, des canons et d'autres produits venant des forges familiales. **Lilla Nora** (au nord d'Örebro) est un village pittoresque avec ses vieilles maisons de bois. Non loin de là se trouve **Pershyttan**, qui exploite le minerai de fer de manière traditionnelle. Plus au nord, le **manoir de Siggebohyttan**, évoque l'opulence des anciens barons du fer. A **Löa**, le fer est encore exploité selon les méthodes d'antan, et au nord, les anciennes **mines de Stråssa** sont aujourd'hui ouvertes aux visiteurs. Vous pourrez voyager sous terre dans le convoi utilisé jadis par les mineurs. Le **restaurant** (XVIIe siècle) de **Grythyttan** (un peu plus à l'est) vous fera remonter le temps : dans un décor d'époque, vous serez invité à danser sur des musiques traditionnelles et à écouter des histoires de fantôme.

Le Mariefr[…] *sur le lac Mäla*[…]

Sur la pointe occidentale du lac Mälaren, le **château de Strömholm** est un très bel exemple du style baroque. Cette ancienne résidence royale et son centre équestre, le meilleur du pays, sont ouverts au public. A proximité du château, vous pourrez visiter le **musée de l'Automobile**, fouiner dans les petits magasins et vous restaurer à **Stenköket**. Non loin de là, la **rivière Kolbäck** et le **canal Strömholm** sont des endroits de rêve pour toutes sortes de sports nautiques. A 10 km de Västerås, la **péninsule d'Askofjärden** est dominée par la magnifique façade ocre du **château de Tidö** (XVIIe siècle). Dans une des ailes, le **musée du Jouet** compte près de trente-cinq mille pièces. Le **parc** alentour est un grand domaine de cerfs, agrémenté d'une jolie **auberge**. **Västerås** s'est développé sur une des baies du lac Mälaren. Son **église** du XIIIe siècle abrite, entre autres, les reliques du roi Erik XIV. La **forteresse** est de la même époque. Non loin de là, la **nécropole d'Anundshög** possède les plus grands tertres funéraires de l'âge du fer et des bateaux-tombes de l'époque viking. Depuis le **port de plaisance**, le plus grand de la région, les ferries partent pour la capitale.

Le **château d'Engsö**, du XIIIe siècle, comporte des installations modernes et c'est un endroit idéal pour les randonnées, la pêche, la baignade, le canoë et le camping. Les campeurs pourront aussi se rendre à **Härjarö**, situé sur un bout de terre qui s'avance dans le lac Mälaren. Sur la rive opposée se dresse la charmante petite ville de **Mariefred** avec ses vieilles maisons à colombages. **Gripsholm**, la forteresse rouge et trapue que fit construire Gustave Vasa, n'a cessé d'être modifiée et agrandie. Le **château** abrite une vaste collection de portraits historiques et un merveilleux théâtre construit par Gustave III. Près de l'allée principale se dressent des **pierres runiques** (sur lesquelles sont gravés des serpents et des bateaux stylisés ainsi que des inscriptions en *futhark*, l'alphabet runique).

Rallye de voitures anciennes à Mariefred.

LA DALÉCARLIE

Les abords méridionaux de la Dalécarlie, Dalarna, n'ont rien de vraiment suédois : le train s'achemine paresseusement à travers un paysage rural et verdoyant qui évoque davantage la campagne anglaise. Aucun trait commun avec les forêts sauvages du Småland ou l'immense toundra boréale qui commence déjà à une centaine de kilomètres au nord de la province. En s'enfonçant davantage, on pénètre dans l'ombreuse majesté de la forêt qui recouvre les deux tiers de la Dalécarlie. Et au nord de la province, le relief laisse progressivement place à la chaîne montagneuse dont les sommets, toujours plus hauts au fur et à mesure que l'on monte vers le nord, sont dominés par le Kebnekaise et ses neiges polaires. La Dalécarlie constitue ainsi une véritable zone de transition entre le doux relief de la Suède méridionale et les paysages accidentés et spectaculaires du Nord. La province elle-même se sépare en deux, avec des espaces plus densément peuplés au sud et à l'est du lac Siljan, et d'autres assez déserts, au nord et à l'ouest.

La province est souvent appelée « le cœur de la Suède », non pour sa position géographique (c'est le Medelpad, plus au nord, qui se trouve au centre du pays), mais parce qu'elle est la région la plus typique et la plus visitée. D'ailleurs, les dépliants touristiques présentent la Dalécarlie comme une « province du Folklore ». Elle mérite bien ce surnom, coutumes et traditions faisant partie intégrante de la vie quotidienne, même si elles sont souvent ravivées pour le plaisir des visiteurs. Les fêtes, en particulier la *midsommar* (la nuit de la Saint-Jean), sont l'occasion de revêtir les vieux costumes folkloriques. Et les *spelmanstämmor*, festivals de musique folklorique dominés par le son des violons, sont des événements estivaux très populaires.

Mais la province n'est pas pastorale pour autant, loin de là. Sa capitale, Falun, est un centre industriel depuis près de neuf cents ans, tandis que, au sud, le **Bergslagen**, berceau de l'industrie métallurgique suédoise, est exploité depuis plusieurs centaines d'années. Le district du Bergslagen s'étend par-delà la Dalécarlie et recouvre une partie du Värmland et du Västmanland. Il mérite d'être exploré par les passionnés d'archéologie industrielle. Les sites les plus prometteurs sont facilement repérables sur une carte : il suffit de relever la topographie finissant par *gruva* ou *berg*, qui désignent les mines, ou par *hytta* ou *bruk*, qui se rapportent aux lieux d'exploitation.

Pages ...écédentes : lueurs ...usculaires sur le lac Siljan. A gauche, teintes d'automne ...alécarlie ; à droite, cabine ...éphonique ...écoration ...itionnelle.

Gränsgesberg, Avesta, Hedemora et Säter

A proximité de Ludvika, Grängesberg est un centre sidérurgique important toujours actif. L'installation du chemin de fer fut financée par Londres au XIXe siècle. Le **musée du Chemin de fer** abrite des locomotives utilisées jadis pour les convois de minerai de fer.

SUR LA RIVE DU LAC SILJAN

Cet immense lac, au cœur de la Dalécarlie, serait dû à la chute, il y a quelque 360 millions d'années, d'une météorite géante. Dans les petits villages fleuris, disséminés tout autour du lac, ont lieu les fêtes de *midsommar* les plus pittoresques de Suède. A **Rättvik**, les villageois, vêtus de leur costume traditionnel, utilisent encore les « bateaux d'église », de longues embarcations de bois, pour se rendre à la messe annuelle. Dressée sur un petit promontoire qui s'avance dans le lac, l'église est un magnifique édifice, immense comparé à l'architecture miniature du village. Bâtie en partie au XIIIe siècle, elle est particulièrement intéressante pour ses fresques d'art rural. Les scènes bibliques ont été recréées dans un décor dalécarlien typique (dans la teinte dite « bleu de Dalécarlie ») et reflètent l'époque où elles ont été exécutées : les prophètes de l'Ancien Testament portent des queues-de-pie et des hauts-de-forme. En longeant la rive du lac vers le nord, avant de gagner Mora, faites une halte à **Nusnäs**. Le petit village est réputé pour ses *dalahäst*, les chevaux de bois traditionnels de Dalécarlie. Ces petites sculptures de bois sont devenues un symbole national après avoir été présentées à l'Exposition universelle de New York, en 1939. Le cheval de Dalécarlie est à l'origine un produit artisanal, mais il est fabriqué en série à Nusnäs depuis 1928. Vous pourrez assister à la fabrication et à la décoration de ces chevaux qui constituent aussi de jolis souvenirs. Situé au bord de l'eau, **Mora** est une ville paisible et un centre de tourisme important doté d'un aéroport. Elle est surtout connue pour être la ville natale d'un des artistes suédois les plus célèbres, Anders Zorn, contemporain et ami de l'autre peintre dalécarlien de réputation mondiale, Carl Larsson. Mais les œuvres de Zorn et de Larsson ne relèvent pas de la même inspiration, le premier s'étant spécialisé dans les portraits aux traits énergiques, l'autre dans des scènes d'intérieur de style Art nouveau. A Mora se trouvent un **musée** dédié à Anders Zorn, ainsi que la demeure et l'atelier de l'artiste. Le mobilier et la formidable collection d'argenterie (la plus grande du pays après celle de la famille royale) ajoutent à la beauté des pièces.

En longeant le lac vers le sud, faites un détour par **Sollerön**, l'île du soleil. Elle passe pour être l'endroit le plus ensoleillé et le plus chaud de la région. C'est un des rares endroits où l'on fabrique encore les « bateaux d'église », descendants directs des bateaux vikings, ou *knorr*. L'île abrite aussi de belles tombes vikings, mais l'église date du XVIIIe siècle. Vous trouverez également une boutique d'artisanat remarquable. **Gesundaberget**, sur le continent, offre un panorama magnifique sur le lac. La petite montagne est flanquée d'un parc d'attractions relativement récent, **Tomteland**, destiné au jeune public. Il aurait été construit pour rivaliser avec un parc du même genre situé en Finlande. On peut y rencontrer le père Noël et lui commander des cadeaux, admirer les animaux, notamment l'étrange et rare bœuf musqué, et visiter les ateliers de fabrication de jouets. En longeant la rive occidentale vers le sud, la route mène à la **péninsule de Siljannäs**, dotée d'un centre touristique où l'on peut pratiquer toutes sortes d'activités sportives. Non loin de là, les deux vieux villages, **Alvik** et **Almo**, conservent de belles maisons de bois, remontant en partie au XVIIe siècle. **Leksand**, situé à l'extrême sud du lac, est un village très animé, avec une population de quatre mille cinq cents habitants. C'est aussi un haut lieu culturel avec de nombreuses manifestations estivales, telles que le *Himlaspelet*, pièce traditionnelle jouée chaque année dans un théâtre de plein air. Le village abrite également le plus vieux musée de la région ainsi qu'un centre culturel plus récent. Tous deux illustrent parfaitement l'histoire de la vie, des arts et des coutumes de la région.

Tällberg, à 11 km au nord de Leksand, est un des sites les plus connus des environs du Siljan, et sa faible population (cinq cents habitants) double chaque été. Tällberg est un petit village typique, avec son mât de printemps et ses maisons en rondins. Admirablement situé sur une petite colline, il domine le lac.

Dans la ville même de **Ludvika**, l'exploitation minière commença dès le XVIe siècle. La ville possède un beau **manoir**, parfaitement conservé, qui appartenait au propriétaire de la mine. Le **musée** qu'il abrite actuellement contient notamment une impressionnante roue à eau, devenue le symbole de la ville. A la frontière sud-est de la province, la grande ville d'Avesta a également un long passé industriel qui remonte au XIVe siècle. La société Avesta, jouit d'une renommée internationale pour la qualité de son acier. C'est ici qu'était frappée pour une grande partie la monnaie suédoise. Le musée de la Monnaie (**Myntmuseet**) possède la pièce la plus grande du monde, qui date de 1644 : elle est en cuivre et pèse 20 kg. Hedemora est la ville la plus ancienne de la région. Elle reçut sa charte en 1459, mais elle fut une place de marché importante bien avant cette date. Son **église** est en partie du XIIIe siècle. La municipalité a fait tracer une voie-musée carrossable d'une vingtaine de kilomètres, appelée **Husbyringen**. Elle s'étire au nord-est de la ville et permet de découvrir de nombreux vestiges industriels. En prolongeant votre route vers le nord-est, vous pourrez faire une halte intéressante à Säter, qui passe pour être une des sept villes de bois les mieux préservées du pays. Mais elle ne reçut sa charte qu'en 1642, et n'a pas le charme vieillot de Hedemora.

Mâts totémiques du Midsommar.

Falun

La capitale du cuivre, Falun, a une riche histoire industrielle. La ville est le siège de la société **Stora**, ex Stora Kopparberg (« la grande montagne de cuivre »), dont l'histoire commença au XIIIe siècle. Elle connut son heure de gloire au XVIIe siècle, période qui correspond à l'ère de prospérité nationale. Carl von Linné, décrivit la mine, Falu Gruva, comme « la plus grande merveille de Suède, mais aussi terrifiante que l'enfer ». A son apogée, elle représentait deux tiers de la production mondiale de cuivre.

Le grand fossé, profond de 99 m et large de 396 m, est dû à l'éboulement de 1687 qui provoqua l'effondrement des galeries et des chambres jusqu'à plus de 304 m. En 1914, le puits de mine qui s'y trouvait fut fermé au public, mais il a été ouvert à nouveau il y a quelques années, pour le plus grand plaisir du public. Les visiteurs doivent s'équiper de bottes de caoutchouc, d'imperméables et de casques de protection avant de pénétrer dans l'ascenseur qui pénètre à 55 m sous terre. Une galerie conduit jusqu'aux vieilles parties de l'installation, le **puits de Creutz**. Il fut ouvert en 1662 et s'enfonce à 207 m sous terre. Les puits, les galeries et les chambres ont tous été baptisés : la **galerie Cadeau de Noël** fut nommée ainsi à cause du jour de sa découverte, celle **de la Paix générale** doit son nom à la courte paix qui suivit le traité signé par l'Angleterre et la France en 1801. Nul doute que ces galeries souterraines aient été jadis un véritable enfer. Les hommes devaient extraire le minerai à la lueur de leur torche et à l'aide d'outils rudimentaires : pioches et

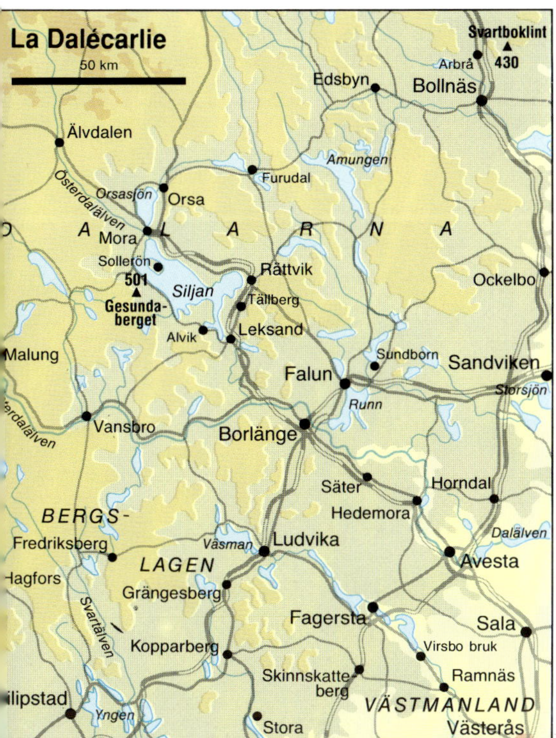

cordes. Près du **musée de Stora Kopparberg**, à deux pas du grand fossé, s'élève le vieux **laminoir** en fonte de 1882. L'étonnante collection du musée constitue un bel héritage industriel. Falun est aussi connu pour avoir donné naissance à la couleur typique des maisons de bois de toute la Suède, une couleur rouille appelée *falurîd*, « rouge de Falun » due à la présence du cuivre, qui protège les habitations des intempéries. Mais, si l'extraction minière représente l'activité industrielle dominante, elle n'est pas la seule à justifier l'expression « archéologie industrielle », qui englobe également les chantiers navals, les chemins de fer, les industries du bois et du textile. Mais les mines sont sûrement les plus fascinantes.

Sundborn est une petite bourgade pittoresque. C'est là qu'habita, au début du siècle, le peintre Carl Larsson (élève de Bastien-Lepage). La maison, située près du lac, est restée en l'état. Elle est ouverte au public. L'œuvre de Carl Larsson, qui représente des scènes de vie de famille (la sienne), est largement inspirée de l'art dalécarlien traditionnel. **Sälen** est traversé par une route qui mène jusqu'à la frontière norvégienne. Mais la petite ville est également le point de départ du plus long marathon de ski de fond : la Vasaloppet, soit 30 km à travers la forêt dalécarlienne jusqu'à **Mora**. Chaque année la Vasaloppet (« course de Vasa ») commémore ainsi, le premier dimanche de mars, le parcours que fit à skis Gustave Vasa pour échapper à ses ennemis. Le marathon rassemble chaque année plus de dix mille skieurs, parmi lesquels le roi lui-même.

La route du cuivre

La route du cuivre s'étire d'est en ouest, formant une large ceinture au centre de la Suède. En la parcourant, vous découvrirez la plupart des trésors industriels du pays. Ce formidable foisonnement est dû à la découverte, au XVIIe siècle, de nombreux gisements,

Apprivoise la matière.

mais aussi à des conditions géographiques optimales : forêts environnantes qui fournissaient le charbon et rivières qui représentaient une source d'énergie appréciable. Si l'activité minière ne cesse de décliner, la production métallurgique poursuit son cours, essentiellement grâce à l'importation des minerais et à l'installation de centrales hydro-électriques. Aujourd'hui, l'exploitation à grande échelle est principalement localisée dans les régions septentrionales.

Le cuivre n'était pas le seul trésor de Falun. Non loin de là, à **Korsä Bruk** (34 km à l'est) la forge de type Lancashire, avec ses roues à aube et ses marteaux-pilons, est aujourd'hui un véritable monument. Le minerai de fer était aussi extrait à **Vintjärn**. Vous pourrez suivre la route **Malmensväg** par laquelle les minerais étaient acheminés jusqu'à Ågsbruk, avant d'être transportés, via la Järnetsväg, la route du Fer, à la forge de Korsä.

Le district du Bergslagen

La plus grande zone minière se développa dans le district du Bergslagen, au sud de Falun. L'activité minière y fut l'industrie dominante pendant près de six cents ans. A **Längban**, plus de deux cents sortes de minerais ont été découvertes, faisant du site la source la plus riche du monde entier. Längban a préservé son petit village minier, avec ses puits de mine, son haut fourneau, construit en 1855, et son musée. La région est parsemée d'anciens centres tels que **Mörkhult**, **Gäsgruvan**, **Högbergsfjället** ou encore les vieilles mines d'argent de **Hornkullen**. De nombreux hauts fourneaux parfaitement préservés, certains relativement petits, d'autres ressemblant plutôt à des fours céramiques, jalonnent le paysage. Ceux de **Storbrohyttan**, **Brattfors** (près de Filipstad), Saxä (entre Filipstad et Lesjöfors) Motjärnshyttan (près de Lesjöfors), et de Torsby méritent d'être visités. Parmi les fonderies bien conservées figurent celles de **Löa** et de **Surahammar**, laquelle est dotée d'un joli musée où l'on peut voir des outils et des modèles réduits. A l'ouest, **Kopparberg** possède également son **musée** et, un peu plus au sud, la vieille mine de **Strässa** est ouverte au public pour une descente à 195 m sous terre. Les abords de **Nora** (au nord d'Örebro), aujourd'hui petite ville paisible au bord d'un lac, témoignent aussi d'une ancienne activité industrielle fébrile. A **Pershyttan**, on produisait déjà du fer au XIVe siècle. Les hauts fourneaux, dont un est en parfait état de conservation, évoquent avec force les balbutiements industriels. A **Sigebohyttan**, (au nord de Nora) les maisons des propriétaires de mine donnent une image éloquente de ce à quoi pouvait ressembler la vie des anciens mineurs. Les propriétaires, qui représentaient la nouvelle aristocratie, se faisaient construire de magnifiques manoirs, dont certains ont survécu à l'épreuve du temps. C'est le cas notamment de **Hennickehammar** et de **Saxäs Herrgärd**, aujourd'hui convertis en charmants hôtels.

Plus à l'ouest, dans la province du Värmland, **Munkfors**, qui aujourd'hui possède une des plus importantes aciéries de Suède, a conservé sa vieille installation — **Gamla Bruket** — avec ses ateliers, ses bureaux et son manoir. Le grand **musée de Ransäter** conserve un marteau-pilon à eau. A l'est, le **Gästrikland** a également su préserver son héritage minier. Les centres les plus intéressants sont **Gysinge**, **Tjärnäs** et **Vidbyhyttan**, où subsiste une fonderie inaugurée sous Gustave Vasa. Le haut fourneau de l'aciérie d'**Edske** est d'un intérêt particulier. Il fut le premier à faire appel à la technique de Bessemer. Entre Fagersta et Avesta, **Norberg** abrite la fameuse roue à aubes de 15 m de diamètre construite par le célèbre inventeur Polhem : **Polhelmshjulet**. Plus au nord, sur la Baltique, vous pourrez découvrir le complexe d'**Iggesund** transformé en **musée**. Il est resté pratiquement intact, avec ses hauts fourneaux, son convertisseur Bessemer, ses marteaux ainsi qu'un tronçon de sa vieille roue. Non loin de là s'élèvent le **haut fourneau de Moviken** et la forge du XVIIIe siècle de **Strömbacka**.

BLIZZARD
BLIZZARD

LES PROVINCES DU CENTRE

Cinq provinces occupent le centre du pays : le Gästrikland, le Hälsingland, le Medelpad, le Härjedalen et le Jämtland. Les trois premières s'étendent le long de la Baltique et forment « la Côte vierge » (**Jungfrukusten**). Les deux dernières présentent des forêts et des lacs, puis, quand on remonte vers le nord, un paysage accidenté.

Le Gästrikland

La petite province du Gästrikland s'organise autour de **Gävle**, au sud-est. De prime abord, cette ville côtière semble ne présenter aucun intérêt. Vieille de plus de cinq cents ans, elle fut ravagée par de nombreux incendies, et est aujourd'hui avant tout un centre commercial. Cependant, le visiteur ne doit pas se laisser décourager par cette première impression, car la ville renferme bon nombre de particularités. Le **château**, construit par Jean II, et l'hôtel de ville, érigé à l'époque de Gustave III, sont intéressants. La somptueuse façade jaune du **théâtre** de Gävle en fait le plus beau théâtre municipal de Suède. Au sud de la ville, vous pourrez découvrir le charme de **Gamla Gefle**, la vieille ville, aux ruelles et aux anciennes maisons parfaitement conservées. Le quartier des artistes est également resté authentique. **Länsmuseet**, le musée municipal, est dédié à l'histoire du Gästrikland et du Hälsingland. Aménagé sur quatre étages, il renferme seize mille pièces dont un véritable joyau, le **bateau de Björke**, l'un des plus vieux vestiges de constructions bordées à clins, qui constitue l'une des trouvailles les plus importantes de Scandinavie. **Järnvägsmuseet**, le musée du Chemin de fer, à l'extérieur de la ville, est tout aussi passionnant. Il abrite de magnifiques locomotives, une trentaine de wagons et de beaux modèles réduits. Le **musée Sylvanum**, vaste et moderne, est consacré à l'industrie du bois. Vous pourrez aussi profiter de la nature et flâner le long de la rivière, au **Stadsträgården**, le jardin municipal, et au **Boulognerskogen,** le bois de Boulogne, qui ensemble forment l'un des plus grands parcs municipaux du pays. A quelques kilomètres au sud de la ville, l'immense parc d'attractions **Furuvik** comporte un terrain de camping, des endroits pour se baigner, des jeux pour enfants, un hôtel, des restaurants et un parc zoologique. Gävle est la cinquième ville du pays et le centre commercial le plus important de la région. Ses diverses manifestations sportives et culturelles en font un véritable pôle d'attraction. Enfin, détail appréciable, c'est l'une des rares villes qui soit animée le soir. Le Gästrikland est aussi le prolongement du berceau de l'industrie métallurgique suédoise, le **Bergslagen**. **Sandviken**, situé au cœur de la province, fut un des premiers centres sidérurgiques du pays. En 1860, un certain Göransson adopta la méthode de Bessemer, et fonda **Sandvik**,

Pages [...]cédentes : [...]nnforsen, [...]ès de Åre, dans [...] Jämtland. A gauche, [...]u sommet [...]reskutan ; [...]roite, vue [...] la rivière Ljusnan.

aujourd'hui l'une des aciéries suédoises les plus réputées au monde. En été, des visites guidées de l'installation sont proposées. Un peu plus au nord, à **Högbruk**, ancien centre d'exploitation entièrement conservé, vous pourrez voir le premier convertisseur Bessemer. A 80 km au nord de Sandviken, la petite bourgade de **Jädraås** est connue pour son chemin de fer. Les week-ends d'été, le petit train à vapeur fait une promenade pittoresque le long d'une voie étroite. Ce train est typique des convois que l'on utilisait jadis pour charrier les minerais et les troncs d'arbres. Mais il compte aussi parmi ses wagons celui qu'utilisait le roi Oscar II pour aller chasser l'ours en Dalécarlie. Sur la côte, à quelques kilomètres au nord de Gävle, s'élève le **phare de Bönan**, aujourd'hui transformé en musée. Le site est réputé pour sa spécialité de hareng fumé, que l'on peut également déguster à **Engeltofta**, accessible par bateau depuis Gävle (départs le vendredi soir). On peut cependant savourer le hareng (dont la pêche est importante), accompagné de pommes de terre chaudes et de beurre à l'aneth, dans tous les petits ports de pêche du littoral, notamment à **Skärså**, charmant village de pêcheurs au nord de Söderhamn.

Les deux grandes villes de la province, Söderhamn et Hudiksvall, sont situées sur la côte, que longe l'autoroute E4. Flanqué de deux collines, **Söderhamn**, fondé en 1620, est une ancienne ville de garnison. Une partie de la manufacture d'armes, aujourd'hui désaffectée, a été transformée en **musée**. De nos jours, la ville est avant tout un centre de commerce doté de larges rues piétonnes. Mais chemin faisant, vous découvrirez l'**église Ulrika Eleonora**, érigée en 1693 selon les plans de Tessin le Jeune. Vous pourrez également vous promener le long du canal, et faire des excursions en bateau dans l'archipel. A l'est de la ville, juchée au sommet de la colline, la **tour d'Oskarsberg** offre un splendide panorama sur les alentours.

Préparatio au marathon dansant, le Hambo, qui dure toute une journée.

En suivant la E4 vers le nord, avant d'aller à Hudiksvall, arrêtez-vous à **Iggesund**, un ancien centre d'aciérie et de scierie converti en **musée**. Il retrace les activités de l'installation et abrite de vieux hauts fourneaux et un convertisseur Bessemer. Vieille de plus de quatre cents ans, la ville de **Hudiksvall,** incendiée par les Russes en 1721, a conservé sur le **Strömmingskanal** quelques *sjöbodar*, des maisons de pêcheurs sur pilotis. Au siècle dernier, alors que l'industrie du bois était florissante, la ville était réputée pour le train de vie luxueux de ses habitants et pour son *punsch* (liqueur suédoise) ; témoin de ce passé fasteux, son **théâtre**, inauguré en 1882. Hudiksvall est resté une ville coquette et très animée. A l'est de la ville, sur la presqu'île, **Kuggörarna** est un ancien petit village de pêche. Bordées de galets et de rochers plats, les petites maisons rouges sur pilotis se dressent dans le silence de la Baltique, aucun établissement ne venant troubler la quiétude des lieux.

Le Hälsingland et le Medelpad

C'est à l'intérieur des terres que le Hälsingland révèle toute sa splendeur. Ses collines bleutées surplombent un vaste tapis de champs, de lacs et de forêts, qui à la fin de l'été abondent d'airelles et de myrtilles. Rien d'étonnant à ce que cette province soit considérée comme une des plus belles de toute la Suède. La forêt commence dans la **vallée du Ljusnan**, à la hauteur de la petite ville de **Ljusdal**, à l'intersection des **rivières Ljusnan** et **Hennan**. A quelques kilomètres au nord-ouest de Ljusdal, sur la 84, se trouve le **musée de plein air de Lassekrog**, qui regroupe d'anciennes huttes de charbonniers. On doit cette reconstitution à l'écrivain suédois Albert Viksten. Dans la vieille auberge, qui date du XVIIe siècle, on peut encore faire cuire son pain au charbon. Au sud de Ljusdal (sur la 83), blottie au pied des montagnes, la charmante bourgade de **Järvsö** est un centre de villégiature et de sports

Attelage aditionnel.

d'hiver très apprécié. L'église paroissiale s'élève sur l'**île Kyrkön** (« île de l'église »), qui date des années 1830. La chaire est un vestige de l'église précédente. Le presbytère, qui date de 1731 et qui a servi jusqu'en 1879, a été transformé en **musée**.

Le **centre artisanal de Stenegård** (en dehors de la ville), avec ses ateliers de verrerie, d'argenterie, de forge et de menuiserie, est très pittoresque. C'est là qu'a lieu, une fois par an, la grande finale du Hambo, une compétition de danse folklorique au cours de laquelle trois mille participants, vêtus de costumes traditionnels, parcourent un long chemin depuis Bollnäs. Plus que toute autre région, le Hälsingland a su conserver un art de vivre authentique qui s'exprime tant dans son artisanat que dans ses habitations. Celles-ci, qui lui ont valu le surnom de « Royaume des châteaux de bois » (*Träslott*) sont de vieilles fermes dont les intérieurs sont décorés de *allmogemåleri*, une décoration typiquement rurale héritée des peintres itinérants. Murs et meubles ont été décorés de scènes bibliques et de motifs naïfs (scènes de fêtes traditionnelles, motifs floraux et animaliers...). Aujourd'hui, cet art est ressuscité par un grand peintre suédois, originaire du Hälsingland, Mårten Andersson. Sur la route qui relie Järvsö à Bollnäs (sur la 83), **Träslottet**, à la hauteur d'Arbrå, est un « château de bois » typique. Ouvert en été, il abrite une exposition de vieilles porcelaines mais aussi des meilleurs produits à usage domestique et agricole fabriqués en Suède pendant l'année. On peut aussi y savourer des spécialités nordiques, en particulier de la viande de renne et des baies polaires. Ne manquez pas de goûter la spécialité régionale, *ostkaka*, un gâteau de fromage nappé de sirop de framboise.

Bollnäs ne présente guère d'intérêt, si ce n'est ses bonbons à la menthe. En revanche, le paysage alentour est une véritable invitation à la promenade. **Delsbo**, au nord-est, rassemble chaque année, pour le *Delsbostämman*, la Fête musicale, de nombreux violo-

Musiciens du Delsbostämman.

neux. La ville constitue une halte intéressante avant de traverser la contrée de **Dellenbygden**. Celle-ci, accessible par la route de Friggesund et de Hassela, révèle entre d'épaisses forêts un paysage rural suédois caractéristique. C'est aussi l'endroit rêvé pour toutes sortes d'activités de plein air : canoë, randonnées, etc.

La province du Medelpad, qui longe le littoral, est la dernière étape avant de franchir les régions plus accidentées du Härjedalen et du Jämtland. Principalement industrielle, la grande ville de **Sundsvall** est joliment située. Elle s'étend jusqu'à l'**île d'Alnö** qui offre de belles plages. Au centre de l'île s'élève une belle église du XIIIe siècle. En face, le **village-musée Hembygdsgård** compte une vingtaine d'habitats traditionnels. Réunies, les provinces du Medelpad, du Härjedalen et du Jämtland représentent une surface comparable à celle du Danemark, soit environ 50 000 km². Mais sur cent trente-cinq mille habitants, le tiers est établi à Östersund, la seule ville du Jämtland. C'est dire l'isolement des Suédois sous ces latitudes... et l'immensité des espaces vierges, peuplés uniquement de lynx, d'ours, de gloutons et d'élans. A l'est et au sud-est de cette vaste région, les collines dominent des forêts denses et entrecoupées d'innombrables lacs et de rivières. A l'ouest, les montagnes du Härjedalen, qui culminent à 1 800 m, se prolongent vers le nord le long de la frontière norvégienne.

Les quatre **rivières Ångermanälven**, **Indalsälven**, **Ljusnan** et **Ljungan** (qui abondent en truites et en ombres) et les quatre mille lacs et cours d'eau, font de cette région un véritable paradis de la pêche. Si les perches, brochets et autres poissons à chair blanche dominent dans les endroits boisés, de nombreux lacs de montagne regorgent de salmonidés, une famille réintroduite par l'homme il y a quelques années. La plupart du temps, la pêche est ouverte au public, il suffit de se procurer un permis, bon marché, auprès des offices de tourisme.

Le tout est de ne pas manquer son train...

Le Härjedalen et le Jämtland

Le Härjedalen fut longtemps la province la plus touristique de Suède et, aujourd'hui encore, ses pistes accidentées attirent de nombreux skieurs. On y vient également en été pour faire de longues randonnées, respirer l'air pur et admirer la nature. Le paysage est spectaculaire, surtout près de la frontière norvégienne, sur le **plateau de Flatruet** (975 m). La route qui borde le plateau (de Funäsdalen à Ljungdalen) garantit les sensations fortes. Plus au sud, la **réserve naturelle de Rogen**, avec son dédale de cours d'eau, est un endroit idéal pour le canoë. Le paysage, façonné à l'ère glaciaire, est un vaste chaos de roches défoncées et éclatées. Traverser le Härjedalen, c'est parcourir de longs kilomètres au milieu d'une forêt interminable : il s'agit pour l'automobiliste de ne pas se laisser hypnotiser par cette monotonie. **Vemdalen**, avec son église octogonale au clocher en bois, mérite bien ce trajet, d'autant plus qu'à la belle saison les activités artisanales, filage et tissage, reprennent vie. Derrière le village, une route grimpe sur les flancs des montagnes et ouvre la porte du Jämtland.

Cette province, une vaste étendue de lacs, de marais et de montagnes au cœur de laquelle s'est développé **Östersund**, est la plus importante des provinces du centre. La ville a grandi sur la rive du **lac Storsjö**, dont la plus grande île est **Frösö**. Il s'agissait autrefois d'un lieu de cultes sacrificiels rendus en l'honneur de Frö (ou Freyr, Freya, Freja), divinité de la fécondité. On y a retrouvé une pierre runique, aujourd'hui située devant **Hornbergskyrka** (l'église près du pont qui relie l'île à la ville). Plus récente, la vieille **église de Frösö** remonte en partie au XIIIe siècle. La nef et le porche datent du début du XVIIe siècle, l'autel et la chaire de 1708 et 1781. Le clocher en bois, en face de l'église, fut érigé en 1754 et a depuis connu maints remaniements. La cloche principale a été forgée au XIVe siècle, vraisemblablement à Stockholm. A cinq minutes à pied de l'église, la **tour de Stocketitt** offre une vue saisissante sur la vallée parsemée de lacs, sillonnée d'une myriade de cours d'eau avec, en toile de fond, les contours toujours changeants des montagnes **Oviksfjällen**. Le musicien Vilhelm Peterson Berger (1867-1942) s'établit à Frösö vers la fin de sa vie, et, chaque année, on donne dans l'île son drame musical *Arnljot*. Frösö comprend également un **parc zoologique** de 21 ha. Le **terrain de golf** est en parfait état, malgré de longs mois passés sous d'épaisses couches de neige. Comme souvent en Suède, la ville a son **musée de plein air**. La plupart du temps, il s'agit d'anciens habitats reconstitués, avec, à l'occasion, des espaces d'exposition, des ateliers d'artisanat et un café. Celui d'Östersund, **Jamtli**, fondé en 1912, a la particularité d'être très vaste et de regrouper soixante vieilles constructions parmi lesquelles une *fäbod*, sorte de cabane que les bergers habitaient en été lorsqu'ils menaient leur troupeau en pâture. Le musée comporte également une ancienne boulangerie,

Le lynx, un animal protégé.

une forge et une vieille auberge. Dans l'ensemble, les bâtisses datent des XVIIIe-XIXe siècles. En été, les ateliers reprennent leurs activités et on peut voir se dérouler, comme autrefois, différents travaux artisanaux, auxquels on peut même prendre part. Le **Musée régional** renferme un objet pour le moins insolite : un piège muni de crochets et de câbles, et destiné à une capture exceptionnelle. Le lac Storsjö serait en effet habité par un monstre, or, les pêcheurs étant toujours rentrés bredouilles, on fit don du piège au musée... Aujourd'hui, les chasseurs avertis peuvent toujours tenter de relever le défi en se rendant sur le lac à bord du *Thomee*, vieux vapeur de 1875. Au sud-ouest, avec ses sommets qui peuvent atteindre une hauteur de près de 1 800 m, le Jämtland est idéal en été pour les randonnées pédestres, et, pendant les longs mois d'hiver, pour les descentes à skis. Il y a des millions d'années, la fonte des glaces a forgé un paysage chaotique semé de formations étranges et impressionnantes, telles que le canyon situé entre les **montagnes Dromfjället** et **Falkfangarfjället** (la route la plus proche s'arrête à la hauteur de Högelkarldalen). De même pour les environs de **Vallbo**, où l'on accède par une petite route depuis **Undersåker**.

En attendant l'élan.

Un coup d'œil sur une carte suffit pour constater qu'il n'y a guère qu'une seule grande voie pour se rendre en Norvège, la E75. Elle doit son tracé aux anciens pèlerins qui se rendaient à Nidaros (ancien nom de Trondheim), en Norvège, en hommage à saint Olaf. Elle a par la suite été le théâtre de nombreux conflits entre la Suède et la Norvège, ce qui explique la présence de vestiges d'anciennes fortifications. Des monuments (Handöl, Ann, Duved et Butsvalen) ont été érigés en mémoire de la bataille de Fredriksten (1718). Le roi Charles XII avait décidé d'attaquer la forteresse de Fredriksten, au sud de la Norvège, par le nord. Mais il fut tué, et son armée dut se retirer, perdant en chemin trois mille de ses soldats qui succombèrent au froid. Plus tard encore, au cours du XVIIIe siècle, cette voie fut une véritable route du cuivre qui fut à l'origine d'une zone d'activité intense. Aujourd'hui, la E75 est essentiellement utilisée pour découvrir de magnifiques étendues sauvages et accidentées. A mi-chemin entre Östersund et la frontière, s'élève **Åreskutan**. Un funiculaire grimpe le long de son flanc, depuis le centre, jusqu'à 1 420 m d'altitude. De là, on peut prendre la télécabine et arriver à 700 m du sommet, il ne reste alors qu'un petit bout de chemin à parcourir avant de voir se déployer, de part et d'autre du pic, un paysage de toute beauté. Tout près de Åre, **Tännforsen** offre avec ses chutes de près de 40 m un spectacle fascinant. De même pour **Ristafallet**, plus à l'est, près de Halland. L'eau, dans cette région, est omniprésente, et, tandis que les ruisseaux et les rivières serpentent tranquillement le long des vallées, chutes, torrents, cascades et cataractes se précipitent en grondant. Plus au nord s'étend un vaste tissu de lacs, de forêts et de marais.

LA LAPONIE

On pouvait lire, dans le guide Baedeker de la Suède et de la Norvège, publié en 1892 : « La vaste région du Norrland est rarement visitée par les voyageurs, les centres d'intérêt étant rares, les distances très longues et les voies de communication défectueuses. » Un siècle plus tard, la nature intacte et l'air pur font de la province la plus vaste et la plus septentrionale de la Suède une région de plus en plus appréciée. Certes, les distances sont encore importantes, mais les réseaux de communication ont été améliorés. Le Grand Nord est désormais desservi par des liaisons ferroviaires et l'état des routes est bon. Quant aux « rares » centres d'intérêt... le paysage grandiose n'est-il pas à lui seul une curiosité ? Les plateaux, les montagnes, les lacs et les collines lapons figurent parmi les plus spectaculaires d'Europe. La meilleure façon de découvrir l'immensité lapone est de commencer par l'intérieur des terres, en empruntant la route 88 (en direction du nord). Au fur et à mesure que vous avancerez, apparaîtront des paysages toujours plus fantastiques.

La petite ville de **Dorotea** doit son nom à la reine Vilhelmina Dorotea, épouse de Gustave IV Adolphe. Le **restaurant** de l'**hôtel Dorotea** en fait une étape gastronomique. Située sur le **fleuve Ångermanälven**, **Vilhelmina**, qui s'est développée autour d'une église impressionante, est bien plus intéressante. A l'écart de la grand-route, de petites maisons de bois très bien restaurées sont accrochées à flanc de côteau. Depuis Vilhelmina, une route secondaire longe le **lac Malgomaj** et donne accès à de magnifiques montagnes, en particulier **Klippfjäll** et **Kittelfjäll**. La région est quasi inhabitée, et vous ne traversez que des paysages accidentés et vierges. Les sommets culminent à 1 375 m. Depuis Kittelfjäll, la route mène à la frontière norvégienne, à **Skalmodalen**, avant de croiser la E6 à la hauteur de Trofors, au sud de Mosjoen. La E6 borde la

côte norvégienne, à quelques kilomètres de la frontière. **Storuman** est un nœud de communication important, traversé également par la E79, couramment appelée ***Blå vägen***, la « Route bleue ». Longeant le **fleuve Umeälven** ainsi qu'un nombre infini de lacs, elle commence sur la côte du golfe de Botnie, à **Holmsund**, et passe par **Lycksele** (à mi-chemin entre Storuman et Holmsund). Le grand **parc zoologique de Lycksele** compte essentiellement des espèces nordiques. Après Storuman, la route se poursuit jusqu'à **Mo i Rana**, en Norvège, où elle rejoint la E6. De Storuman, la 88 conduit à **Slagnäs**, où une route secondaire, bien plus pittoresque que la grande voie 95, vous fera découvrir le site enchanteur d'**Arjeplog**. Située entre deux lacs, la bourgade baigne dans une merveilleuse quiétude. Les eaux de **Hornavon** sont les plus profondes de toute la Suède (221 m). Arjeplog est l'un des villages lapons les plus intéressants, avec pour principale attraction le **Silvermuseet**, le musée de l'Argenterie. Installé dans une vieille école de bois, il relate l'histoire fascinante de la région, notamment des Lapons (ou Samis). On le doit à Einar Wallquist, le « docteur des Lapons ». Ce médecin s'établit dans la petite ville en 1922 et rassembla toutes sortes d'objets issus de la culture de ce peuple. En 1966, il fonda le musée, qui contient la plus belle collection d'argenterie sami, ainsi qu'une multitude d'objets relatifs à l'époque et aux coutumes des habitants de la contrée. Avant de quitter Arjeplog, ne manquez pas d'admirer l'église, construite sous le règne de la reine Christine. Les automobilistes doivent être vigilants à l'égard des rennes, qui peuvent surgir sur la route à tout moment.

Arjeplog est situé à mi-chemin entre Skellefteå, sur le golfe de Botnie, et Bodö, sur la côte norvégienne. La route 95, qui les relie, porta tout d'abord le nom de Silvervägen, route de l'Argent. Au cours du XVIIe siècle, le **massif de Nasafjäll** (à la frontière) était entouré de mines. Le métal pré-

Pages précédente vue du sommet du Kebnek rennes et bergers ; la récompe du randon

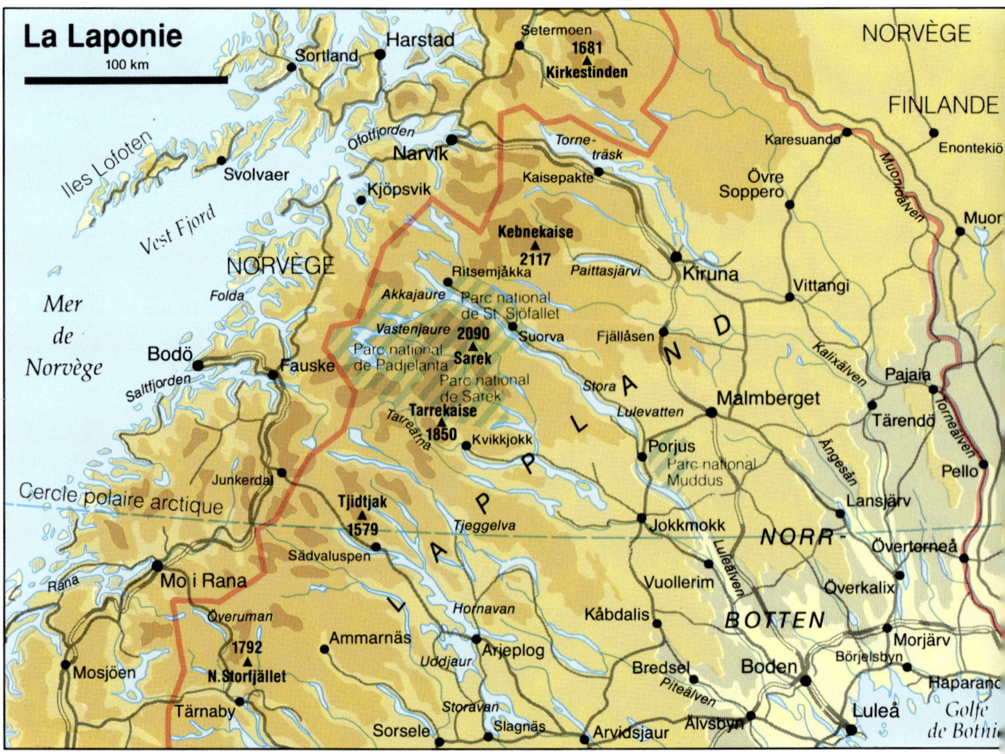

cieux fut tout d'abord charrié dans des traîneaux à rennes, puis par bateau, jusqu'à la côte est. Ce n'est qu'en 1975 que la 95 fut asphaltée. Au nord-ouest d'Arjeplog, après le **lac Aisjaure**, une petite route mène à **Laisvall**, dont presque tous les habitants travaillent dans l'une des plus grandes mines de plomb d'Europe. Située au sud du **lac Storlaison**, la mine est ouverte aux visiteurs (entrée interdite aux enfants de moins de quinze ans). A une dizaine de kilomètres d'Arjeplog, le petit sommet de **Galtisbuouda** (800 m) offre le plus beau panorama de la région. Une route en parfait état vous conduit au pied de la montagne. Après avoir grimpé le sentier jusqu'au sommet, vous pourrez admirer un paysage parsemé de lacs et jalonné de massifs qui s'étirent à l'infini, créant une atmosphère ineffable.

Ramassage par hélicoptère des ndonneurs ne journée.

Arvidsjaur, village sami

La rue principale d'Arvidsjaur évoque l'atmosphère d'une ville frontalière. Rien d'étonnant à cela, puisque jadis centre commercial, la ville a connu en l'espace de cent ans une croissance exponentielle et est aujourd'hui un nœud routier et ferroviaire. Arvidsjaur est célèbre pour son *lappstad*, village sami qui regroupe près de quatre-vingts constructions de bois, les *kåtor*, petites huttes en forme de tente, et les *härbror*, entrepôts. C'est le plus ancien témoignage (XVIIe siècle) de la culture du « Peuple des huit saisons » en Suède, qui héberge encore occasionnellement quelques Samis. L'été, Arvidsjaur est un centre touristique apprécié pour ses hôtels, son camping, sa piscine, son mini-golf, ses courts de tennis et autres installations sportives. En hiver, lorsque la température atteint des degrés extrêmes, la ville est envahie par les constructeurs automobiles européens qui viennent tester la résistance des véhicules au froid. Tout au long de l'année, l'armée suédoise occupe des baraquements installés à Arvidsjaur même, ainsi que la base militaire située en dehors de la ville.

LE TRAINEAU A CHIENS

Les expéditions en traîneau à chiens figurent parmi les sports d'hiver les plus en vogue. C'est ainsi que les Suédois et les étrangers, les plus aventureux (et les moins frileux), répondent à l'appel de la nature sauvage en rejoignant dans le Grand Nord, par-delà le cercle polaire, les contrées gelées de Laponie. Les points de départ les plus importants, **Abisko** et **Jukkasjärvi**, sont accessibles depuis **Kiruna**.

L'attelage ordinaire est composé de cinq à douze chiens, le plus souvent des huskies de Sibérie ou des malamutes d'Alaska. Pour ces chiens de trait, l'expédition, loin d'être une corvée, répond à un besoin. Une fois harnachés les chiens bondissent d'impatience, excités par ce qu'on appelle le « désir d'avancer ». Paul-Émile Victor dit qu'ils risquent « de démarrer avant que l'on soit prêt. C'est pourquoi il est toujours prudent d'ancrer le traîneau avant d'atteler les chiens. Un chien excité ou impatient peut traîner un homme au bout de sa chaîne ». Le crescendo assourdissant de jappements et de hurlements (qui rappelle celui de leur ancêtre le loup) cesse dès lors que l'homme donne le signal du départ. L'attelage démarre alors en un éclair. Debout à l'arrière du traîneau, le conducteur est dûment protégé du froid. Sous ces latitudes, les températures hivernales peuvent atteindre –30 °C, et provoquer la formation de glaçons sous le nez. Les peaux de renne constituent la protection traditionnelle contre le froid lapon mais, de nos jours, les fibres synthétiques sont de plus en plus répandues. Des sous-vêtements calorifuges sont indispensables sous une combinaison doublée de bourre polaire, le tout complété par un anorak et un blouson coupe-vent. Il ne faut pas oublier des bottes fourrées, plusieurs paires de chaussettes et de gants, un passe-montagne et une capuche. Des lunettes teintées sont nécessaires pour protéger les yeux du froid et de la réverbération. Les médecins préconisent de ne pas prendre de douche ou de bain avant l'excursion, car les sécrétions dermiques constituent une protection naturelle. Pour le visage, il est recommandé d'utiliser des crèmes à base d'huile plutôt que des produits aqueux. En hiver, la nature boréale est d'une étrange beauté, et les expéditions en traîneau sont le meilleur moyen de la découvrir. Au pied des hautes montagnes, les lacs et les rivières sont gelés, et dans les vallées profondes et endormies on peut voir des campements samis. A cette époque de l'année, la faune n'est plus représentée que par de rares espèces. L'ours hiberne, le renne et l'élan sont allés vers le sud chercher leur nourriture. Seuls restent le renard et la perdrix des neiges qui, habillés de blanc, se confondent avec le paysage. Le glouton (de la famille du blaireau qui tue ses proies en les mordant à la gorge) vit à la limite des forêts, mais de cet animal solitaire vous ne verrez que les traces dans la neige matinale. Habituellement, les excursions sont de 25 à 50 km par jour. Mais les chiens, véritables coureurs de fond, peuvent couvrir des distances bien plus importantes.

Lors du **Marathon nordique**, une douzaine d'attelages sont mis en compétition sur un circuit de 250 km qui relie Abisko à Kebnekaise, le toit de la Suède. Les attelages les plus rapides accomplissent le tour en seize heures, y compris les huit heures de repos obligatoires. La conduite d'un attelage exige force concentration. Il faut veiller à ce que la corde soit toujours tendue. Si le traîneau rattrape les chiens et que la corde se relâche, certains peuvent alors s'emmêler dans les liens de leur voisin, ce qui provoque parfois des combats. Pour éviter qu'il ne rattrape les chiens, le traîneau est équipé d'un frein à pied garni de dents métalliques que l'on plante dans la neige. Cela n'arrête pas les chiens dans leur course effrénée, et il est très difficile de les stopper. Pareil au capitaine d'un navire, le conducteur doit tout d'abord faire ralentir son attelage le plus possible avant de se baisser pour fixer une ancre au sol. Quand vient la nuit, les conducteurs s'abritent dans l'un des nombreux chalets-refuges qui jalonnent ces contrées reculées, tandis que les chiens bivouaquent. Une gamelle d'aliments riches en protéines, en graisses et en sucres lents suffit à leur bonheur. Puis, ils se creusent un trou dans la neige avant de se rouler en boule.

La base compte également quelques structures modernes qui en été servent de maisons de vacances. A 156 km d'Arvidsjaur, un panneau vous signale en plusieurs langues que vous franchissez le cercle polaire : vous entrez dans le pays du soleil de minuit. Dans un café voisin, vous pourrez vous procurer un certificat attestant que vous avez passé le parallèle à 66°34'.

Jokkmokk

Un peu plus au nord, Jokkmokk est la ville la plus importante de la commune du même nom. Avec ses 19 500 km^2, soit une superficie supérieure à celle du Skåne, du Blekinge et du Halland réunis, c'est la seconde du pays par sa taille. Elle ne compte en revanche que sept mille âmes, dont la moitié habitent la ville de Jokkmokk. Ce nom était à l'origine celui d'un groupe de Samis des forêts et signifie le ruisseau sinueux. C'est le seul endroit où vous pourrez voir des nomades samis en été. Par ordre du roi Charles X, le lieu de rencontre hivernal des anciens Samis fut déclaré place du marché et place de l'église, ou Talvatis, qui signifie habitat d'hiver et place du marché. Le premier marché eut lieu en 1605 et la première église fut construite en 1607. Le marché a survécu à l'épreuve du temps, et les premiers jeudi, vendredi et samedi de février, il attire des milliers de curieux venus des horizons les plus lointains, pour prendre part à l'ambiance de fête et admirer les fabuleux étalages d'objets artisanaux. Les chambres d'hôtel se réservent au moins un an à l'avance, d'autant plus que cette période de l'année, où la température peut facilement descendre à –35 °C, est peu propice au camping. D'autres foires, de moindre importance, ont lieu dans les agglomérations de la région. On peut également découvrir l'artisanat sami en été, dans les nombreuses boutiques de la ville. Ne manquez pas de visiter le musée dédié à la culture sami. Grand et admirablement aménagé, il vous

A gauche et à droite, préparatifs de départ un attelage de huskies.

permettra de mieux faire connaissance avec ce peuple. Situés à deux pas de l'office de tourisme (turistinformation), l'**église** et son campanile remontent au XVIIIe siècle. Ravagé par un incendie, ce splendide ouvrage de bois a été rénové dans les années soixante-dix. La muraille qui ceint l'église conservait les cercueils pendant l'hiver, en attendant que le printemps dégèle la terre. Enfin Jokkmokk est le point de départ de nombre de balades intéressantes. La route 88 vers Porjus traverse une région pratiquement inhabitée. Installée au sud du **lac Lulevatten**, **Porjus** est une grande centrale électrique. Avec son appareillage impressionnant, elle est pour la société nationale d'énergie hydro-électrique (Vattenfall), une base de mise en service des barrages de la partie supérieure du **fleuve Stora Lule** et de ses affluents. Depuis Porjus, une petite route longe le lac Lulevatten sur environ 6 km jusqu'à **Stora Sjöfallet**, la plus grande chute d'eau d'Europe, titre que revendique à tort Storforsen, au nord d'Älvsbyn. A l'est de Porjus et de la 88 s'étend le paysage sauvage et intact du **parc national de Muddus**, avec sa cascade, ses ours, ses lynx et ses gloutons (mammifères carnivores qui ressemblent à de petits ours). Calme et mystérieux, il offre une vision de ce que fut jadis le paysage forestier lapon. Les terres sont pour l'essentiel inoccupées et difficilement accessibles, mais le gouvernement a fait tracer une piste aisément praticable de 50 km. Il est fermé au public de la mi-mars à début août, pendant la saison des accouplements.

La pêche sous la glace.

Gällivare

Plus au nord, vous distinguerez le sommet de **Dundret**, derrière lequel se cache Gällivare, la plus dense agglomération de Laponie du Nord après Kiruna. Perché sur les flancs de Dundret, le centre de vacances offre un panorama magnifique sur la vallée. Il comporte un hôtel, des restaurants, une discothèque, une piscine couverte et un terrain réservé aux caravanes. Des cuisines sont également à la disposition des visiteurs. Comme partout dans cette contrée, les moustiques sont nombreux, voraces et particulièrement friands du sang étranger ; n'oubliez pas votre lotion. Moustiques mis à part, le **Centre de vacances polaire** offre un contraste saisissant avec la solitude et le calme envoûtants de la nature environnante. Il propose diverses activités : équitation, randonnée, planche à voile, pêche, golf, raft, et attire aussi des chercheurs d'or. Bien que la piste soit difficilement praticable, vous pourrez accéder en voiture au sommet. Juché à 820 m, vous pourrez jouir d'un point de vue magnifique sur les environs, d'autant plus que, entre le 2 juin et le 12 juillet, c'est un endroit idéal pour admirer le soleil de minuit. Gällivare doit son développement à la découverte de minerais de fer et compte aujourd'hui près de vingt-deux mille habitants. L'exploitation minière est surtout concentrée dans la ville-sœur, **Malmberget**, où habite la majorité des mineurs. Encore une fois, vous serez saisi par l'effet de contraste entre cette ville secondaire et la splendeur des collines alentour. C'est à Gällivare que s'achève l'***Inlandsbanan***, le chemin de fer que longe la route 88 depuis Östersund. La voie fut achevée en 1937 après quelque trente ans de travaux. Il fut question d'en abandonner la construction, mais l'on décida finalement d'en faire une route touristique. Aujourd'hui, avec ses locomotives Diesel, le chemin de fer a repris un air de jeunesse et constitue une agréable façon de voyager vers le Grand Nord. Le **musée de la Mine** mérite d'être visité, au même titre que l'**église**, qui date de 1740, le **parc**, doté de vieilles maisons admirablement conservées, et le **village lapon**. La ville est aussi un excellent point de départ pour les excursions dans la vaste région de l'Ouest, en particulier dans les **parcs de Padjelanta** et **de Stora Sjöfallet**. Seules quelques petites routes serpentent dans cet immense territoire qui semble exclusivement réservé aux randonneurs.

Karesuando

Après Gällivare, la route 88 rejoint la 98 qui se prolonge au-delà de **Svappavaara**, un ancien centre d'exploitation minière aujourd'hui sur le déclin. A cette hauteur, la 88 mène vers le nord-est à Karesuando, à la frontière finlandaise. Dans ces contrées boréales, le nom des sites est le plus souvent d'origine finlandaise. Karesuando se distingue pour deux raisons : il possède l'**église** la plus septentrionale du pays et, situé à quelque 150 km au-delà du cercle polaire, bat tous les records de froid en hiver. Le village se perd au milieu d'une immense toundra, à 4 km au nord du **pic de Kaarevaara**. S'il ne culmine qu'à 517 m, il domine malgré tout la Suède, la Norvège et la Finlande. Une piste carrossable conduit au sommet. Dans le Grand Nord, les distances entre les agglomérations et les centres d'attraction sont souvent immenses. Cela est d'autant plus frappant que les routes traversent une succession de forêts et de marais, un paysage qui peut lasser à la longue. C'est le cas en particulier du tronçon de la 98 vers Kiruna.

Kiruna

Ses vingt-sept mille habitants occupent 20 000 km². A l'instar de Gällivare, la ville s'est développée grâce à ses gisements de fer, dont l'exploitation à grande échelle a commencé au début du siècle. Si cette activité est aujourd'hui en perte de vitesse, elle reste prépondérante. Ainsi, **Kirunavaara** est la plus grande mine souterraine du monde. Kiruna a grandi au sud du lac Luossajärvi et est dominé par la montagne grise à laquelle elle doit sa naissance. En été, des bus font la visite du site. L'essentiel de l'extraction se fait sous terre, mais il existe également une grande mine à ciel ouvert. En 1903, la ville naissante fut reliée au reste de la Suède par voie ferrée afin d'acheminer le minerai vers le **port de Luleå**, (sur le golfe de Botnie) ou par-delà la frontière norvégienne (vers Narvik),

Le réveil du campeur.

port septentrional que le Gulf Stream préserve des glaces hivernales. Cette installation représentait alors un véritable exploit technique et, jusqu'en 1984, elle demeura la seule voie de communication entre Kiruna et Narvik qui désormais sont reliés par un axe routier. Avec le déclin de son activité minière, Kiruna s'est progressivement ouvert aux touristes et aux scientifiques. L'**Institut de géophysique** de Kiruna poursuit, entre autres travaux, des études sur le phénomène des aurores boréales. Sur la rive du **lac Vittangi**, se trouve le site d'**Esrange**, une base de lancement qui envoie fusées et ballons-sondes dans les différentes couches de l'atmosphère. Près du **lac Tarfalasjö** ont lieu des recherches sur la période glacière. Le **parc naturel d'Abisko** sert également de laboratoire. Après la visite de la **mine**, ne manquez pas de faire un tour à **Samegård**, qui donne un aperçu de la vie et de l'histoire des Samis. Le **musée du Tramway** est également intéressant. Au sud de Kiruna, une petite route mène au village **Jukkasjärvi**, point de départ idéal pour des excursions. En hiver, les balades en traîneau à chiens dans le silence d'une nature sauvage et immaculée restent inoubliables. Et, en été, les descentes en raft des **rivières Torne**, **Kalik** et **Kaitum** réservent des sensations fortes. Des excursions d'une journée ou d'une semaine sont organisées. Le village abrite aussi une jolie petite **église** de bois et un **musée de plein air**.

Le tourisme ne fut véritablement encouragé qu'à partir de 1984, depuis que la **route 98** relie Kiruna à Narvik *via* la frontière norvégienne. Cette route d'une beauté inégalable, appelée **Nordkalottvägen** (« la Route de la calotte nordique ») traverse, sur 170 km, les derniers espaces vierges d'Europe. Tout d'abord, le paysage n'a rien d'extraordinaire, mais une fois passés le **lac Torne Träsk** et les montagnes imposantes (2 000 m), il devient véritablement grandiose. La pureté de l'air et la luminosité font ressortir jusque dans le moindre détail les contours effilés des montagnes aux neiges éternelles, tandis que le lac brille d'un bleu limpide. Au sud-ouest, les montagnes ne sont accessibles qu'à pied ou à dos de poney. C'est au beau milieu de ce splendide arrière-pays que règne majestueusement le sommet le plus élevé de Suède, le Kebnekaise (2 117 m).

Abisko est le point de départ idéal de la Piste royale, **Kungsleden**. Depuis plus d'un siècle, ce sentier permet aux randonneurs d'admirer une des régions les plus accidentées de Suède. Des hôtels existent déjà à Abisko, **Björkliden** et **Riksgränsen** (dernier site avant la frontière). La région est également le paradis de la pêche, d'autant plus que le permis, peu coûteux, donne accès à près de trois mille lacs. Vous pourrez aussi faire une balade sur le **lac Torne Träsk**, ou explorer en avion ou en hélicoptère les contrées les plus reculées. Depuis Riksgränsen, la route se prolonge pour traverser la frontière. Elle rejoint ensuite la E6, à l'extrémité du **fjord Rombak** pour aboutir à **Narvik**.

A gauche skier… et bronzer, à droite, paysage du Grand Nord.

HEJ

LE NORD-EST

Les trois provinces du Nord-Est, l'**Ångermanland**, le **Västerbotten** et le **Norrbotten** s'étendent le long du golfe de Botnie, qui sépare la Suède de la Finlande. Généralement plate, la côte est ici formée d'une succession de rochers, de plages de galets, de larges baies et de petites criques. Les villes principales sont situées sur le littoral, réminiscence du temps où l'arrière-pays, constitué d'épaisses forêts et de collines, était bien moins praticable que la mer. Ces villes doivent leur développement au commerce. La population s'est ainsi concentrée sur la côte et, aujourd'hui encore, l'intérieur des terres, avec ses étendues forestières infinies, ne compte qu'une poignée d'habitants. Au large s'égrènent de nombreuses îles qui forment souvent des archipels. Très peu sont habitées, et lorsqu'elles le sont, la majorité des descendants des pêcheurs ne vit plus désormais de la mer. Quant aux bateaux qui mouillent sur les rives, ils appartiennent aujourd'hui aux organisateurs qui ont transformé les îles en un vaste centre de loisirs pour satisfaire la passion qu'entretient tout Suédois pour la mer. Seules de rares chapelles évoquent encore le passé. A l'intérieur des terres, les forêts profondes s'ouvrent sur des lacs calmes et limpides, et sur des vallées veinées de mille et une rivières. Enfin la région est intéressante pour la richesse de sa faune : ours, lynx, élans, castors…

L'Ångermanland

Pages précédentes : aurore boréale ; la forêt à l'infini. A gauche, village de Ulvöhamm, en Ångermanland ; à droite, vive l'aventure !

En abordant la région par le sud, la première ville que vous rencontrerez est **Härnösand**, à une centaine de kilomètres au nord de Sundsvall (dans le Medelpad). C'est la principale ville côtière d'Ångermanland. En 1585, elle fut contrainte d'adopter le statut de port commercial. Jean III, voulant imposer de nouvelles taxes, avait menacé de déporter la population en Russie si celle-ci refusait de se soumettre. Ce chantage suffit à transformer Härnösand en une ville de commerce florissante. La cité s'étend du continent jusqu'à un archipel, et le centre occupe l'**île de Härnö**. Au cours des XVIIe-XVIIIe siècles, Härnösand devint la capitale culturelle et administrative du nord du pays. Si dorénavant elle est avant tout un centre commercial et industriel, son admirable situation en fait un lieu très apprécié. L'**hôtel de ville**, aux piliers massifs, fut construit en 1791 et c'est un bel exemple de style baroque, que rappelle la façade de la cathédrale, érigée entre 1843 et 1846. Celle-ci remplace un édifice antérieur qui fut incendié par les Russes en 1721, époque durant laquelle ces envahisseurs de l'Est ne cessaient de harceler le pays. Le **quartier d'Östanbäcken** regroupe des maisons de bois du XVIIIe siècle parfaitement conservées, mais pour le reste, les constructions sont modernes et sans grand intérêt. La ville et le port sont dominés par la **montagne Murberget**, où se trouve un important **Musée de plein air**. Depuis le sommet

de **Vårdkåsen**, le panorama est saisissant, et mérite une petite escalade, d'autant plus qu'il est accessible par voiture. Härnösand se situe à l'entrée de l'estuaire du **fleuve Ångermanälven** qui court à travers une large vallée creusée au milieu de hautes collines. A quelques kilomètres au nord de la ville, à **Sandö**, la E4 enjambe le fleuve sur un pont gigantesque de plus de 1 km, à 40 m de haut. La petite ville de **Kramfors** est blottie sur les rives du fleuve. C'est là qu'habitent le compositeur Frans Berwald et Kalle Grönstedt, musicien qui fit de la ville la capitale des accordéonistes. La 90 conduit ensuite à **Ytterlännäs** où se dresse une **église** du XIIIe siècle, considérée comme un trésor antique. La ***Madonne*** en or fut exécutée par Haake Gulleson au XVIe siècle. La décoration des murs et des voûtes (fin du XVe siècle) est l'œuvre d'un peintre rural inconnu. Entre Härnösand et Docksta, la côte change de façon brutale. Le littoral plat se découpe et fait place à un splendide relief accidenté connu sous le nom de **Höga Kusten** (« haute côte »). Ce magnifique paysage, peu connu et des étrangers et des Suédois, est un véritable jardin secret. Il s'enfonce dans la mer pour s'émietter en de jolies petites îles, telles que **Mjältön**, qui s'élève à 236 m. Au cœur de Höga Kusten, la petite **péninsule de Nordingrå** est une étrange formation de granite rouge appelé *rapakivi*, terme finlandais signifiant « pierre pourrie », car la roche est de nature à se désagréger rapidement. La côte est accessible de deux façons : on peut quitter la E4 au nord de Härnösand pour emprunter le ferry jusqu'à Nydal, ou bien suivre la E4 jusqu'à Lockerstrand, ou Sundbron, pour ensuite obliquer sur la droite. La péninsule est une succession de paysages différents et tous aussi extraordinaires les uns que les autres : la grande **baie d'Omne**, les petits villages de **Måviken** et de **Norrfällsviken**, dont le clocher offre un splendide panorama sur les environs. Au bout de la « belle

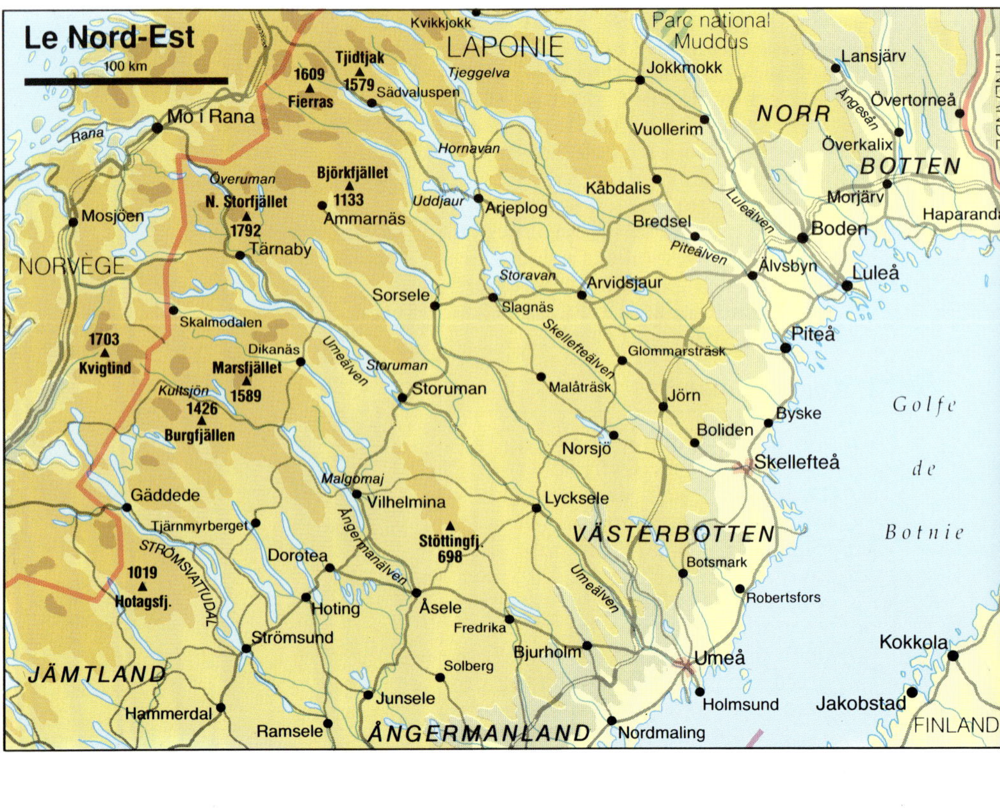

Nordingrå », **Bönhamn** s'est creusé dans la roche. Ce vieux village de pêche toujours actif est sûrement le plus authentique de Höga Kusten (la péninsule est sillonnée d'une multitude de petites routes et la meilleure façon pour vous rendre à Bönhamn sans adopter trois fois le même trajet est de prendre la direction de Nordingrå). Au bout du village, un sentier grimpe sur la roche et vous invite à une jolie promenade au bord de l'eau. Vous pourrez ensuite vous restaurer dans la maison sur pilotis de Arne, **Arnes sjöbod**, dont le saumon fumé et le hareng frais grillé font depuis longtemps la réputation de Bönhamn. Dans son **Café Mannaminne**, près de Haggvik, Anders Åbey propose aussi des spécialités culinaires, en particulier des pâtisseries maison. L'auberge est également connue pour son artisanat et ses soirées musicales. Un long sentier de 25 km serpente dans la péninsule depuis **Fjördbotten**. Mais Höga Kusten est aussi dotée d'agréables endroits pour la baignade à **Storsand**, **Norrfjällsviken**, **Hörsång**, **Noraström**.

Plus au nord, les deux îles **Ulvön Södra** et **Ulvön Norra** sont intéressantes, non seulement pour leur charme mais aussi parce qu'elles figurent parmi les rares à être habitées toute l'année. C'est là que naquit le *surströmming*, le hareng fermenté, considéré, par certains, comme un mets de choix. Södra Ulvön abrite une chapelle de pêcheurs du XVIIe siècle dont les murs et le plafond sont ornés de fresques admirablement conservées. Enfin, l'**île de Trysunda** attire dans sa magnifique baie les amateurs de voile.

De retour sur le continent, peu après **Docksta**, la E4 donne sur un paysage de toute beauté, dominé par les contours sombres de **Skuleberget** (290 m). L'effet est particulièrement saisissant lorsqu'on arrive par le nord et que l'on voit la montagne se dresser soudainement. Pour atteindre le pic, le moyen le plus simple est d'emprunter le téléphérique. Derrière la montagne se cache le **parc national Skuleskogen**,

Le pont Sandsbron, à Kramfors, sur la route vers le Grand Nord.

réputé pour sa faune abondante et variée, avec des oiseaux comme le pic-vert à dos blanc et la perdrix, ainsi que de nombreux mammifères : l'élan, le renne, le lynx, le renard, l'hermine, la martre, le blaireau, le lièvre argenté et l'écureuil. **Örnskoldsvik**, couramment appelé **Övik**, est la deuxième ville après Höga Kusten. Avec ses soixante mille habitants, elle est deux fois plus importante que Härnösand. Cette ville industrielle ne présente guère d'intérêt touristique, mais les alentours méritent d'être explorés, en particulier le sommet de **Vansberget** (accessible par voiture) et l'archipel. Autrefois, les habitants étaient à la fois paysans et pêcheurs, une double activité qui leur permettait de vivre.

Le Västerbotten

Umeå, située à l'estuaire du **Umeälven** (à la jonction de la E4 et de la E79), est plus importante qu'Övik, mais sa position et son site la rendent bien plus attrayante. Elle est aussi la capitale du Västerbotten et compte soixante-quinze mille habitants. Comme bon nombre de villes suédoises, elle fut fondée par Gustave II Adolphe, en 1622. A la suite d'un incendie, en 1888, de larges avenues bordées de bouleaux ont été aménagées pour servir de coupe-feu. Aujourd'hui, les arbres argentés ajoutent au charme et à la quiétude de sa situation au bord de l'eau. Mais la ville a connu des temps plus troubles. Entre 1808 et 1809, les Russes traversèrent la Baltique gelée, et investirent la ville après de violents combats. Le principal centre d'intérêt de la ville est **Gammlia**, un musée de plein air, fondé dans les années vingt. Outre quelques vieilles constructions, la ville renferme un **Musée** consacré à la culture sami.

Plus au nord, **Skellefteå** est un vaste centre industriel. On peut s'y rendre par la E4, mais la route 364, qui traverse les espaces calmes de l'arrière-pays, est plus agréable. Le paysage, une succession de décors ruraux dominés par des forêts profondes, n'est

Le repos...

peut-être pas extraordinaire, mais il a l'avantage d'être reposant. Après avoir longé le **lac de Bygdeträsk**, vous gagnerez celui **de Burträsk**, plus petit, au bord duquel s'est développé un gros village qui possède lui aussi son **Musée de plein air** (ici de l'habitat), dans lequel vous pourrez savourer une tasse de café et des gaufres. Après cette longue promenade bucolique, le paysage rural du nord de la Suède devient si familier que l'arrivée à **Piteå** forme un contraste surprenant. La ville se situe sur une péninsule, à la frontière du Västerbotten et du Norrbotten. Fondée au XVIIe siècle, elle a gardé des ruelles bordées de maisons de bois ; mais c'est avant tout un important centre industriel (aciéries et usines de pâte à papier) et en même temps une grande station balnéaire. **Philomens Havsbad**, le centre de vacances, comporte de nombreuses petites huttes, un terrain de camping ainsi que toutes sortes d'attractions. La plage, qui s'étend sur 4 km, est très fréquentée et bruyante, mais la Riviera suédoise attire régulièrement de nombreux norvégiens désireux de quitter le calme austère de leurs fjords. Depuis Piteå, la route 96 suit le **fleuve Piteälven**, vers le nord-ouest, et traverse le petit village d'**Älsbyn** avant de conduire à **Bredsel** et **Storforsen**, une magnifique cascade de 81 m.

Le Norrbotten

De retour sur la côte, **Luleå** est à quelques kilomètres seulement. C'est une des principales villes septentrionales. Aujourd'hui à l'embouchure du **fleuve Luleälven**, la ville côtière est entourée d'îles. Jadis, elle était située à 10 km de son emplacement actuel, dans l'arrière-pays. Elle reçut sa charte de Gustave II Adolphe en 1621, mais, en 1649, le commerce étant devenu trop important pour ce petit port, on décida de le déplacer. Face à l'hostilité des habitants, un décret royal fut promulgué qui les força à déménager. Cependant, rien ne put empêcher la nouvelle ville de se déve-

...des héros.

lopper rapidement. Les premiers chantiers navals fermèrent dès l'apparition des bateaux à vapeur. Mais la découverte des gisements de fer de Laponie, soutenue par l'installation du réseau ferroviaire, donna à la ville un nouvel essor. Les premières aciéries furent inaugurées dans les années quarante. Plus tard, il fut question de doter la ville de nouvelles installations, sur une surface de 250 ha, mais la surproduction d'acier tua dans l'œuf cet ambitieux projet. Malgré ses nombreux revers de fortune, Luleå est aujourd'hui une ville charmante. Le Musée régional, **Norrbottensmuseet** ou **Länsmuseet**, dans le **parc Hermelin**, offre un aperçu complet sur le site côtier et abrite une belle collection d'artisanat sami. Le transfert de la ville a eu au moins l'avantage de laisser le site original de Luleå intact. La vieille ville (**Gammelstad**) est aujourd'hui l'un des rares villages paroissiaux classés du pays. Au cœur du village, l'**église** du XVe siècle a conservé ses beaux murs de granite gris et rouge. Les fonts baptismaux en grès sont antérieurs à l'édifice. Le retable en bois doré a été sculpté à Anvers, et les fresques qui ornent le chœur datent de la fin du XVe siècle. Vous pourrez admirer le crucifix, magnifique exemple d'art médiéval, et la chaire, de style baroque. Près du site, le **Musée de plein air** illustre la vie des paysans d'autrefois, avec des maisons de bois, des étables, une cabane en rondins, une petite ferme et une maison de pêcheurs. Il renferme également une « maison à foin » typique du paysage rural du Norrbotten. Jadis indispensables, ces constructions sont encore disséminées par centaines dans la région, constituant un témoignage vivant du passé.

Dans l'arrière-pays, le fleuve Luleälven a vu se développer un « Gilbratar du Nord ». **Boden** était déjà désignée à la fin du XIXe siècle comme l'une des plus importantes forteresses d'Europe. Après la perte de la Finlande en 1809, la Suède chercha à se protéger d'une invasion russe en

Sur la Piste royale, Kungsleden, qui conduit au Grand Nord.

décidant d'édifier cette forteresse. Aujourd'hui, Boden est la plus grande ville de garnison du pays et abrite six régiments. Le musée de la Garnison, **Garnisonsmuseet**, retrace quatre cents ans d'histoire militaire. La Suède se préoccupe toujours des questions militaires, et une vaste région du Norrbotten a été délimitée comme zone de défense. A ce titre, l'entrée et le séjour des étrangers sont contrôlés.

Haparanda, la ville la plus orientale du pays, doit son existence aux événements de 1809. En perdant la Finlande, la Suède dut aussi renoncer à la grande ville de Torio. A titre de compensation, on construisit une nouvelle ville, Haparanda, de l'autre côté du Torneälv qui délimite la frontière entre les deux pays. Plus au nord s'étendent les espaces encore inhabités du Norrbotten et de la Laponie. Ces provinces qui, réunies, forment la vaste région du Norrland, présentent des paysages bien différents. Mais qu'il s'agisse de montagnes, de lacs ou de rivières, les activités de plein air sont toujours multiples. Le fleuve Torneälven et ses affluents, plus au nord, sont idéaux pour le canoë-kayak et le raft. L'ensemble des cours d'eau qui regorgent d'ombles chevaliers, de truites, de perches et de brochets sont un paradis pour le pêcheur. Le long du golfe, les petits archipels, les fleuves et les rivières façonnent un décor de toute beauté. **Kalix**, entre Luleå et Haparanda, possède une église du XVe siècle. Le cimetière réunit les soldats suédois et finlandais tombés de part et d'autre du front. Avec ses tumuli, **Sangis**, à quelques kilomètres à l'est, rappelle les temps lointains des Vikings. Le Norrbotten est également la terre des Samis et, au nord de Kalix, **Överkalix** est un village typique. Le sommet de la **montagne Brännaberget** offre une vue superbe. En calculant bien votre temps, vous pourrez admirer la magie du *midnattssol* qui chaque été attire nombre de visiteurs vers le Grand Nord et qui a donné à la montagne son autre nom : « la Montagne du soleil de minuit ».

Ci-dessous, partie de golf au soleil de minuit. Pages suivantes : compétition estudiantine à Uppsala.

INFORMATIONS PRATIQUES

PRÉPARATIFS ET FORMALITÉS DE DÉPART

PASSEPORT, CARTE D'IDENTITÉ

Pour les ressortissants des pays de l'Union européenne, un passeport ou une carte d'identité en cours de validité suffit.

Les enfants âgés de moins de seize ans doivent figurer sur le passeport des parents.

VÊTEMENTS À EMPORTER

La période idéale pour aller en Suède s'étend du 15 juin à la fin du mois d'août. Pendant le mois de juin, le soleil ne se couche pas et le climat est généralement clément.

Contrairement aux idées préconçues, il peut faire très chaud en Suède, même au fin fond de la Laponie mais, souvent, les soirées sont assez fraîches. C'est pourquoi il est préférable de parer à toute éventualité si vous partez à la belle saison.

Les hivers sont très froids, mais secs, et il suffit de bien se couvrir pour en éviter les désagréments (vêtements de laine et manteau). Il est également recommandé de prévoir une paire de chaussures imperméables, notamment pour les visites en ville : le mélange de neige fondue et de sable le long des trottoirs peut être plus redoutable que l'eau de pluie.

ADRESSES UTILES

• Ambassades
En France
17, rue Barbet-de-Jouy, 75007 Paris,
tél. 01 44 18 88 00
Courrier électronique : *presseinfo@amb-suède.fr*
Site Internet : *www.amb-suède.fr*

Consulats à Marseille, Lyon, Bordeaux, Nantes, Nice et Strasbourg.

En Belgique
Avenue Louise 148, 1050 Bruxelles,
tél. (2) 289 57 60

Au Canada
377, *Dalhousie Street, Onkin 9n8,*
Ottawa,
tél. (613) 241 85 53

En Suisse
Bundesgasse 26, Postfach, 3001 Bern,
tél. (31) 328 70 00

• **Culture et tourisme**

Bibliothèque nordique
6, rue Valette, 75005 Paris,
tél. 01 44 41 97 50
Courrier électronique : *bsgnord@univ-paris1.fr*
Site Internet : *http://panoramix.univ-paris1/bsg/nordique*
Possède un fonds nordique extrêmement riche.

Centre culturel suédois
11, rue Payenne, 75003 Paris,
tél. 01 44 78 80 20
Courrier électronique : *c.c.s@wanadoo.fr*
Accueil ouvert du mardi au vendredi, de 10 h à 13 h et de 14 h à 18 h.
Dispose d'une bibliothèque ouverte de 14 h à 17 h du mardi au vendredi. Organise des expositions, des concerts et des conférences (calendrier disponible) et dispense des cours de suédois.

Cercle suédois à Paris
242, rue de Rivoli, 75001 Paris,
tél. 01 42 60 76 67
Courrier électronique : *cerclesuedois@geocities.com*

Le Livre ouvert (librairie scandinave)
48, rue des Francs-Bourgeois, 75003 Paris,
tél. 01 48 87 97 33
Ouvert du mardi au samedi de 13 h 30 à 18 h 30.

Office suédois du tourisme et des voyages
18, boulevard Malesherbes, 75008 Paris,
tél. 01 53 43 26 27
Courrier électronique : *helena@suèdetourisme.fr*
Site Internet : *www.suede-tourisme.com*
Ouvert de 13 h à 16 h.

AGENCES DE VOYAGES

Air Havas
26, avenue de l'Opéra, 75001 Paris,
tél. 01 53 29 40 00
Site Internet : *www.havasvoyages.fr*
Propose dans ses agences ses propres vols charter et ses prix compétitifs sur vols réguliers. Brochure gratuite qui indique le prix à payer.

Nord Espaces
37, rue de La-Tombe-Issoire, 75014 Paris,
tél. 01 45 65 00 00
Séjours individuel et groupe, pêche, randonnées.

Scanditours
36, rue Saint-Pétersbourg, 75008 Paris,
tél. 01 42 85 64 30
Chèques-hôtels, chèques-auberges, locations de chalets, de voitures, transport aérien et voyages en car. Rafting et canoë. Agent général en France des cars-ferries directs pour la Scandinavie.

Anyway
76 bis, rue Vieille-du-Temple, 75003 Paris,
tél. 08 03 00 80 08
Permet de réserver vols, séjours, hôtel et voitures. Assurance rapatriement incluse.

Bennett Voyages
7, rue de la Ferronnerie, 75001 Paris,
tél. 01 44 88 54 54

COMPAGNIES D'AUTOCARS

Club Alliance
99, boulevard Raspail, 75006 Paris,
tél. 01 45 48 89 53

Eurolines
Gare internationale de Paris-Gallieni
28, avenue du Général-de-Gaulle,
93541 Bagnolet cedex,
tél. 01 49 72 51 51

ALLER EN SUÈDE

EN AVION

Il y a plusieurs vols directs par jour entre Paris et Stockholm (deux heures et demie) ou Göteborg ainsi que des vols hebdomadaires au départ de Lyon, de Nice et de Strasbourg, avec changement à Copenhague.

Genève est relié deux fois par jour à Stockholm en deux heures et demie. La Belgique compte de un à quatre vols par jour (avec une escale à Copenhague, au Danemark), en trois heures et quart.

Pour les départs depuis le Canada, il faut compter avec des changements à Amsterdam, à Bruxelles, à Londres ou à Paris (douze heures de voyage environ).

• **Compagnies régulières**

SAS (Scandinavian Airlines System)
tél. 08 01 25 25 25
3615 FLY SAS

Air France
74, boulevard Augute-Blanqui, 75013 Paris
Renseignements, réservations, vente:
tél. 0 802 802 802
Site Internet : *www.airfrance.fr*

Ces compagnies desservent les trois plus grandes villes de Suède : Stockholm, Göteborg et Malmö. Il existe un tarif « jeune » sur de nombreuses destinations. Pour en bénéficier, il suffit de réserver sa place la veille du départ.

Arlanda
Tél. 08-797 60 00
Site Internet : *www.arlanda.com*
L'aéroport de Stockholm se trouve à 40 km au nord de la ville. Un bus conduit à la capitale en une quarantaine de minutes. Il s'arrête près d'un motel à Ulriksdals Trafikplats, dans la banlieue nord (Sankt Eriksplan), puis au City Terminalen, en plein centre-ville, en face de la gare ferroviaire. Le prix varie autour de 70 couronnes.

Chaque quart d'heure, le train Arlanda Express relie en vingt minutes l'aéroport et la gare centrale pour 120 couronnes.

Les voyages en taxi sont souvent très chers, mais la compagnie SAS propose un service spécial aux voyageurs dont la destination est autre que la gare. Les prix sont de 185 couronnes par personne depuis Arlanda au centre de Stockholm, de 105 couronnes pour Göteborg et de 180 couronnes pour Malmö. Trois voyageurs se rendant à la même adresse ne paient que pour deux.

Par la route

Environ 1 850 km séparent Paris de Stockholm. Depuis Paris, il faut rejoindre l'autoroute vers Lille, et au sud de Lille, suivre la direction Valenciennes, puis la direction Liège/Aix-la-Chapelle (Aachen), où il faut prendre les autoroutes E40 et E42 vers Cologne (Köln). Prendre ensuite l'autoroute vers Düsseldorf, Münster, Brème, Hambourg et Lübeck.

Vous pourrez alors vous rendre au Danemark, de Puttgarden à Rödby, avec les ferries de la compagnie DSB (départs toutes les trente minutes). La traversée dure près d'une heure. Arrivé à Rödby, vous roulerez jusqu'à Copenhague (cinq heures de route). Vous prendrez alors le bac à Helsingör jusqu'à Helsingborg, en Suède, ou vous emprunterez le pont qui, inauguré en juillet 2000, relie le Danemark et la Suède, entre Copenhague et Malmö (tarif annoncé : 275 couronnes). L'ouvrage, de 16 km de long, est constitué d'un pont suspendu dans la partie suédoise que prolonge un tunnel dans la partie danoise.

Vous pourrez également faire la traversée à partir de Travemünde par les ferries de la compagnie TT-Line. Vous débarquerez ainsi directement en Suède, à Trelleborg (près de Malmö, à dix heures environ de Stockholm). Il y a deux départs par jour. Cet itinéraire présente l'avantage de permettre au conducteur de prendre un repos bien mérité durant la traversée (qui dure de sept à neuf heures). Attention, les tarifs de nuit sont plus élevés que les tarifs de jour. Il est bien entendu plus prudent de réserver vos places, auprès d'une agence de voyages ou directement auprès de la compagnie :

TT-Line AB
– A Paris : *tél. 01 47 42 07 09*
– A Trelleborg : *tél. 04502-8010*

Autre solution : Kiel-Göteborg par la compagnie **Stena Line** (départ à 19 h, arrivée à 9 h).

Les ferries sont dans l'ensemble très confortables et proposent bars, restaurants, piscines, saunas, boutiques... Les prix varient selon que le véhicule tracte une remorque ou une caravane, etc. Renseignez-vous auprès de votre agence de voyages pour les tarifs, les horaires et les réservations.

En train

A partir de Paris, le Nord-Express rejoint Copenhague en moins de seize heures. La liaison Copenhague-Stockholm est assurée en 8 h15 min. L'agence DB France, représentant la Compagnie des chemins de fer suédois (SJ), renseigne sur les horaires et les meilleurs tarifs en fonction des réductions pratiquées par les différentes compagnies, y compris sur le réseau intérieur suédois.

En Belgique, des voitures directes au départ de Ostende-Bruxelles-Liège-Copenhague sont accrochées au Nord-Express à Liège. A partir de la Suisse romande : un train de jour assure la liaison Genève-Lausanne-Bâle-Hambourg ; à Hambourg, prendre le train de nuit à destination de Stockholm (vingt-cinq heures de voyage).

Les cartes Eurailpass, Inter-rail et Rail-Europ sont valables en Suède. Les moins-de-vingt-six-ans peuvent bénéficier du billet BIGE.

Stockholm compte deux gares ferroviaires : Vasagatan, la gare centrale, pour les grandes lignes et Östra-Station pour les lignes de banlieue.

DB France
47, avenue de l'Opéra, 75009 Paris,
tél. 01 44 58 95 50
Site Internet : *www.dbfrance.fr*

À L'ARRIVÉE

Décalage horaire

La Suède est à l'heure de l'Europe centrale, soit GMT + 1, et, comme nombre de pays européens, adopte l'heure d'été.

Douanes

Les voyageurs européens peuvent importer/exporter 300 cigarettes ou 400 g de tabac, ou

100 cigarillos ou 50 cigares. Les personnes de plus de 20 ans peuvent importer 1 l d'alcool (plus de 22°) ou 3 l de boissons apéritives entre 15° et 22°, 5 l de vin et 15 l de bière.

Les voyageurs non européens peuvent importer 200 cigarettes. Les restrictions en matière d'alcool sont sensiblement les mêmes que pour les voyageurs européens.

Il est interdit d'importer de la viande fraîche, congelée ou fumée. Les boîtes de conserve peuvent en revanche circuler librement.

Des cadeaux dont la valeur est inférieure à 600 couronnes peuvent circuler librement.

MONNAIE

La monnaie suédoise est la couronne (*krona*, pluriel *kronor*), signalée par l'abréviation Skr pour la distinguer des couronnes norvégienne et danoise, ou par le sigle international utilisé par les banques : SEK.

Elle est divisée en 100 *öre*. Il y a des billets de 10 000, 1 000, 500, 100, 50 et 20 couronnes et des pièces de 5 et 10 couronnes, et de 50 et 10 *öre*. Une couronne suédoise vaut environ 0,80 FF.

Aucun plafond n'est prévu pour l'entrée de devises mais la sortie est limitée à 6 000 couronnes. Les travellers-chèques peuvent être changés dans toutes les banques. Les eurochèques, acceptés dans les restaurants et les boutiques dans toute la Suède doivent être libellés en couronnes et le montant maximal est de 1 400 couronnes.

Les cartes de crédit internationales telles que Visa, Master Card, American Express et Diner's Club sont honorées par les hôtels, les restaurants et les magasins qui le signalent en devanture.

Les banques prélèvent des commissions sur chaque billet changé. La commission est moins élevée dans les postes que dans les gares et les banques. Les bureaux de poste proposant des services de change sont indiquées par le signe « PK Exchange ».

À SAVOIR UNE FOIS SUR PLACE

HEURES D'OUVERTURE

• Les banques

Du lundi au vendredi, de 9 h 30 à 15 h, jusqu'à 17 h dans les grandes villes. Toutes les banques sont fermées le samedi. La banque de l'aéroport Arlanda ouvre de 7 h à 22 h, et à Göteborg, la banque de l'aéroport Landvetter est ouverte tous les jours de 8 h à 20 h.

• Les magasins

La plupart sont ouverts du lundi au vendredi de 9 h 30 à 18 h les jours ouvrables (parfois 20 h le lundi ou le vendredi) et jusqu'à 14 h/16 h le samedi. Dans les grandes villes, certains ouvrent jusqu'à 22 h ainsi que le dimanche.

La mention *Näröppet* ou *Närbutik* désigne les magasins d'alimentation ouverts sans interruption du matin jusqu'au soir (22 h ou 23 h selon les magasins) même le dimanche et les jours fériés.

Les stations-service qui sont ouvertes de la même manière sont signalées par la mention *Livs* ou *Livsmedel*.

• Les pharmacies

Les pharmacies (*apotek*) ont les mêmes heures d'ouverture que les magasins.

• La poste

En général, la poste (*post*) est ouverte de 9 h à 18 h en semaine, de 9 h à 12 h le samedi. On peut parfois y changer de l'argent. Les timbres sont également vendus dans les kiosques à journaux. Pour le courrier envoyé poste restante, indiquez la poste centrale.

Poste centrale de Stockholm

Vasagatan 28-34, tél. 08-781 20 00

Elle est ouverte du lundi au vendredi de 9 h à 14 h et de 9 h à 15 h le samedi.

• Les musées

En général, les musées ouvrent leurs portes de 10 h à 16 h. Les musées nationaux sont fermés le lundi, mais les horaires changent souvent (voir ci-dessous).

TÉLÉCOMMUNICATIONS

On peut téléphoner dans les cabines publiques et dans les bureaux de l'administration des Télécommunications (Tele, Telebutik). La plupart des téléphones publics fonctionnent avec des cartes (*Telia telefonkort*), que l'on peut se procurer auprès des kiosques et des marchands de journaux (*pressbyrå*) ; certains, indiqués par le sigle C.C.C, fonctionnent avec des cartes de crédit.

JOURS FÉRIÉS (HELGDAG)

Après les jours fériés de Noël (**Jul**, **Annandagen**, les 25 et 26 décembre) et du Nouvel An (**Nyårs**), le premier jour férié est celui de l'épiphanie (**Trettondagen**, le 6 janvier). Puis viennent Pâques et le lundi de Pâques (**Påskdagen**, **Annandagpåsk**), la fête du Travail (**Första Maj**, le 1er mai), le jour de l'Ascension (**Kristi Himmelsfärdsdag**) et le dimanche et le lundi de Pentecôte (**Pingstdagen**, **Annandag Lingst**) et le grand jour de la Saint-Jean, **Midsommardagen**, le 24 juin (attention, nombre de magasins et de stations-service ferment dans l'après-midi du 23).

Les vacances d'été s'échelonnent entre début juin et début août (période de la rentrée scolaire).

Puis vient la Toussaint (**Allhelgonadagen**). Le jour de la Sainte-Lucie (**Sankta Lucia**), le 13 décembre, est fêté mais il n'est pas chômé.

La veille des jours de fête, la plupart des magasins baissent leur rideaux plus tôt, et la veille de Noël presque tout est fermé.

MÉDIAS

Sveriges Radio (la Compagnie de radiodiffusion suédoise), semi-gouvernementale, a le monopole sur tous les programmes diffusés en Suède par les trois stations de radio et les deux chaînes de télévision. La radio suédoise diffuse des programmes d'information sur la Scandinavie en diverses langues, en particulier en français (11,79 KHz, FM 89,6 NHz à Stockholm).

On peut se procurer des journaux français à Stockholm, notamment dans la gare centrale, dans certains hôtels et les bureaux de tabac du centre. Points de vente de presse internationale à Stockholm : Presscenter, Gallerian (galerie marchande près de Sergels Torg).

SERVICES RELIGIEUX

L'église suédoise est luthérienne. Stockholm compte aussi une église orthodoxe grecque, plusieurs synagogues et trois mosquées.

– Services catholiques :
Marie Bebådelsekyrkan
Linnégatan 79, tél. 08-661 69 36
– Services juifs :
Grande synagogue
Wahrendorffsgatan 3 A, tél. 08-23 51 60
– Services protestants :
Paroisse réformée française
Humlegårdsgatan 13, tél. 08-662 81 32

SANTÉ, URGENCES

Dans les endroits reculés, à la montagne, on peut boire sans danger l'eau des lacs et des torrents.

Tout randonneur s'expose aux moustiques, en particulier dans le nord du pays, où il est impératif de se munir d'équipements spécialement adaptés (masques antimoustiques par exemple) et de lotions très efficaces.

En vertu des accords entre les pays membres de l'Union européenne, la prise en charge des frais médicaux est automatique sur présentation du formulaire E111 à faire établir par un centre de sécurité sociale pour la durée du séjour. Le système médical en Suède ne reposant pas sur la consultation d'un médecin de famille, il suffit de se présenter à l'hôpital le plus proche, muni d'un passeport.

• Urgences
En cas d'urgence, se rendre au service d'urgence (*akutmottagning*) de l'hôpital le plus proche ou au *Vårdcentral* si on se trouve dans une contrée reculée. A Stockholm, l'hôpital Sankt Erik (*Pohlemsgatan 48, tél. 08-654 11 17*) est ouvert tous les jours de 8 h à 20 h 30.

Appel d'urgence : *tél. 112 (*numéro unique des urgences, pour obtenir la police, les pompiers, une ambulance, un médecin). Les appels sont gratuits à partir de n'importe quelle cabine téléphonique.

• Pharmacies de garde de jour et de nuit
Stockholm : *CW Scheele, Klarabergsgatan 64, tél. 08-454 81 30*
Göteborg : *Vasen, Götgatan 12*
Malmö : *Gripen, Bergsgatan 48*

POUR MIEUX CONNAÎTRE LA SUÈDE

GÉOGRAPHIE, CLIMAT

La Suède s'étend tel un long ruban de 1 600 km de long et 480 km de large, et son point le plus septentrional atteint le 69e parallèle, bien au-delà du cercle polaire. Le paysage a été façonné au quaternaire par la dernière période glacière, comme en témoignent les nombreuses moraines disséminées çà et là. La fonte des glaciers a laissé une chaîne montagneuse qui s'étend du nord au sud et constitue une partie de la frontière entre la Suède et la Norvège. A l'extrême nord s'élève le point culminant du pays, le Kebnekaise. Mais le paysage suédois se caractérise tout spécialement par l'abondance de ses forêts, ressource primordiale pour une grande part de l'industrie nationale.

Bien que très au nord, la Suède jouit d'un climat doux et tempéré, grâce au réchauffement des eaux atlantiques par le Gulf Stream. Mais elle subit aussi l'influence du climat continental plus sec de la Russie. Le nord du pays bénéficie du soleil de minuit (de la fin juin à mi-juillet). Mais l'automne et l'hiver sont précoces et le printemps ne s'annonce véritablement qu'à partir du mois de mai, tandis qu'il peut commencer en Scanie dès février. Les températures hivernales vont en moyenne de + 1 °C à - 14 °C ; même à Stockholm, le thermomètre peut descendre en dessous de - 20 °C.

GOUVERNEMENT, ADMINISTRATION

La Suède est une monarchie constitutionnelle à régime parlementaire. Le Premier ministre est nommé par la majorité parlementaire, il est à la tête d'un Cabinet (*regering*) représenté par vingt-deux ministres. La Suède est composée de 284 communes, chacune dotée d'un conseil élu. Les communes sont responsables d'un grand nombre de services et de tâches : logement et fonctions complémentaires telles que voirie, égouts et adduction d'eau ; enseignement obligatoire de base ; assistance publique ; accueil de l'enfance.

L'organisation régionale se compose de 24 départements (*län*). L'administration nationale y est représentée par un préfet (*landshövding*), désigné par le gouvernement. Les préfectures sont responsables en matière de santé et ont notamment la charge des hôpitaux, de la formation et des stages professionnels.

Économie

Riche en forêts, en minerais et en énergie hydroélectrique, le pays s'est hissé au rang des grandes nations industrielles, avec des entreprises au nom prestigieux tel que Volvo, Saab, Electrolux, Ericsson etc. La région centrale du Bergslagen est le foyer sidérurgique de la Suède et, au cours des dernières années, l'industrie électrique et électronique principalement établie à Stockholm et à Västerås, s'est imposée sur la scène mondiale. L'agriculture constitue encore aujourd'hui une activité dominante, en particulier dans la province méridionale, la Scanie.

Cette province est connue pour être le grenier à blé de la Suède, même si elle ne représente que 5 % de la main-d'œuvre nationale et si 10 % des terres seulement sont consacrées à l'exploitation.

La sylviculture et l'exploitation forestière (industries de papier et de pâte à papier) représentent 60 % des exportations du pays. Ces activités sont principalement localisées le long du golfe de Botnie et dans la région du lac Vänern.

Population

La Suède compte 8,9 millions d'habitants, parmi lesquels 1,6 million dans Stockholm, 700 000 à Göteborg et 460 000 à Malmö.

En affaires, les Suédois restent très sérieux, sont rarement enclins au bavardage. Les longs déjeuners d'affaire ne sont pas de mise ; souvent, vous n'aurez droit qu'à une bière légère et, en cas de repas, celui-ci ne durera pas si longtemps qu'en France. Pour les rencontres de travail, soyez ponctuels et rigoureux dans votre choix vestimentaire. Préparez votre entretien en sachant que les Suédois sont pointilleux et attendent des informations précises et détaillées. Les bureaux sont désertés le vendredi après-midi, tout le pays semble chômer, pendant les mois d'été (fin juin à début août) et les vacances scolaires d'hiver. Il est également souhaitable de fixer vos rendez-vous le plus tôt possible dans la matinée, car les Suédois déjeunent le plus souvent vers 11 h 30. De même, ils détestent rester au bureau en dehors des heures de travail. Aussi, évitez les rendez-vous en fin d'après-midi. Les journées précédant les jours de fête sont également sacrées pour le rangement du bureau et la liquidation des affaires.

En cas d'invitation, une bouteille de whisky *pure malt*, particulièrement cher en Suède, sera très appréciée de votre hôte. Prévoyez également d'offrir des fleurs ou une boîte de chocolats à votre hôtesse.

Us et coutumes

Dans la vie de tous les jours, les Suédois sont décontractés, le vouvoiement n'est pratiquement plus utilisé et le salut n'est pas conventionnel.

Le pourboire est généralement inclus dans les prix, mais les taxis font exception : prévoyez 10 % en plus du prix de la course. De même, pour les coiffeurs. Aux vestiaires, on laisse environ 10 couronnes.

Le droit d'accès commun, *allemansrätt*, est une coutume exceptionnelle qui permet à tous la découverte de la nature suédoise. Mais il incombe de préserver cette nature et de faire preuve d'égards envers les gens et les animaux. Suivez la règle de base : ne pas déranger, ne pas abîmer.

COMMENT SE DÉPLACER

En avion

Dans un pays aussi vaste que la Suède, les transports aériens font partie de la vie quotidienne. Les grandes villes sont reliées entre elles par les services de **SAS** et de sa filiale **Linjeflyg**. Stockholm est ainsi reliée à une trentaine de villes.

Il existe des vols à prix réduit tout au long de l'année, de même que des vols à tarifs préférentiels pour les moins-de-vingt-cinq ans et des prix spéciaux pour les voyages d'affaires. Les prix les plus compétitifs sont proposés en été, à partir de la fin du mois de juin jusqu'à début août : prix forfaitaire pour dix trajets en quinze jours (accessibles avant le départ pour la Suède).

En train

La Compagnie des chemins de fer suédoise, SJ, jouit d'un réseau bien développé dans la totalité du pays. Presque toutes les grandes villes sont desservies à des fréquences rapprochées, en particulier Stockholm et Göteborg. Le train à grande vitesse suédois, le X2000, très confortable et adapté pour les handicapés, couvre une bonne partie du réseau à 200 km/h. Quant aux trains de nuit, ils comptent parmi les plus modernes d'Europe.

SVARTMANGATAN
STOCKHOLM 17.7.86

Réductions

Vous pouvez vous procurer la carte *Scan Rail Pass*, sans destination particulière, qui vous donne droit à des voyages illimités en kilomètres sur le réseau suédois, depuis Kristinehamn (dans le sud) à Gällivare (au nord du cercle polaire) à votre gré. Cette carte est valable pour une durée de cinq à douze jours pendant deux mois. Elle permet aussi de bénéficier de réductions spéciales pour les hébergements ainsi que sur la charmante et prestigieuse ligne de chemin de fer Inlandsbanan.

Les billets de train sont en vente dans les agences de voyages (*resebyrå*) et dans les gares. Pour connaître les horaires actualisés de tous les trains en Suède, consulter le site Internet *www.tagplus.se*.

En bateau

Paradoxalement, dans ce pays qui compte quelque 96000 lacs et d'innombrables cours d'eau, les transports par bateau ne sont pas chose courante. Les principales connexions sont celles qui relient le continent (Nynåshamn, Västervik, Oskarshamn) à l'île de Gotland. Il existe également nombre de connexions dans l'archipel de Stockholm, toutes étant assurées par la compagnie Waxholm. En été, vous pourrez vous procurer la carte forfaitaire *Båtluffarkortet* qui vous permet d'utiliser les bateaux Waxholm pour une durée de seize jours.

A la belle saison, les beaux vapeurs qui relient Göteborg et Stockholm via le Göta Kanal constituent un merveilleux moyen de transport.

En taxi

Dans les grandes villes, un système informatisé indique au chauffeur de taxi l'adresse à laquelle il doit se rendre. Les véhicules libres portent l'indication *ledig*. Lorsqu'on réserve un taxi, le compteur démarre dès que le chauffeur est averti. La prise en charge est de 40 à 50 couronnes et le kilomètre de 20 couronnes environ. Le numéro de réservation à Stockholm est *08-15 00 00.*

Transports publics routiers

• Autocars

Les autocars peuvent remplacer avantageusement des trajets en train sur de nombreux parcours entre les grandes villes. Les connexions sont principalement assurées par la Compagnie de chemin de fer SJ et par GDG Continentbus. SJ exploite notamment un système bon marché de transports publics qui relie les villes, les villages et les régions non desservies par le train.

Les succursales de la Compagnie des chemins de fer et d'autocars sont indiquées par les panneaux SJ Resebyrå. Mais vous pouvez acheter un billet dans n'importe quelle gare. Le week-end, des services spéciaux sont proposés sur les grands axes. Dans le nord du pays, les autocars de la Poste offrent un service non négligeable.

A Göteborg, le réseau d'autocars est complété par le tramway (*spårvagn*).

• Métro

Tout visiteur se doit de visiter le métro de Stockholm, que les Suédois présentent comme la plus longue galerie d'art du monde. La ville a tout lieu, en effet, d'être fière de son réseau urbain souterrain, *Tunnelbanan*, ou T *banan*, (un T bleu en signale les stations). Il fonctionne de 5 h à 2 h. Les plans du réseau sont affichés dans les stations et les rames. Les billets sont aussi valables pour les autocars pendant une heure à partir de leur compostage. Ils sont en vente dans les stations et dans les kiosques à journaux (*pressbyrå*) en carnets de 18 unités. Vous pouvez également les acheter auprès des conducteurs de bus. Le nombre de billets à composter est fonction de la longueur du trajet. les enfants et les retraités ne paient que la moitié du prix. Des billets spéciaux sont prévus pour les touristes, valables un ou trois jours.

• Location de voitures

Outre les grandes sociétés internationales, il existe de nombreuses compagnies locales, en particulier à Stockholm (les adresses et les numéros de téléphone figurent dans les pages jaunes de l'annuaire sous la rubrique Biluthyrning). Vous pourrez louer une voiture à l'aéroport (Arlanda, Landvetter et Sturup) ou auprès de votre agence de voyages.

Principales sociétés de location :

– Stockholm

Avis
Vasagatan 10B, tél. 020-78 82 00
Aéroport d'Arlanda, tél. 08-797 99 70
Budget
Klarabergsviadukten 92, tél. 020-78 77 87
Aéroport d'Arlanda, tél. 08-797 84 70
Europcar
Hôtel Sheraton, Tegelbacken 6, tél. 020-78 11 80
Aéroport d'Arlanda, tél. 08-593 609 40
Hertz
Vasagatan 26, tél. 020-211 211
Aéroport d'Arlanda, tél. 08-797 99 00

– Göteborg

Avis
Central Station, tél. 031-80 57 80
Budget
Kristinelundsgatan 13, tél. 031-20 09 30
Europcar
Svenson Bill Charter AB, Stampgatan 22 D
tél. 031-80 53 90
Hertz
Spannmålsgatan 73, tél. 031-80 37 30
Interrent
P-Huset, Nordstan tél. 031- 80 26 00

– Malmö

Avis
Skeppsbron 13, tél. 040-778 30
Budget
Thomsons väg 1, tél. 040-21 60 30
Europcar
Mäster Nilsgatan 22, tél. 040-716 40
Hertz
Jörgen Kocksgatan 1B, tél. 040-749 55
Interrent
Mäster Nilsgatan 22, tél. 040-38 02 40

SUR LA ROUTE

Les autoroutes sont rares mais la qualité du réseau routier excellente. La circulation est fluide et les accidents peu nombreux grâce aux règles que le conducteur étranger se doit de respecter telles que les limitations de vitesse. Sur autoroute, la vitesse maximale autorisée est de 110 km/h. Elle est de 70 à 90 km/h sur route, de 50 km/h dans les agglomérations et de 30 km/h. aux abords des écoles.

Le non-respect de ces limites peut entraîner des amendes instantanées. Attention ! Les contrôles sont fréquents et les amendes élevées. Elles peuvent être assorties d'un retrait du permis de conduire.

Les véhicules à remorque sont limités à 70 km/h et doivent être équipés de rétroviseurs spéciaux. Les Suédois ont pour coutume de rouler sur le bas-côté pour faciliter les dépassements, faites comme eux !

Les animaux sauvages, notamment les élans (et les rennes, dans les régions septentrionales) sont très dangereux et provoquent chaque jour de 30 à 40 collisions. Respectez les panneaux avertissant de ce danger et soyez particulièrement prudent à l'aube et au crépuscule.

La ceinture de sécurité est obligatoire à l'avant comme à l'arrière. Les feux de croisement doivent toujours être allumés, même en plein jour.

La législation anti-alcoolique est très stricte. A partir d'un taux d'alcoolémie de 0,2 g/l, le contrevenant est automatiquement passible d'un retrait du permis de conduire avec une forte amende ou une peine de prison.

Papiers nécessaires : permis de conduire, carte grise, indicatif du pays apposé à l'arrière du véhicule, carte verte ou toute autre attestation d'assurance.

Plus on va vers le nord, plus les prix de l'essence augmentent. Nombre de stations disposent de pompes automatiques (*sedelautomat*) et sont ouvertes 24 h/24. Le soir, ce sont généralement les seules à être ouvertes. Attention, seuls les billets de 20 et 100 couronnes sont acceptés mais il est souvent possible de payer par cartes de crédit sauf pour le diesel. Il est déconseillé de rouler au GPL car il existe très peu de postes.

En cas de panne, alertez la police ou le service de dépannage (*larmtjänst*). A Stockholm, composez le *08-24 10 00*, ailleurs le *020-91 00 40*.

Auto-stop

Ne prévoyez pas de vous déplacer en auto-stop : le trafic est loin d'être dense et, en été, les bagages, les cannes à pêche et les multiples équipements de camping ne laissent aucune place dans les voitures !

Bicyclette

Partout des pistes cyclables sont aménagées, si bien que beaucoup de Suédois se rendent au travail à bicyclette. En outre, le cyclotourisme est très apprécié et il existe nombre de sites idéaux pour les randonnées à vélo. Pour louer un vélo, rien de plus simple, il suffit de se renseigner auprès de l'office de tourisme local qui propose des forfaits comprenant la location du vélo et le logement. Pour les tarifs, vous pouvez vous renseigner auprès du **Svenska Turistföreningen** (STF, Touring Club suédois), qui a balisé de nombreux itinéraires et qui propose des formules d'hébergement, de haltes-restauration et de location :

STF

Box 25, Drottninggatan 31-33, 101 20 Stockholm, tél. 08-790 31 00

Vous pourrez obtenir des informations supplémentaires en vous adressant à **Cykelfrämjandet**, *Box 6027, Torsgatan 31, SE 102 31 Stockholm, tél. 08-32 16 80.*

OÙ LOGER

Les hôtels suédois jouissent d'une solide réputation quant à la propreté et à la qualité des services proposés. Bien évidemment, les prix sont proportionnels à cette qualité. Mais, à la belle saison, ils fléchissent du fait de la baisse de fréquentation des hommes d'affaires, qui contribuent à l'essentiel des profits.

Le marché de l'hôtellerie est largement dominé par les chaînes scandinaves telles que Scandic ou Sweden Hotels. A l'instar de leurs homologues étrangers, ces hôtels manquent singulièrement de charme, mais ils sont le plus souvent irréprochables quant à leurs prestations.

C'est en dehors des villes que vous trouverez, nichés dans des coins de campagne pittoresque, des petits hôtels chaleureux. Ces derniers sont souvent de vieux manoirs ou d'anciennes propriétés de directeurs de mines. Parmi ces établissements, une centaine appartient au consortium Sweden Hotels qui dispose d'une centrale de réservations à Stockholm.

Tous les grands groupes d'hôtellerie proposent des tarifs spéciaux en été, c'est le cas en particulier du *Plus Cheque* du Scandic Hotels Holiday, du *Hotel Pass* de Sweden Hotels et du *Hotelchèque* de Best Western Hotels.

En outre, vous pourrez bénéficier dans les trois grandes villes (Stockholm, Göteborg, Malmö) de conditions spéciales le week-end et durant les mois d'été, avec, en particulier, des prix réduits et une carte de libre accès aux réseaux de transport urbain et aux diverses attractions.

L'Office suédois du tourisme propose gratuitement dans tous ses bureaux son guide annuel *Hotels in Sweden* (en anglais) qui répertorie les hôtels de la plupart des villes de Suède avec quantité de détails et d'indications de prix (site Internet : *www.hotelinsweden.net).*

La liste qui suit présente une petite sélection d'établissements effectuée dans les trois grandes villes de Suède et les différentes régions traversées. Ils sont présentés dans l'ordre alphabétique et la catégorie de prix est indiquée par le nombre d'astérisques (tarif moyen d'une chambre pour deux et, généralement, petit déjeuner inclus).

* = moins de 1000 couronnes
** = de 1000 à 1800 couronnes
*** = plus de 1800 couronnes

LES HÔTELS

• Stockholm

Berns'Hotel ***
Näckströmsgatan 8, SE-111 47 Stockholm
tél. 08-566 322 00
Immeuble classique au cœur du centre-ville, à proximité des commerces et des hauts lieux de la vie nocturne.

Scandic Hotel Hasselbacken ***
Hazeliusbacken 20, SE-100 55 Stockholm
tél. 08-517 343 00
Un lieu de séjour très confortable sur l'île Djurgården, à deux pas des musées et du parc d'attractions Gröna Lund.

Lydmar Hotel **/***
Sturegatan 10, SE-114 36 Stockholm,
tél. 08-566 113 00
Cet hôtel du centre, avec son excellent restaurant, passe aussi, chez les amateurs de soul et de jazz, pour être l'une des meilleures scènes de Stockholm.

Häringe Slott **
SE-137 91 Västerhaninge, tél. 08-500 404 60
Le séjour est enchanteur dans ce charmant manoir situé en bord de mer, à une demi heure seulement au sud de Stockholm.

Mälardrottningen **
Riddarholmen, S-111 28 Stockholm, tél. 08-24 36 00
« La reine du Mälaren » est peut-être l'hôtel le plus étonnant de la capitale. Il s'agit de l'ancien yacht aménagé de la riche américaine Barbara Hutton, aujourd'hui amarré près de la vieille ville. 59 chambres (cabines) Restaurant excellent mais très cher.

Villa Källhagen **
Djurgårdsbrunnsvägen 10, SE-115 27 Stockholm,
tél. 08-665 03 00

Hôtel à la fois moderne et charmant de Djurgården, avec un excellent restaurant, près de la mer et des parcs.

First Hotel Crystal Plaza */**
Birger Jarlsgatan 35, SE-111 45 Stockholm, tél. 08-406 88 00
Hôtel central. Chambres toutes catégories. Prix attractifs les week-ends et en été.

Hotell Tre Små Rum *
Högbergsgatan 81, SE-118 54 Stockholm, tél. 08-641 23 71
«*Bed and Breakfast*» assez confortable, dans le faubourg branché de Södermalm.

- **Göteborg**

Eggers **
Drottningtorget, S-401 25 Göteborg, tél. 031-17 15 70
Hôtel de gare du XIXe siècle, face à la Central Station. 77 chambres au décor original.

Liseberg Heden **
Sten Sturegatan, S-411 38 Göteborg, tél. 031-20 02 80
Près du parc d'attractions Liseberg. 160 chambres.

Hotel Lorensberg **
Berzeliigatan 15, SE-412 53 Göteborg, tél. 031-81 06 00
Hôtel agréable décoré de jolies fresques, près de Götaplatsen, de l'Avenyn et du parc Liseberg.

Novotel Göteborg **
Klippan 1, SE-414 51 Göteborg, tél. 031-14 90 00
Situé sur le front de mer, face au port, à proximité des transports en commun.

Hotel Excelsior *
Karl Gustavsgatan 7, SE-411 25 Göteborg, tél. 031-17 54 35
Charmant hôtel vieux style à une distance raisonnable, à pied, de l'Avenyn.

- **Malmö**

Noble house **
Gustav Adolfstorg 47, S-211 39, Malmö, tél. 040-10 15 00
Hôtel récent au cœur de la ville. 128 chambres.

Radisson SAS Hotel Malmö **
Östergatan 10, SE-211 25 Malmö, tél. 040-23 92 00
Hôtel de qualité avec chambres spacieuses, à cinq minutes des ferries.

Hotel Temperance *
Engelbrektsgatan 16, SE-211 33 Malmö, tél. 040-71 020
Immeuble de la fin du XIXe siècle rénové, dans le centre.

Hotell Astoria *
Gråbrödersgatan 7, SE-211 21 Malmö, tél. 040-78 660
Situé dans le vieux quartier de Malmö non loin de la gare et des ferries.

Plaza *
S. Förstadsgatan 30, S-211 44 Malmö, tél. 040-771 00
Hôtel modeste mais bien situé. 52 chambres.

- **Suède méridionale**

Ystads Saltsjöbad **
Saltsjöbadsvägen 6, SE-271 39 Ystad, tél. 0411-136 30
Vue panoramique sur la Baltique et atmosphère relaxante pour un séjour agréable.

Åhusstrand */**
Kolonivägen, SE-296 32 Åhus, tél. 044-28 93 00
Dans la ville d'Åhus, berceau de la célèbre Absolut Vodka, cet hôtel est situé sur la plage.

Romantik Slottshotellet **
Slottsvägen 7, SE-392 33 Kalmar, tél. 0480-882 60
Décor vieux style et ambiance romantique ; dans la vieille ville.

Vimmerby Stadshotell **
Sevedegatan 39, SE-598 37 Vimmerby, tél. 0492-121 00
Hôtel plaisant dans la ville natale de l'écrivain Astrid Lindgren.

Hotel Buena Vista *
Tarravägen 5 SE-269 35 Båstad, tél. 0431-760 00
Cette ancienne villa privée de 1906, joliment rénovée, a su garder son charme d'antan.

- **Gotland**

Strand Hotell **
Strandgatan 34, SE-621 56 Visby, tél. 0498-25 88 00
Au centre de Visby, cet hôtel confortable a été aménagé dans une ancienne brasserie.

- **Côte ouest**

Hotel Tylösand **
Tylöhusvägen, SE-301 16 Halmstad, tél. 035-305 00
Sur la plage, près d'un parcours de golf de bonne catégorie. Hôtel de classe.

Varbergs Kurort & Kusthotell **
Nils Kreugers Väg 5, SE-432 24 Varberg, tél. 0340-62 98 00
Bel hôtel sur le littoral, près du centre de Varberg.

Villa Maritime Marstrand **
Hamnen, SE-440 30 Marstrand, tél. 0303-610 25
Bel hôtel situé sur le port. Golf et voile.

Hotel Lysekil *
Rosvikstorg 1 SE-453 30 Lysekil, tél. 0523-66 55 30
Chambres modernes et bien équipées. Pêche, ski nautique et promenades en bateau.

Hotell Smögens Havsbad*
Hotellgatan 26, SE-450 43 Smögen, tél. 0523-310 35
Hôtel moderne sur la plage. Golf et pêche au homard (en septembre).

• Grands lacs

Comfort Home Hotel Victoria **
FE Elmgrens Gata 5, SE-551 13 Jönköping, tél. 036-71 28 00
Bon confort. Immeuble XIXᵉ siècle.
Stadshotellet Karlstad **
Kungsgatan 22, SE-651 08 Karlstad, tél. 054-21 52 20
Hôtel de la fin du XIXᵉ siècle sur la rivière Klara.

Stadt Lidköping **
Gamla Stadens Torg 1, SE-531 02 Lidköping, tél. 0510-220 85
Confortable hôtel de tradition. Possibilité d'excursions à la découverte du château de Läckö et de la fabrique de porcelaine Rörstrand.
Dalhall Hotell & Restaurang *
Strömstadsvägen/Riksväg 45, SE-662 30 Åmål, tél. 0532-166 90
A la sortie d'Åmål. Tennis et activités nautiques.

• Göta Kanal

Romantik Hotel Söderköpings Brunn */**
Skönbergsgatan 35, SE-614 21 Söderköping, tél. 0121-109 00
Charmant hôtel, au cœur du Söderköping médiéval.
Kanalhotellet *
Storgatan 94, SE-546 32 Karlsborg, tél. 0505-121 30
Hôtel charmant de la fin du XIXᵉ siècle. Belle vue sur la campagne et le Göta Kanal.

• Dalécarlie

Ulfshyttans Herrgård **
Ulfshyttan SE-781 96 Borlänge, tél. 0243-25 13 00
Joli manoir avec un excellent restaurant, à 25 km au sud de Borlänge. Environnement propice aux balades en scooter et au ski nordique.
First Hotel Mora **
Strandgatan 12, SE-792 30 Mora, tél. 0250-717 50
Moderne, en centre-ville. Près du musée Zorn et de la ligne d'arrivée de la célèbre Vasaloppet.
Gärdebygården *
Hol Daniels Väg 8, SE-795 36 Rättvik, tél. 0248-100 07
Hôtel traditionnel. Belle vue et bon restaurant.

• Provinces du centre

First Hotel Statt Hudik **
Storgatan 36, SE-824 22 Hudiksvall, tél. 0650-150 60
Bel hôtel du XIXᵉ siècle. Vue sur la mer, concerts dansants chaque semaine.
First Hotel Gamla Teatern **
Thoméegränd 20, SE-831 34 Östersund
Ancien théâtre du XIXᵉ siècle transformé en hôtel en 1984. Belles chambres de style 1900.
Hotell Årevidden *
Björnänge, SE-830 13 Åre, tél. 0647-171 70
Confort moderne et vue splendide sur la montagne. A proximité des pistes de ski.

• Laponie

Hotell Jokkmokk **
Solgatan 45, SE-962 32 Jokkmokk, tél. 0971-553 20
Hôtel confortable avec restaurant, sauna et piscine.
Laponia Hotel **
Storgatan 45, SE-933 33 Arvidsjaur, tél. 0960-555 00
Moderne et agréable. Balades en scooter et traîneau à chiens, golf d'hiver.

• Nord-Est

Nordkalotten Hotell & Konferans **
Lulviksvägen 1, SE-972 54 Luleå, tél. 0920-893 50
Vue agréable sur le lac. Multiples activités de plein air. Cuisines traditionnelle et internationale.
Strand Hotell *
Västra Strandgatan 11, SE-903 26 Umeå, tél. 090-70 40 00
Hôtel familial et modeste mais assez confortable.

LES MOTELS

La Suède compte un nombre relativement important de motels. La plupart ont été construits récemment. Faciles d'accès et souvent situés au milieu d'espaces verts, ils correspondent parfaitement au besoin d'une halte agréable. Nombre d'entre eux proposent des chambres familiales (quatre lits) à des prix modiques.

Logement chez l'habitant

Le système *Bed and Breakfast* n'est pas très répandu en Suède, mais il est possible de louer des chambres privées chez l'habitant pour un prix modeste. Le panneau RUM (« chambre ») indique la possibilité d'hébergement (le petit déjeuner n'est pas toujours inclus). Les prix sont bien plus abordables que ceux des hôtels. Se renseigner auprès des offices de tourisme locaux ou contacter, à Stockholm :

Bed and Breakfast Service
Strandvägen 5B, 114 51 Stockholm
tél. 08-660 55 65
Site Internet : *www.bedbreakfast.a.se*

Camping

Le camping est très apprécié des Suédois et le pays compte près de 750 terrains classés officiellement. La plupart sont admirablement situés sur les rives d'un lac ou le flanc d'une montagne. Ils sont en général ouverts à partir du mois de juin jusqu'à la fin du mois d'août. Dans le Nord, les campings attendent souvent le *Midsommar* (fête de la Saint-Jean, le 24 juin) pour accueillir les vacanciers. On peut se procurer la liste complète des campings, *Campingboken*, auprès de l'office de tourisme de Stockholm et dans les librairies. On peut également, et pour quelques couronnes seulement, obtenir une carte internationale de camping au premier terrain choisi. Les chèques-camping sont valables partout et donnent droit à des réductions. Nombre de campings proposent également des bungalows de bois (*hytter*) meublés et équipés d'une petite cuisine, pour des prix très raisonnables (il suffit d'être muni de son sac de couchage). Enfin, les campings sont remarquablement aménagés et, outre des installations sanitaires irréprochables, de nombreux terrains mettent à la disposition des vacanciers des minigolfs, des piscines, des bicyclettes, des canoës, des saunas…

• Camping sauvage
En vertu de l'*allemansrätt*, on peut monter sa tente ou garer sa voiture pour une nuit n'importe où. Il suffit de suivre une règle de courtoisie élémentaire et de demander au voisinage si cela ne dérange pas.

Vacances a la suédoise

Tout Suédois, ou presque, possède sa propre *stuga*, ou maison de bois, perdue dans la nature. Les visiteurs étrangers peuvent également passer de véritables vacances à la suédoise en louant un petit chalet (se renseigner auprès des agences de voyages). Les *stugor* sont toujours parfaitement aménagées et équipées de cuisines (prévoir draps et serviettes de bain). La Suède compte environ 250 villages de *stugor*. Ces derniers comportent généralement un restaurant, une piscine et des courts de tennis. Les locations sont généralement prévues pour une semaine. Il existe en outre nombre de *stugor* isolées et admirablement situées. Les *stugor* constituent une formule idéale pour passer des vacances en famille. Pour louer une *stuga* dans l'archipel de Stockholm, se renseigner à l'adresse suivante :

Utflyktsbutiken (boutique de l'Excursionniste)
Sverigehuset, Hamngatan 27, Stockholm
tél. 08-789 24 95
Courrier électronique : *utflyktsbutiken@stoinfo.se*

Auberges de jeunesse

La Suède compte près de 280 auberges de jeunesse, ou *vandrarhem*. Toutes dépendent du Touring Club de Suède. Elles sont ouvertes à tous et sont relativement bon marché. Si vous êtes membre d'une organisation affiliée à la FIAJ (Fédération internationale des auberges de jeunesse) vous bénéficierez de prix préférentiels.

Les auberges suédoises sont confortables et disposent généralement de chambres équipées de l'eau chaude et froide, voire de douches. Nombre d'entre elles proposent des chambres familiales ainsi que des chambres pour deux personnes. Toutes sont équipées de cuisines et vous pourrez même y acheter des denrées de base. Prévoyez vos draps, les sacs de couchage n'étant pas admis (quelquefois des draps en papier sont en vente). Les horaires pratiqués sont parfois très stricts, renseignez-vous.

Si de nombreuses auberges ont été aménagées dans des immeubles modernes, certaines sont particulièrement pittoresques et valent un détour, en particulier celle de Stockholm qui a été installée dans un élégant trois-mâts du XIXe siècle, l'*af Chapman*, amarré au cœur de la ville.

Toutes les auberges suédoises sont répertoriées dans le guide de la FIAJ. On peut obtenir des renseignements auprès d'une agence de voyages ou :

– En Belgique
Centrale wallonne des auberges de jeunesse
Rue van Oost 52, 1030 Bruxelles, tél. (2) 215 31 00
– Au Canada
Canadian Hostelling Association
1600 James Naismith Drive, Suite 608, Gloucester, Ontario KAB 5N4, tél. (613) 748 56 38
– En France
Fédération unie des auberges de jeunesse
27, rue Pajol, 75118, Paris, tél. 01 42 41 59 00
– En Suisse
Auberge de jeunesse ASJ
Rue Rothschild 28-30, 1202 Genève, tél. 732 62 60

ADRESSES UTILES POUR LES RENSEIGNEMENTS ET LES RÉSERVATIONS

Best Western Hotels
Centralkontor 2 skyhteholmsv, Box 28, 171 18 Solna Vaexel,tél. 08-56 62 93 70
Bo på Lantgard (logement à la ferme)
Box 8, 668 21 Ed, tél. 534-1 20 75
Site Internet : *www.bopalantgard.org*
Countryside Hotels (hôtels de campagne)
Box 69 830 13 Are, tél. 647-50 680
Site Internet : *www.countrysidehotels.se*
Nord Espaces (liste des chalets dans le Småland)
37, rue de La-Tombe-Issoire 75014 Paris, tél. 01 45 65 00 00
Courrier électronique : *yamagriin@aol.com.*
Scandic Hotels
Box 6197, S-102 33 Stockholm, tél. 08-34 55 50
Site Internet : *www.scandic-hotels.com*
Sweden Hotels
Kammakargatan 48, S-111 60 Stockholm, tél. 08-20 43 11
Svenska Turistföreningen (ou STF ; Touring Club de Suède ; auberges de jeunesse et chalets)
Drottninggatan 31 -33, Stockholm, tél. 08-790 32 00

SE RESTAURER

La Suède s'est ouverte très récemment à la gastronomie internationale et aujourd'hui, toutes les grandes villes ont vu s'installer en grand nombre des établissements français, italiens, grecs, chinois et japonais, à tel point qu'il devient difficile de goûter à la cuisine suédoise traditionnelle et authentique ! Ainsi la capitale, Stockholm, compte près de cent restaurants représentant quelque trente traditions gastronomiques étrangères.

Cependant, le pays connaît une certaine renaissance culinaire grâce à la nouvelle génération de jeunes chefs suédois, tel Mathias Dahlgren, qui a reçu le Bocuse d'or en 1997. Parmi la vingtaine de restaurants stockholmois recensés dans le *Guide Michelin*, cinq sont dotés d'une étoile.

Göteborg abrite également quelques établissements intéressants avec, en particulier, des maisons spécialisées dans les plats issus tout droit de la mer. Mais c'est à Malmö que l'on compte le plus grand nombre de restaurants par personne. Sa position géographique en fait une véritable plaque tournante de la gastronomie.

Certes, les menus sont souvent onéreux, mais les plats sont dans l'ensemble copieux. En outre, les petits déjeuners des hôtels sont une véritable corne d'abondance si bien que vous aurez tout juste besoin d'une petite collation à midi.

N.B. : le *påtår* est une tradition suédoise qui donne droit gratuitement à une deuxième tasse de café.

Les restaurants de première classe réservés aux repas d'affaires sont hors de prix, mais le voyageur trouvera facilement nombre d'établissements modestes et bon marché. Tous les midis, la plupart des restaurants, même les restaurants d'hôtels, proposent un *Dagens rätt,* menu généralement servi entre 11 h et 14 h et qui comprend une salade, un plat chaud, le pain, une boisson et le café. Même dans les grands hôtels, les prix sont à peine supérieurs à ceux pratiqués dans les restaurants courants.

Les établissements de restauration rapide ont naturellement envahi toutes les villes suédoises de même que les pizzerias, où les menus figurent parmi les plus abordables. Enfin, vous trouverez sur chaque trottoir l'incontournable *korvkiosk* ou *gatukök*, qui sert le fameux hot-dog *(varmkorv)* suédois. Les Suédois déjeunent de très bonne heure. Les restaurants ouvrent leur porte vers 11 h et certains hôtels, en particulier dans les contrées reculées, servent le repas du soir vers 18 h. Mais dans les villes, les établissements se sont mis à l'heure continentale et on peut même souper après minuit dans les cafés en vogue. Ne manquez pas de parcourir les pages spectacles et divertissement des quotidiens : souvent les restaurants y font des « offres spéciales ».

La liste ci-dessous, qui indique des adresses de restaurants dans les trois grandes villes et quelques étapes régionales, est loin d'être exhaustive. Les astérisques indiquent la situation de chaque établissement dans l'échelle de prix. Ceux-ci équivalent à un dîner pour une personne et ne prennent pas en compte le vin. Les offices du tourisme locaux disposent toujours d'une brochure complète avec des renseignements actualisés sur les prix.

* = moins de 200 couronnnes
** = de 200 à 400 couronnes
*** = plus de 400 couronnes

LES RESTAURANTS

• Stockholm

Gondolen ***
Stadsgården 6, tél. 08-641 70 90
L'un des « must » parmi les restaurants de Stockholm pour sa cuisine traditionnelle suédoise. Vue magnifique sur la capitale.
Operakällaren ***
*Operan (*l'Opéra royal de Stockholm*), tél. 08-676 58 00*
Le restaurant le plus connu de la capitale suédoise mérite un détour ne serait-ce que pour sa fantastique décoration fin de siècle.
Paul & Norbert ***
Strandvägen 9, tél. 08-663 81 83
Sélectionné à juste titre par le *Guide Michelin*, ce restaurant gastronomique est un peu cher mais excellent.

Wedholms Fisk ***
Nybrokajen 17, tél. 08-611 78 74
Étoilé, lui aussi, au *Guide Michelin*, c'est l'un des meilleurs restaurants de poisson du pays.
Bon Lloc **/***
Bergsgatan 33, tél. 08-650 50 82
C'est le bistro charmant du célèbre chef Mathias Dahlgren. Cuisine savoureuse à prix abordables.
Fredsgatan 12 **/***
Fredsgatan 12, tél. 08-24 80 52
Le chef Melker Andersson, très réputé en Suède, va chercher son inspiration dans les recettes françaises et sud-américaines pour décrocher, lui aussi, des étoiles.
La Grenouille **/***
Grev Turegatan 16, tél. 08-20 10 00
Trois restaurants en un, et trois niveaux de prix (le plus cher sert des cuisses de grenouille). Très populaire auprès de la jeunesse.
Eriks Bakficka **
Fredrikshovsgatan 4, tél. 08-660 15 99
Très bonne cuisine suédoise avec une grande variétés de poissons.
Fem Små Hus **
Nigränd 10, tél. 08-10 87 75
Classique, niché dans une cave du XVIIIe siècle, sur l'île de Gamla Stan, au centre de Stockholm.
Grand Veranda **
Blasieholmshamnen 8, tél. 08-679 35 86
Cadre très élégant et vue panoramique pour goûter au fameux *smörgåsbord.*
Sturehof **
Stureplan 2, tél. 08-440 57 30
Restaurant de spécialités traditionnelles suédoises, au cœur du quartier « nocturne » de la capitale. Concerts au bar.

• Göteborg

Fiskekrogen ***
Lilla Torget 1, tél. 031-10 10 05
A coup sûr, le meilleur restaurant de poisson de la ville avec une carte des vins attrayante.
Räkan ***
Lorensbergsgatan 16, tél. 031-16 98 99
Spécialités de fruits de mer. Mise en scène originale : vos crevettes arrivent sur un petit bateau de pêche télécommandé que vous dirigez vous-même !
Westra Piren ***
Dockepiren, Eriksberg, tél. 031-51 95 55
Restaurant de cuisine française de qualité. Vue remarquable sur le port.
Brasserie l'Escalier **
Östra Majorsgatan 4, tél. 031-14 48 00
Ce restaurant aux accents français se distingue aussi par sa cave exceptionnelle.
Hemma hos **
Haga Nygata 12, tél. 031-13 40 90
Restaurant local très mignon qui sert de merveilleux plats de poissons et de délicieux desserts.
Smaka **
Vasaplatsen 3, tél. 031-13 22 47
Véritable *husmanskost* (cuisine traditionnelle) dans une ambiance musicale.
Amanda Boman *
Saluhallen, tél. 031-13 76 76
Pour déjeuner simplement d'une authentique *husmanskost.*
Nya Andrum *
Östra Hamngatan 19, tél. 031-13 85 04
Bonne cuisine végétarienne.

• Malmö

Årstiderna i Kockska Huset**/***
Frans Suellsg. 3, tél. 040-23 09 10
Adresse très prisée par le milieu des affaires.
Petri Pumpa **/***
(Hôtel Savoy), *Norra Vallgatan 62, tél. 040-66 44 880*
Excellente cuisine suédoise et plats végétariens. L'un des cinq meilleurs restaurants du pays selon le *Gourmet*, magazine culinaire national.
Anno 1900 **
Norra Bulltoftav. 7, tél. 040-18 47 47
Ambiance amicale parmi les habitués de ce restaurant de spécialités suédoises.
Rådhuskällaren **
Stortorget, tél. 040-790 20
Installé sous des voûtes du XVIe siècle, délicieux fruits de mer.
Restaurang Johan P. **
Isak Slaktaregatan 8, tél. 040-97 18 18
Excellents plats de poissons. En dessert, goûtez la traditionnelle *spettekaka.*
Skeppsbron 2 **
Skeppsbron 2, tél. 040-30 62 02
Endroit agréable, près du canal. Cuisine assez ordinaire mais bonne carte des vins et des liqueurs.
Brogatan */**
Brogatan 12, tél. 040-30 77 17
Très populaire à Malmö pour sa cuisine suédoise traditionnellement « bio ». Musiciens en soirée.
Atmosfär **
Fersens väg 4, tél. 040-12 50 77
Cuisine à base d'ingrédients du nord à la façon méditerranéenne.

• Suède méridionale

Kattegat Gastronomi & Logi **/***
Storgatan 46, Torekov, tél. 0431-630 02
Meilleure adresse de Suède selon le *Gourmet* pour la cuisine du chef Rikard Nilsson.
Karlaby Kro **/***
Tommarp, 7 km de Simrishamm, tél. 0414-203 00
Joli repaire de quatre chefs virtuoses.
Calmar Hamnkrog **
Skeppsbrogatan 30, Kalmar, tél. 0480-41 10 20
Cuisine classique et vue sur la mer.

Elinor **
Kullagatan 53, Helsingborg, tél. 042-14 32 71
Spécialités de poissons et fruits de mer.
Rut på Skäret */**
Gläntan 1, Nyhamnsläge, tél. 042-34 61 88
Maison rustique du XVIIIe siècle et cuisine traditionnelle, servie dans le jardin par beau temps.

• Göta Kanal

Romantik Hotel Söderköpings Brunn **
Skönbergsgatan 35, Söderköping, tél. 0121-109 00
Le restaurant de l'hôtel sert des bonnes recettes suédoises et de savoureux plats végétariens.

• Gotland

Bakfickan **/***
Stora Torget 1, Visby, tél. 0498-27 18 07
Restaurant coquet où l'on sert d'excellents poissons en portions généreuses.

• Côte ouest

Pio & Company **
Storgatan 37, Halmstad, tél. 035-21 06 69
Plats traditionnels et présentation contemporaine.
Tanums Gestgifveri **
Apoteksv 7, Tanumshede (à 30 km de Strömstad), tél. 0525-290 10
Cuisine à base de produits locaux : œuvre d'une femme-chef native de Göteborg.

• Grands lacs

Svarta Börsen **/***
Kyrkog 4, Jönköping, tél. 036-71 22 22
Petit restaurant traditionnel de spécialités de poissons et de desserts délicieux.

Starby Kungsgård **
Ödeshögsvägen, Vadstena, tél. 0143-751 00
Excellente adresse pour déguster les produits locaux aussi bien dans le traditionnel *husmanskost* que dans les recettes modernes.

• Dalécarlie

Dössbergets Värdshus **
Bjursås (à 20 km de Falun), tél. 023-507 37
Ici, la cuisine ordinaire suédoise voisine avec les recettes gastronomiques.
Åkerblads Hotell & Gästgiveri **
Sjögatu 2, Tällberg (13 km de Leksand), tél. 0247-508 00
Restaurant traditionnel avec buffet pour le déjeuner et le classique *smörgåsbord* le week-end.

• Provinces du centre

Villa Tottebo **
Parkvägen 1, Åre
Bonne adresse pour apprécier les produits locaux dans cette station de sports d'hiver.

Sillmans Fiskdeli */**
Nybrogatan 10, Sundsvall,
tél. 060-15 42 90
Cette famille de pêcheurs du coin vous propose ses spécialités de harengs et de crevettes fumées.

• Laponie

Jukkasjärvi Wärdshus **
Marknadsvägen 63, Jukkasjärvi,
tél. 0980-668 80
Excellent restaurant où sont mitonnés les produits régionaux tel le renne ou le coq de bruyère.

• Nord-Est

Margaretas Värdshus */**
Lulevägen 2, Gammelstad (10 km de Luleå),
tél. 0920-542 90
Cette auberge familiale et pittoresque présente généralement au menu des spécialités locales.
K-A Svensson Kök och Matsalar */**
Blå Huset, Vasaplan, Umeå, tél. 090-77 98 00
Restaurant modeste mais authentiquement suédois avec le *husmanskost* de toutes les façons.

ALCOOLS

L'alcool en Suède est une denrée de luxe réservée aux grandes occasions. Le mieux est de se contenter d'une bière légère (Classe I ou II, *folköl* ou *lättöl*) ou de l'eau minérale ; la *Ramlösa* est excellente. Mais ne manquez pas de goûter au *snaps* traditionnel. Dans le commerce, la *starköl* (bière Classe III), le vin et les spiritueux sont vendus exclusivement dans les magasins sous monopoles d'état, *Systembolag*. Ces derniers sont ouverts entre 9 h et 18 h du lundi au vendredi, sont fermés le week-end et ont des horaires réduits à la veille des jours de fête. L'âge minimum autorisé est de vingt et un ans.

LA VIE CULTURELLE

MUSÉES, GALERIES, CHÂTEAUX

• Stockholm
Un mois à Stockholm ne suffirait pas pour faire le tour de ses innombrables musées et galeries ! C'est pourquoi nous vous proposons ici les musées à ne manquer sous aucun prétexte tout en vous conseillant de vous procurer la liste exhaustive disponible à l'office du tourisme de Stockholm. Les prix indiqués ne figurent qu'à titre indicatif. Vous pourrez bénéficier d'importantes réductions en vous procurant la Carte de Stockholm (*Stockholmskortet*) qui donne libre accès à près de soixante musées, châteaux et autres monuments ou sites, ainsi que le droit de prendre librement tous les transports publics (y compris les bus et les bateaux qui font la visite de la capitale). La carte est valable de un à trois jours (gratuité pour deux enfants âgés de sept à dix-sept ans). Des cartes similaires existent pour les villes de Göteborg et de Malmö.

Les heures d'ouverture citées ci-dessous sont valables pour les mois d'été uniquement, renseignez-vous pour les autres saisons.

Musée Wasa (Wasavarvet)
Djurgården. Le musée le plus connu de Suède est un exemple en matière d'architecture d'exposition. Outre le vaisseau du XVIIe siècle qui sombra le jour de son baptême (voir chapitre Stockholm), vous pourrez y admirer de belles maquettes relatant l'opération de sauvetage qui eut lieu en 1961, ainsi qu'une foule d'objets divers, émouvants témoins du passé. Toutes les heures, un film en version anglaise retrace l'histoire du *Wasa* et de sa formidable restauration. On y apprend entre autres qu'un des archéologues a été victime d'une maladie du XVIIe siècle après avoir goûté à un morceau de saumon qui était resté conservé dans l'épave. Le musée est ouvert de 9 h 30 à 19 h en été et de 10 h à 17 h le mercredi, le reste de l'année.
Musée de la forteresse de Waxholm
Île de Waxholm. Le musée abrite une belle collection d'armes et d'uniformes d'époque ainsi que des documents historiques. Ouvert de 12 h à 16 h. A une demi-heure de bateau de la capitale.
Musée des Sciences et des Techniques (Tekniskamuseet)
Museivägen 7. Bus n° 69 à partir de Norrmalmstorg. Il présente l'évolution à travers les âges de la science et de la technologie en Suède. Admirablement aménagé. Voir en particulier la reconstitution d'une mine de fer, au sous-sol, et l'exposition sur les inventions de Polhem, le « père de la technologie suédoise ». Ouvert de 10 h à 16 h en semaine, de 12 h à 16 h le week-end.
Château royal (Kungliga Slottet)
Dans la vieille ville. Accès libre dans la cour intérieure. Le château abrite nombre de curiosités mais les principaux centres d'intérêt sont les appartements royaux, le Trésor et le cabinet royal des Armures (voir le chapitre sur Stockholm). Les horaires et les prix pratiqués sont variables.
Musée médiéval (Medeltidsmuseet)
Strömparterren, en face de l'ancien Parlement. Une foule d'objets d'époque et des ruines ont été mises au jour en 1980 lors d'un chantier de construction d'un parking souterrain. Ils sont aujourd'hui intégrés dans un décor théâtral qui laisse libre cours à l'imagination. Le musée

relate la naissance et le développement de Stockholm au Moyen Age. Très apprécié par les jeunes visiteurs. Ouvert du mardi au jeudi de 11 h à 19 h et le vendredi et le dimanche de 11 h à 17 h. Fermé le lundi.

Musée d'Art moderne (Moderna Museet)
Ile de Skeppsholmen. Musée vivant aux expositions les plus variées. D'une conception originale et exemplaire, il reflète au mieux les tendances actuelles. En février 1998, le musée s'est installé dans un nouveau bâtiment, dessiné par l'architecte espagnol Rafael Moneo (les anciens locaux abritent désormais le musée de l'Architecture). Il recèle un beau choix d'œuvres du XXe siècle signées Matisse, Braque, Modigliani, Paul Klee ainsi que des œuvres offertes par les artistes eux-mêmes, telles que le « groupe d'art cinétique » *Le Paradis*, que l'on doit à Jean Tinguely et Niki de Saint-Phalle. Une nouvelle salle permet de présenter un vaste programme d'expositions diverses. Ouvert du mardi au jeudi de 11 h à 22 h et du vendredi au dimanche de 11 h à 18 h. Prix variables.

Musée nordique (Nordiska Museet)
Djurgården. Il fut fondé par Artur Hazelius, le père de Skansen. Il illustre la vie des Scandinaves du XVIe siècle à nos jours. Ouvert de 10 h à 16 h du lundi au vendredi, de 12 h à 17 h le week-end.

Musée national des Beaux-Arts (National Museum)
Södra Blasieholmen. Inauguré en 1794, c'est l'un des plus anciens au monde, dans son genre. Collection impressionnante tant par son volume que par sa qualité : œuvres de Rembrandt, de Rubens, du Gréco, de Bruegel, Vous pourrez également y admirer des œuvres de Chardin, de Courbet, de Cézanne, de Gauguin, de Renoir et de Manet et celles des Suédois Carl Larsson, Bruno Liljefors et Anders Zorn. Ouvert de 10 h à 16 h tous les jours, nocturne le mardi (21 h), fermé le lundi. Entrée libre pour les enfants.

Millesgården
Carl Milles väg 2, dans l'île de Lidingö. Très belle présentation des sculptures de l'artiste suédois Carl Milles dans le jardin qu'il a lui-même imaginé pour exposer son œuvre « aérienne ». Possibilité de visiter sa demeure, son atelier et admirer sa collection personnelle. Ouvert tous les jours de 10 h à 17 h.

Musée du Jouet (Leksaksmuseet)
Mariatorget 1. Il abrite des milliers de jouets de toute sorte, toutes époques confondues. Ouvert tous les jours de 10 h à 16 h sauf le lundi ; de 12 h à 16 h le week-end.

Musée des Antiquités nationales (Historiska Museet)
Narvavägen 13-17. Formidable débauche d'objets retraçant dix mille ans d'histoire ! C'est un musée unique en son genre. Pas moins de trente salles abritent des vestiges des temps les plus reculés, en particulier une collection d'objets en or et en argent de la période viking, des armes et des pierres gravées de l'île de Gotland et le trésor de Vendel provenant de bateaux-tombes. Une section, au deuxième étage, est consacrée au Cabinet royal des monnaies (Kungliga Myntkabinettet) et contient une belle collection de médailles et quelque 400 000 pièces de monnaie dont certaines remontent à 650 av J.- C.

Galerie Thiel (Thielska Galeriet)
Djurgården. Si vous avez le temps, ne manquez pas de visiter cette galerie, admirablement située, qui abrite de belles toiles des artistes scandinaves tels que Carl Larsson, Fjaestad et Edvard Munch.

• Göteborg
La plupart des musées de Göteborg sont ouverts en semaine de 12 h à 16 h, et le dimanche, de 11 h à 17 h. L'entrée est libre pour les enfants.

Forteresse d'Älsvborg (Nya Älvsborgsfäst-ning)
Elle est située sur un îlot rocheux dans l'embouchure du Göta älv. On peut faire une visite guidée en bateau depuis Stenpiren. La forteresse fut érigée au XVIIe siècle pour surveiller l'entrée du port et garde encore des traces des batailles contre les envahisseurs danois.

La maison des Indes orientales (Ostindiska Huset)
Norra Hamngatan 12. Ce beau bâtiment du XVIIIe siècle abritait à l'époque les bureaux de la Compagnie des Indes orientales. Il contient aujourd'hui trois musées : les musées archéologique, ethnographique et historique.

Musée des Beaux-Arts (Konstmuseet)
Götaplatsen. C'est l'un des plus beaux musées d'art du pays. Il abrite des toiles suédoises et européennes ainsi que des sculptures du XVIIe siècle à nos jours. La galerie Furstenberg abrite des œuvres du grand peintre animalier Bruno Liljefors. Dubuffet est également représenté.

Centre maritime (Maritim Center)
Sur le port de Lille Bommens Hamn. L'une des plus récentes attractions de la ville abrite une dizaine de bateaux de tout genre et de différentes époques. Ouvert tous les jours de 10 h à 18 h. L'entrée n'est pas comprise dans la carte Göteborgskortet et est relativement chère.

Musée d'Art et d'Artisanat (Röhsska museet)
Vasagatan 37-39. Il contient une belle collection d'art chinois et japonais. On peut admirer une vaisselle de la période Ming à la section d'art coréen, et une collection de porcelaines du XVIIIe siècle. Une salle est réservée aux arts décoratifs des années quatre-vingt.

• Malmö

Le château de Malmöhus
Malmöhusvägen 10. Cette forteresse du XVIe siècle, qui a servi de prison de 1828 à 1914, abrite

aujourd'hui plusieurs musées : le **musée de la Ville**, le **musée des Beaux-Arts**, le **musée de Sciences naturelles** et l'**Aquarium**. On peut y admirer des gravures rupestres, des reconstitutions d'habitats vikings et des éléments d'arts décoratifs. Ouvert du lundi au samedi de 12 h à 16 h.

La maison du Commandant (Kommendenthuset)
Malmöhusvägen, proche du château de Malmöhus. Le musée renferme une belle collection d'armes et relate la vie contemporaine de la ville. Ouvert de 12 h à 16 h, entrée libre.

Galerie d'art contemporain (Konsthallen)
Sankt Johannesgatan 7. Elle est connue pour être la plus grande galerie d'art d'Europe septentrionale. Très belle, elle contient essentiellement des œuvres suédoises. Ouverte le mardi et le jeudi de 11 h à 20 h, le mercredi de 11 h à 21 h, et du vendredi au lundi de 11 h à 17 h. Visites guidées le mercredi et le samedi. Entrée libre.

Musée de la voiture (Vagnmuseet)
Drottningstorget. Curieuse collection de voitures d'époque. Ouvert uniquement le lundi de 9 h à 16 h. Entrée libre.

MUSIQUE

De nombreux festivals de musique ont lieu dans chaque région durant toute la belle saison. La Dalécarlie est particulièrement réputée pour ses festivals de musique traditionnelle et sa Semaine musicale. Dans la capitale et ses environs, des concerts sont donnés dans des magnifiques cadres : au Château royal, dans la cour du **Hallwylska Museet**, à Waldemarsudde, en des églises telles que **Jakobs Kyrka** et **Tyska Kyrkan**, dans la vieille ville, et en plein air, à Kungsträgården ou dans l'île de Djurgården.

A Stockholm, la **Konserthuset**, la plus grande salle de concerts est aussi le siège de l'Orchestre philharmonique de Stockholm. La saison s'étend de septembre à mai-juin.

La nouvelle **salle Berwald**, située dans les bâtiments de la **Radiodiffusion-télévision suédoise**, est réservée aux activités de la radio suédoise, en particulier pour les prestations de l'Orchestre symphonique.

L'**Opéra royal** de Stockholm propose de nombreux spectacles d'envergure internationale, mais seulement de début juin à la mi-août.

Toujours à la belle saison, le **château de Drottningholm,** offre dans son théâtre merveilleux (voir chapitre sur Stockholm), des représentations d'opéras ou de ballets des XVIIe et XVIIIe siècles.

Göteborg et Malmö ont aussi leur salle de concerts. Celle de Malmö est relativement récente puisqu'elle a été construite en 1985. Elle compte 1 300 places et joue un rôle important dans la mesure où l'Orchestre symphonique de la ville s'est ainsi vu octroyer son premier siège permanent depuis 60 ans.

THÉÂTRE

Le théâtre quitte les devants de la scène à la belle saison, alors qu'il est très vivant tout au long de l'année. A signaler en particulier, le **théâtre Regina**, dans Drottninggatan, qui est le seul lieu de spectacle en langue anglaise de toute la Scandinavie.

Les quotidiens et la brochure *This week in Stockholm* (remise gracieusement dans les hôtels et les offices de tourisme) vous permettront de prendre connaissance des événements de la semaine. Au **kiosque de Norrmalmstorg**, vous pouvez acheter vos places à la dernière minute et bénéficier de 25% de réduction.

• Göteborg
Les deux grands théâtres de Göteborg sont le Stadsteatern et le Folkteatern, mais, comme à Stockholm, ils sont fermés entre juin et août. La carte *Göteborgskortet* donne droit à des réductions pour toute place achetée en dernière minute (vous pouvez acheter vos places une demi-heure avant le début du spectacle).

• Malmö
Le Stadsteatern de Malmö a été aménagé dans un bâtiment moderne et comporte trois salles. Toutes les pièces sont jouées en suédois, mais vous pourrez assister à divers opéras et autres spectacles musicaux. La carte *Malmöskortet* vous donne droit à une réduction de 50% si vous achetez votre place au guichet après 12 h le jour même du spectacle.

Nombre de spectacles traditionnels sont organisés de part et d'autre de la Suède. Vous pourrez obtenir des renseignements précis auprès des offices de tourisme. Citons en particulier le Himlaspelet de Leksand (en Dalécarlie), à la fin du mois de juillet et, à Visby (sur l'île de Gotland), la représentation en plein air, dans les ruines de l'église Sankt Nicolaus, du drame musical *Petrus de Dacia* (la pièce relate l'histoire authentique d'un moine dominicain et de son amour impossible pour une jeune paysanne allemande).

CINÉMA

Tous les films sont diffusés en version originale avec sous-titres en suédois. Les quotidiens indiquent les programmes et les séances. On peut acheter les billets plusieurs jours à l'avance. Le prix des places est élevé. Stockholm ne compte que quelques grandes salles de projection, dont Grand (*Sveavägen 45, tél. 08-11 24 00*) et Lilla Kvarn (*Biblioteksgatan 5, tél. 08-21 14 22*). Les passionnés pourront se rendre à Filmstaden (*Mäster Samuelsgatan 25, tél. 08-22 54 20*), la « cité du film » qui regroupe onze salles. Séances tous les jours de 12 h environ jusqu'à minuit.

FESTIVALS

Parmi les nombreux festivals organisés en Suède, les principaux sont les suivants :

Stockholms Vatten festival
Tél. 08-453 55 00
Site Internet : *www.waterfestival.se*
Le plus important festival du pays se déroule dans la capitale début août. Concerts, manifestations culturelles, spectacles de rue…
Hultsfredsfestivalen
Tél. 0495-695 00
Site Internet : *www.rockparty.se*
Mi-juin. C'est l'un des plus grands festivals de rock de Suède.
Galaxen
Tél. 0570-136 66
Courrier électronique : *arvikafestivalen@galaxen.se*
Site Internet : *www.galaxen.se*
Vers la mi-juillet, à Arvika. Festival musical et culturel (cinéma, poésie).
Reorient Festival
Tél. 08-640 08 28
Juin. Musique, danse et poésie de pays lointains.
Stockholms Film Festival
Tél. 08-677 50 00
Courrier électronique : *info@cinema.se*
Mi-novembre. Très prisé, il présente les films des cinéastes de demain.
Göteborg Film Festival
Tél. 031-41 05 46
Courrier électronique : *goteborg@ filmfestival.org*
Début février. C'est le plus grand festival cinématographique du pays.
Malmö Festival
Tél. 040-34 12 63
Courrier électronique : *info@festival.malmo.se*
Mi-août. Manifestations culturelles et sportives.

VIE NOCTURNE

Dès les beaux jours, les Suédois profitent des nuits douces en prenant un dernier verre à une terrasse. Les lieux les plus recherchés sont les boîtes de jazz et les pianos-bars. Les discothèques sont aussi convoitées mais l'âge minimum requis peut parfois être de 27 ans ! Se munir d'une pièce d'identité (*legitimation* ou *leg*), qui sera automatiquement demandée à l'entrée.

• Stockholm
Café Opéra
Operahuset, tél. 08-11 00 26
Tout le monde y vient, sauf les connaisseurs. Longue file d'attente. Ouvert jusqu'à 3 h.
Börsen
Jakobsgatan 6, tél. 08-24 92 10
C'est la plus grande boîte de nuit de la capitale. Cabaret et discothèque.
Maxim
Drottninggatan 81, tél. 08-10 30 90
Établissement regroupant : restaurant, boîte de nuit et piano-bar.
King Creole
Kungsgatan 18, tél. 08-24 47 00
Orchestre de danse pour les plus âgés en semaine ; discothèque « jeune » en week-end.
Fasching
Kungsgatan 63, tél. 08-21 93 65
C'est la boîte de jazz la plus grande et la plus recherchée de tout Stockholm.
Glädjehuset
Kungsgatan 65
Un des lieux de rendez-vous les plus en vogue.
Stampen
Stora Gråmunkegränd 7
Situé dans la vieille ville, c'est l'endroit favori des amateurs de jazz classique.

– Cyber-cafés
Access IT
Kulturset, Sergels Torg 31, tél. 08-508 314 89
Ouvert du mardi au vendredi de 10 h à 19 h et de 11 h à 15 h les samedi et dimanche.
Nine
Odengatan 44, 31, tél. 08-612 99 19
Ouvert du lundi au vendredi de 10 h à 1 h du matin et de 10 h 30 à 1 h les samedi et dimanche.
Teliautiken Surftorg
Kungsgatan 36, tél. 08-475 17 70

• Göteborg
Gamle port
Östra Larmgatan 18, tél. 031-11 07 02
Cet établissement comprend plusieurs étages et pistes de danse, des restaurants et un pub. C'est l'un des endroits les plus connus de la ville.
Nya Club Opalen
Hôtel Opalen, Engelbrektsgatan 73, tél. 031-81 03 00
Orchestres de danse des quatre coins du monde, restaurant et bar.
Jazzhuset
Erik Dahlbergsgatan 3, tél. 031-13 35 44
Le meilleur endroit pour les amateurs de jazz traditionnel et moderne.

• Malmö
Kronprinsen
Mariedalsvägen 32, tél. 040-772 40
Le seul cabaret de la Suède méridionale. Restaurant et orchestre de danse. Réservation conseillée. Fermeture annuelle de juin à août.
Baldakinen
Generalsgatan 1, tél. 040-749 45
Discothèque avec parfois des orchestres.

ACHATS

Les Suédois sont réputés pour leur travail du bois, du verre, de la terre, des textiles, du cuir et de l'acier. Les noms prestigieux d'Orrefors et de Kosta sont connus dans le monde. Le savoir-faire transmis de génération en génération, doublé d'une tradition artistique, fait la renommée des verreries. Les plus grandes d'entre elles comportent des boutiques qui pratiquent des prix préférentiels. **La verrerie d'Orrefors** (à Orrefors, au nord-ouest de Kalmar) renferme un musée et une auberge et où l'on peut participer à la fête du « hareng de la verrerie » (*tél. 0481-300 59*). La boutique est ouverte de 9 h à 18 h du lundi au vendredi, de 9 h à 15 h le samedi et de 12 h à 16 h le dimanche.

Il existe d'innombrables fabriques de porcelaine, les plus réputées étant celles de Rörstrand (à Nyköping) et de Gustavsberg (en dehors de Stockholm). On peut bénéficier de prix réduits en faisant des achats directement dans les fabriques.

C'est à Borås (non loin de Göteborg), capitale du Tygriket, « royaume du textile », qu'on fera les meilleures trouvailles. Dans le centre commercial Knallebygden, on trouve des produits sortis d'usine et à des prix défiant toute concurrence.

La capitale de la fourrure est Tranås, dans la province du Småland.

Les outils *Sandviken* ont conquis à juste titre une réputation internationale. On les trouve dans les magasins spécialisés et dans les grandes surfaces.

Les Suédois accordent une importance toute particulière à la décoration de leur foyer. La renommée du mobilier moderne de qualité est due à de grands maîtres tels que Bruno Mathsson et Carl Malmsten. La réputation d'Ikéa (meubles et ustensiles pour la maison à des prix compétitifs) n'est plus à faire.

Les Suédois sont également connus pour leur artisanat (*slöjd*), depuis le cheval de Dalécarlie (*Dalahäst*), sculpté à la main, jusqu'aux multiples décorations de Noël.

LES MAGASINS

Les grands magasins tels que **NK**, à Stockholm, **Åhlens** et dans toutes les grandes villes, proposent des rayons spécialisés intéressants où l'on trouve toutes sortes d'objets de qualité. On trouve également de nombreuses boutiques d'artisanat indiquées par le panneau *slöjd*.

Si vous êtes à Göteborg, ne manquez pas de visiter l'« église aux poissons », **Feske körka**, formidable marché poissonnier abrité sous une architecture inspirée des édifices religieux. La ville possède aussi son marché traditionnel, Saluhallen, avec ses 39 marchands. Le **Saluhallen** de Malmö, dans un vieux bâtiment qui domine Lilla Torg, est plus pittoresque, avec ses restaurants, ses cafés et ses *delicatessen.*

• Stockholm

Les trois grands magasins sont situés en plein centre ville : **PUB**, sur la place Hötorget, face au Konserthuset ; **Åhlens**, sur la Drottninggatan, vers la place Sergels Torg ; **NK**, face à la maison de la Suède, dans la Hamngatan, et aussi accessible depuis Sergels Torg par la **galerie marchande souterraine**. Les marchés de Hötorget et Östermalmstorg méritent un détour. On ne manquera pas de chalander dans le merveilleux cadre de la ville médiévale en prenant les anciennes rues Västerlånggatan et Österlånggatan que bordent de petites boutiques, des échoppes d'artisan, des magasins de mode, des galeries d'art, des antiquaires, etc. Enfin, Stockholm est connu pour abriter le plus grand marché aux puces de Scandinavie (à Skärholmen, à vingt minutes du centre en métro ; ouvert tous les jours).

SPORTS ET LOISIRS

Les Suédois sont un peuple très sportif, et le sport suédois ne se réduit pas aux seuls noms prestigieux de Stenmark, Borg, Wilander ou Edberg : le pays compte près de deux millions de membres affiliés à la Fédération nationale des associations sportives de Suède.

Le tennis est un des sports les plus pratiqués et il est difficile de trouver un court libre le soir ou en week-end. A Stockholm, les meilleurs endroits sont le **Kungliga Tennishallen** (*Lidingövägen 75*) et **Tennisstadion** (*Fiskartorpsvägen 20*).

Le golf est lui aussi très apprécié, et le pays compte environ 200 terrains. Les meilleurs sites se trouvent dans le sud du pays. Mais on peut même jouer par-delà le cercle polaire, sous le soleil de minuit, à Boden.

L'équitation est très présente dans la vie des Suédois et chaque ville possède son centre hippique. Il y a de belles balades à faire, même dans la capitale (sur l'île Djurgården). Les plus chevronnés pourront effectuer des randonnées en montagne, ainsi que sur les flancs du Kebnekaise.

Avec ses côtes, ses innombrables cours d'eau et ses lacs, la Suède est le paradis des sports nautiques : voile, ski nautique, planche à voile, canoë, etc. Et rares sont les amateurs de pêche à rentrer bredouilles ! La pêche côtière n'est pas réglementée et, pour taquiner le poisson dans les lacs et les cours d'eau, il suffit de se procurer un permis (tbon marché) auprès des offices de tourisme, de certains magasins de sport ou des bureaux d'accueil des campings. A condition d'être un marin averti et de bien connaître les règles de navigation dans les eaux territoriales suédoises, on peut louer un voilier, auprès du **Touring Club suédois** (STF, *Box 25, Drottninggatan 31-33, Stockholm, tél. 08 790 31 00*). Pour plus de renseignements sur le canoë, adressez-vous au Svenska Kanotförbundet (*Skeppsbron 11, 611 35 Nyköping, tél. 0155 695 08*).

En hiver, le ski, le hockey sur glace et le patin à glace prédominent. Les pistes de ski les plus réputées sont celles d'Åre et de Sälen. Il est possible de skier l'été à Riksgränsen, à l'extrême nord du pays. La plus belle patinoire à ciel ouvert est celle de **Kungsträgården**, à Stockholm.

RANDONNÉES PÉDESTRES

La nature suédoise est une véritable invitation à la randonnée, d'autant que de nombreux sentiers sont soigneusement balisés. La Suède possède en outre de nombreux parcs nationaux propices à de magnifiques balades. Mais les randonnées en montagne ne s'improvisent pas et il est nécessaire d'avoir un équipement de circonstance.

Le parc national de Sarek

Le parc de Sarek est réservé aux seuls initiés. Extrêmement sauvage, cette région compte une centaine de glaciers et des sommets escarpés de plus de 1 800 m d'altitude. Aucun aménagement, aucune piste tracée, aucun refuge n'est prévu et en cas d'accident le randonneur est livré à lui-même. Il faut compter une semaine pour explorer le parc. Prévoyez une tente résistante, un sac de couchage et des vêtements chauds. En effet, même en été il peut faire très froid et les chutes de neige sont possibles. Des vêtements de pluie sont aussi nécessaires, ainsi qu'un Camping gaz (les feux de camp ne sont pas interdits mais fortement déconseillés) et suffisamment de provisions. L'équipement pour une randonnée à Sarek est important et si votre sac à dos pèse moins de 20 kg, c'est que vous avez oublié quelque chose !

Les magnifiques sommets de Sarek attirent nombre d'alpinistes. Mais certains pics sont inaccessibles car ils sont entourés de glaciers. Seuls ceux qui ont une grande expérience de la haute montagne peuvent s'y aventurer.

Le parc n'est pas le paradis du canoë-kayak, mais la partie inférieure de Rapadalen s'y prête bien, sur 10 km environ à partir du lac Laitaure. La partie supérieure de Rapadalen ne pouvant être atteinte que par portage, cette entreprise est déconseillée. Enfin, pour une randonnée à Sarek, se munir de deux cartes : N° 6 Virihaure/Västra Sarek et N° 7 Östra Sarek/Stora Sjöfallet, que l'on peut commander à l'Administration nationale de la protection de l'environnement :

Statens Naturvårdsverk
Box 1302, S-171 25 Solna, Suède,
tél. 08-799 10 00

Pour de plus amples informations, contacter l'**Administration nationale de la protection de l'environnement**, à l'adresse ci-dessus, ou les instances suivantes :

Fjällenheten (office de la montagne)
tél. 0971-104 38
Länsstyrelsen (office régional de préservation de la nature)
tél. 0920-960 00

La Piste royale

La Piste royale, Kungsleden, est conseillée et fera la joie tant des randonneurs avertis que des promeneurs du dimanche. S'étendant d'Abisko à Hemavan (500 km), elle est jalonnée de nombreux chalets-refuges distants d'une journée de marche environ (entre 8 et 21 km). La piste est bien aménagée, des ponts traversent les gués difficiles et des passerelles permettent de franchir les terrains marécageux. Sur les grands lacs, des services de bateau ou des bateaux à rames sont prévus. Les chalets sont équipés de lits, de couvertures, de poêles et de casseroles, mais les randonneurs doivent prévoir couverts, serviettes, papier toilette et bougies ; couper le bois, chercher l'eau, etc. et laisser le refuge propre. Un gardien encaisse le droit d'hébergement. Durant la période où ceux-ci ne sont pas gardés, il vous reviendra d'envoyer un chèque au Touring Club de Suède (**Svenska Turistföreningen**, STF, *Box 25, Drottninggatan 31-33, Stockholm, tél. 08-790 31 00*) ou de régler au point STF le plus proche, en indiquant le nom du chalet-refuge, la date de l'hébergement et le nombre de personnes sur le mandat-carte.

GRANDES MANIFESTATIONS SPORTIVES

Göteborg est la capitale suédoise du sport. Son **Scandinavium** est le théâtre de nombreuses grandes manifestations aussi bien pour le tennis que pour le hockey sur glace et le tennis de table. L'autre grande arène de la ville, **Ullevi**, est connue pour ses internationaux de football, d'athlétisme et ses courses de moto.

En juin, Stockholm est investi pour son marathon l'un des plus importants du monde avec 16 000 candidats venus de trente pays. En juillet sont organisés les internationaux d'athlétisme.

Les grands tournois de tennis sont ceux de **Båstad**, dans le sud-ouest du pays, en juillet, et le **Stockholm Open**, en novembre.

Les grandes courses de chevaux sont celles de Stockholm (**Täby** pour les courses de plat et d'obstacles, et **Solevalla** pour les courses de trot), de Göteborg (**Åby**) et de Malmö (**Jägersro** : derby suédois, au mois de juillet). Malmö est également connu pour son **Horse Show** qui se déroule chaque été sur la place Stortorget.

Une des plus célèbres manifestations sportives de Scandinavie est la **Vasaloppet**, épreuve de ski de fond de 90 km qui rassemble en mars 12 000 skieurs.

En février ont lieu les très populaires championnats de ski de **Falun**.

POUR LES ENFANTS

Outre les excursions dans la nature, les enfants apprécieront nombre de musées, notamment le musée Wasa et le musée médiéval de Stockholm, et découvriront avec joie les parcs d'attractions tels que **Liseberg**, à Göteborg ou **Gröna Lund**, à Stockholm. En outre, les Sommarland (parcs d'été) connaissent depuis peu un essor formidable. Le plus grand est celui de **Skara**, au nord-est de Göteborg, avec ses cinquante attractions, notamment un toboggan aquatique, un mini-zoo, un chemin de fer et des bateaux. En général, le prix de l'ensemble des attractions est compris dans le billet d'entrée. Le zoo-parc safari le plus renommé est celui de **Kolmården**, près de Norrköping. Il abrite des lions, des zèbres et des girafes, et renferme le seul bassin de dauphins de Suède. Vous pourrez découvrir d'autres zoos intéressants, en particulier à **Borås**, **Molstaberg Furuvik**, et à **Skansen** (Stockholm). Le parc de Grönklitt, près d'Orsa, en Dalécarlie, est relativement récent. Les animaux, des ours, y vivent dans leur habitat naturel.

Le père Noël habite, on le sait, dans le grand nord. Les enfants pourront le rencontrer au **Tomtelandet** (« le pays du père Noël »), à **Rovaniemi** (en Finlande, à la hauteur du cercle polaire, à 350 km à l'est de Jokkmokk).

Ils sont également attendus, non loin d'Orsa, au « pays de saint Nicolas », **Santaworld**, parc aménagé récemment dans lequel les jeunes visiteurs pourront découvrir la maison du père Noël, un atelier de jouets, le palais de la Reine des Neiges et de nombreuses petites créatures. Ils pourront même y commander leurs cadeaux de Noël.

La Suède compte nombre de chemins de fer d'époque toujours en activité. Le plus long d'entre eux est celui qui relie Uppsala à Lenna. Il fonctionne tous les étés, de juin jusqu'à août.

Dans la province du Småland, allez découvrir l'étonnant ranch de **High Chaparral**. Cette ville qui sort tout droit d'un western est une reconstitution authentique. On la doit à l'industriel Bengt Erlandsson. Le shérif n'est autre que *Big Bengt* lui-même ! Tous les jours, il poursuit des bandits.

POUR LES PERSONNES HANDICAPÉES

La Suède est un exemple de vie sociale et elle est pionnière en matière d'aide aux personnes handicapées. Tous les lieux publics sont conçus pour être accessibles à tous. Un grand nombre d'hôtels prévoient des chambres aménagées pour répondre aux besoins des invalides. Certains ont des équipements qui leur permettent de pratiquer la natation. La brochure *Hotels in Sweden* indique les établissements équipés.

La compagnie aérienne SAS, les gares ferroviaires et routières ont des services d'aide. Certaines pistes de randonnée ont été spécialement conçues pour les handicapés. L'office de tourisme de Stockholm fournit tous les renseignements pour leur hébergement et leurs activités.

PETIT LEXIQUE

L'alphabet suédois compte trois lettres supplémentaires par rapport au nôtre : å (prononcez « au »), ä (prononcez « ai ») et ö (prononcez « eu »). Le y se prononce comme un u mouillé et le o comme ou. Le h est sonore, le r est roulé et le j se prononce comme le « ille » de paille.

• Formules usuelles

Bonjour (le matin) : *God morgon*
Bonjour (à tout moment) : *Goddag, hej*

Bonsoir : *God kväll*
Aujourd'hui : *Idag*
Demain : *I morgon*
Hier : *I går*
Au revoir : *Adjö, hej då*
Merci : *Tack*
Combien coûte ceci ? : *Vad kostar det ?*
Ça coûte : *Det kostar*
Comment puis-je me rendre à ? *Hur kommer jag till ?*
Où se trouve… ? : *Var ligger…/ Var är… ?*
A droite : *Till höger*
A gauche : *Till vänster*
Tout droit : *Rakt fram*
Oui : *Ja*
non : *Nej*
Quelle heure est-il ? : *Vad är klockan ?*
Il est… : *Den är / klockan är*
Comment vous appelez-vous ? : *Hur var namnet ?*
Je m'appelle… : *Jag heter…*
Avez-vous des journaux français ? : *Har du franska tidningar ?*
Parlez-vous français ? : *Talar du franska ?*
Je ne parle que français : *Jag talar bara franska*
Pouvez-vous m'aider ? : *Kan du hjälpa mig ?*
Je ne comprends pas : *Jag förstår inte*
Je ne sais pas : *Jag vet inte*
Excusez-moi : *Ursäkta mig*

• Transports
Car : *buss*
Train : *tåg*
Avion : *flygplan*
Aéroport : *flygplats*
Gare : *station*
Aller et retour : *tur och retur*
Douane : *tull*
Arrivée : *ankomst*
Départ : *avgång*
Route : *väg*
Voiture : *bil*
Essence : *bensin*
Essence sans plomb : *blyfri*
Huile : *olja*
Garage : *garage*
Aire de stationnement : *parkering*

• Au restaurant
Petit déjeuner : *frukost*
Déjeuner : *lunch*
Dîner : *middag*
Manger : *äta*
Boire : *dricka*
Beurre : *smör*
Café : *kaffe*
Thé : *te*
Vin : *vin*
Bière : *öl*
Bière légère : *lättöl*
Lait : *mjölk*
Eau : *vatten*
Sel : *salt*
Poivre : *peppar*
Sucre : *socker*
Pommes de terre : *potatis*
Viande : *kött*
Bœuf : *ox*
Porc : *fläsk*
Viande de renne : *renkött*
Élan : *älg*
Hareng mariné : *sill*
Anchois : *ansjovis*
Saumon : *lax*
Saumon mariné : *gravad lax*
Poisson : *fisk*
Crustacés : *skaldjur*
Écrevisses : *kräfter*
Crevettes : *räkor*
Sandwich : *smörgås*
Salade : *sallad*
Oignon : *lök*
Ail : *vitlök*
Aneth : *dill*
Sauce : *sås*
Vinaigrette : *dressing*
Moutarde : *senap*
Fromage : *ost*
Dessert : *efterrätt*
Pain : *bröd*
Santé ! : *skål !*
Frit, sauté : *stekt*
Bouilli : *kokt*
Grillé : *grillad*
Puis-je commander ? : *Får jag beställa ?*
L'addition s'il vous plaît : *Får jag notan ?*

• Divers
Pharmacie : *apotek*
Hôpital : *sjukhus*
Médecin : *läkare*
Artisanat : *slöjd*
A louer : *att hyra*
Chambre : *rum*
Chalet : *stuga*
Magasin : *affär*
Alimentation : *mat, näring*
Acheter : *köpa*
Sauna : *bastu*
Poste de police : *polisstation*
Grande surface : *varuhus*
Coiffeur : *frisör*
Toilettes : *toalett*
Hommes : *herrar*
Dames : *damer*
Libre : *ledig*
Occupé : *upptagen*
Entrée : *ingång*
Sortie : *utgång*
Accès interdit : *ej ingång*
Ouvert : *öppen/öppet*
Fermé : *stängd/stängt*
Poussez : *skjut*

Tirez : *drag*
Interdiction de fumer : *Rökning förbjuden*
Bureau de poste : *postkontor*
Timbre : *frimärke*
Lettre : *brev*
Carte postale : *vykort*
Téléphone : *telefon*
Dictionnaire : *lexicon*

● **Chiffres**
Un : *en/ett*
Deux : *två*
Trois : *tre*
Quatre : *fyra*
Cinq : *fem*
Six : *sex*
Sept : *sju*
Huit : *åtta*
Neuf : *nie*
Dix : *tie*
Onze : *elva*
Douze : *tolv*
Treize : *tretton*
Quatorze : *fjorton*
Quinze : *femton*
Seize : *sexton*
Dix-sept : *sjutton*
Dix-huit : *årton*
Dix-neuf : *nitton*
Vingt : *tjugo*
Vingt et un : *tjugoen*
Vingt-deux : *tjugotvå*
Trente : *tretti*
Quarante : *fyrtio*
Cinquante : *femtio*
Soixante : *sextio*
Soixante-dix : *sjuttio*
Quatre-vingts : *åttio*
Quatre-vingt-dix : *nittio*
Cent : *hundra*
Deux cents : *två hundra*
Mille : *tusen*

● **Jours de la semaine**
Lundi : *måndag*
Mardi : *tisdag*
Mercredi : *onsdag*
Jeudi : *torsdag*
Vendredi : *fredag*
Samedi : *lördag*
Dimanche : *söndag*

● **Toponymie**
Å : rivière
Berg : montagne
Borg : forteresse
Bro : pont

By : village
Dal : vallée
Domkyrka : cathédrale
Gata : rue
Gård : domaine, ferme
Hamn : port
Hav : mer
Hus : maison
Kust : côte
Kyrka : église
Museum : musée
Ö : île
Park : parc
Rådhus : hôtel de ville
Sjö : lac
Slott : château
Stad : ville
Skärgård : archipel
Skog : forêt
Torg : place de marché

EN SAMI

Lac : *jaure, jaur*
Ruisseau, petite rivière : *jokk*
Montagne pointue : *kaise*
Rapide : *kuoika*

ANNEXES

INFORMATIONS TOURISTIQUES

La Suède possède un vaste réseau de bureaux de renseignements touristiques, avec des offices de tourisme, ou *turistbyrå* dans 350 villes, repérables au signe vert « I ». Ils comportent des services de réservation de chambres d'hôtel (*Rumsförmedling*, ou *Hotellcentral*) et disposent de nombreuses informations (brochures et cartes) sur les centres d'intérêt et les activités de la région (visites, excursions, restaurants, hôtels, campings...). Certains sont ouverts uniquement durant les mois d'été. La liste des offices de tourisme est disponible à l'Office de tourisme national, (Maison de la Suède) à Stockholm (en face de Kungsträgården) :

Office de tourisme (Sveriges Turistråd)
Box 7473, S-103 92 Stockholm,
Sverigehuset
Hamngatan 27, tél. 08-789 20 00

La Maison de la Suède regroupe diverses organisations touristiques ; l'office de tourisme (**Sveriges Turistråd**), le service d'information de Stockholm (**SIS**), où vous pourrez réserver des places pour diverses manifestations et excursions ; le **Centre du tourisme**, la boutique de l'Excursionniste (**Utflyktsbutiken**) et l'Institut suédois (**Svenska Institutet**).

• Stockholm
Outre les services cités plus haut, la capitale compte des bureaux de renseignements touristiques à la gare centrale (**Central Station**), à la **tour de télévision Kaknäs** et, durant les mois d'été, à l'**hôtel de ville** et au **terminal du ferry Värta**. Le SIS publie d'excellentes brochures en anglais : *What'on* et *Stockholm this week*, qui répertorient les attractions, donnent des indications précieuses sur les excursions à faire ainsi que des adresses et des numéros de téléphone utiles.

• Göteborg
L'**office de tourisme** est situé dans le centre-ville (*Barsagatan 10, tél. 031-10 07 40)*. Mais vous pourrez également vous renseigner auprès du bureau du centre commercial de Nordstan, près de la gare ferroviaire (*tél. 031-15 07 05*).
• Malmö
L'**office de tourisme** est situé, près du centre-ville, près de la gare ferroviaire (*Hamngatan 1, tél. 040- 34 12 70*)

•En dehors de la Suède
Bureau Scandinavia
Anderlechtse Weggevoerdenstraat 1, 1070 Bruxelles, Belgique

Schwedische Touristik-Information
Postfach 390, Wiesenstrasse 9, CH-8034, Zurich, Suisse

AMBASSADES

Ambassade de France
Kommendörgastan 13, Box 10241,
S 100 55 Stockholm,
tél. 08-459 53 00
Ambassade de Belgique
Villagatan 13 A,
102 48 Stockholm,
tél. 08-11 89 58
Ambassade du Canada
Tegelbacken 4, 103 23 Stockholm,
tél. 08-23 79 20
Ambassade de Suisse
Birger Jarlsgatan 64, 114 86 Stockholm,
tél. 08-23 15 50

PETITE BIBLIOGRAPHIE

HISTOIRE

Anderson (Ingvar), *Histoire de la Suède*, éditions Horvath (Histoire des Nations européennes), 1973.
Boyer (Régis), *Le Mythe viking*, éditions du Porte-Glaive, 1986 ; *La Religion des anciens Scandinaves*, éditions Payot, 1981 ; *Le Christ des barbares, le monde nordique du* IXe *au* XIIIe *siècle*, éditions du Cerf, 1987.
Boyer (Régis) et **Lot-Falck (Évelyne)**, *Les Religions de l'Europe du Nord*, éditions Fayard-Denoël, 1974.
Cohat (Yves), *Les Vikings, rois des mers*, éditions Gallimard (Découvertes Gallimard), 1987.
Gravier (Maurice), *Les Scandinaves, histoire des peuples scandinaves, épanouissement de leur civilisation des origines à la Réforme*, éditions Lidis, 1984.
Mériot (Christian), *Les Lapons*, PUF. (Que sais-je ? n° 2232), 1985.
Musset (Lucien), *Les Peuples scandinaves au Moyen Age*, PUF, 1951.
Voltaire, *Histoire de Charles XII*, éditions Garnier-Flammarion, 1968.

RÉCITS DE VOYAGES, LITTÉRATURE

Lambert (Jean-Clarence), *La Paix dorée*, éditions Christian Bourgois, 1968.
Linné (Carl von), *Voyage en Laponie*, éditions de la Différence, 1983.
Bergman (Ingmar), *Laterna Magica*, éditions Gallimard (Folio).
Dagerman (Stig), *L'Enfant brûlé*, éditions Gallimard, 1956.
Durand (Frédéric), *Les Littératures scandinaves*, PUF (Que sais-je ? n° 1586), 1974.
Gyllensten (Lars), *Infantilia* (1968) ; *Juvenilia* (1981), éditions Gallimard (Du Monde entier).
Johnson (Eyvind), *Heureux Ulysse...*, éditions Gallimard (Du Monde entier), 1950.
Lagerkvist (Pär), *Barabbas*, Le Livre de poche, 1962 ; *Ames masquées* ; *La Noce*, Flammarion, 1986 ; *Le Bourreau*, éditions Stock, 1988.
Lagerlöf (Selma), *Le Merveilleux Voyage de Nils Holgersson à travers la Suède*, éditions Actes Sud, 1991.
Lo-Johansson (Ivar), *Mona est morte*, éditions Stock, 1952.
Magazine littéraire (n° 224), *Les Littératures du Nord*.
Östergren (Klas), *Point d'ancrage*, éditions Gallimard, 1991.
Strindberg (August), *Le Fils de la servante*, éditions Gallimard (Folio) ; *Théâtre complet*, éditions l'Arche, 1982-1986.
Sundman (Per Olof), *L'Expédition* (1968) ; *Les Chasseurs* (1967) ; *Deux jours, deux nuits* (1968) ; *Le Voyage de l'ingénieur Andrée* (1970) ; *L'Enquête* (1976) ; *Ce pays est une grande île* (1980), éditions Gallimard (Du Monde entier).
Trotzig (Birgitta), *Le Destitué* (1963) ; *La Ville et la mer* (1965) ; *La Reine* (1968) ; *L'Accusation* (1971) ; *La Maladie* (1977) ; *La Fille du roi crapaud* (1988), éditions Gallimard (Du Monde entier)

CRÉDITS PHOTOGRAPHIQUES

Illustration de couverture :
Maisons de pêcheurs à Kyrkesund, photographie de **Pierre Diot**, © **CEDRI**.

Teddy Aarni, Tiofoto
54
Tore Abrahamsson, Tiofoto
298-299
Hans Anderson, Tiofoto
86
Allsport Picture Agency
116
Arbetarrörelsens Arkiv och Bibliotek
52, 56, 60, 82
Vincent Brunot
Illustations des « Informations pratiques »
Frantisek Chmura, Tiofoto
71, 130
Lars Dahlström, Tiofoto
74-75, 310-311
Brian Gibbs, Topham
282
Hans Hammarskiold, Tiofoto
42, 46, 48
Hasselblad
145, 158-159
Janerik Henriksson, Topham
68
A. Holmström, Topham
55
Institut suédois
34g, 36, 39, 41, 45, 53, 58, 59g-d, 66, 73, 78-79, 83, 85, 107, 127, 129, 131, 195, 233, 236
Leif Jansson, Topham
62, 128, 132, 144, 150, 230, 252
Kenneth Johansson, Hasselblad
80, 120, 142, 192-193, 194, 198, 206, 268
Jens Karlsson, Hasselblad
16-17, 18-19, 37, 84, 112, 152-153, 154-155, 168, 176-177, 178-179, 180, 181, 184, 186, 188, 197, 200d, 212, 214, 218-219, 224-225, 256-257
Sture Karlsson, Tiofoto
136-137
Mats Linden
14-15, 57, 89, 90-91, 98-99, 110-111, 123, 146-147, 149, 156-157, 170-171, 172, 185g, 190g, 200g, 203, 204-205, 211, 217, 222-223, 226, 238d, 243, 244, 255, 258, 259, 262, 263, 264-265, 274-275, 283, 291, 297, 306
John Lloyd
292, 293
Claes Löfgren, Tiofoto
61, 119, 151
Musée d'Histoire
28, 29, 30, 31, 32, 33
Musée national
40, 44, 49
Jack Mikrut, Tiofoto
117
Kim Naylor
2, 102, 189, 266-267
Nils Johan Norenlind, Tiofoto
65, 67, 81, 87, 88, 109, 114, 126, 239, 245, 247, 276
Office du tourisme suédois
9, 22, 23, 24, 25, 26, 27, 34d, 51, 63, 64, 72, 92-93, 94, 95, 96-97, 100-101, 103, 104g, 105, 108, 115, 121, 138, 139, 140-141, 148, 164, 166, 167, 174, 175, 185d, 190d, 191, 199, 201, 207, 210, 213, 215, 216, 221, 227, 231, 232, 234, 235, 237, 238g, 240, 241, 242, 246, 248, 249, 250, 251, 253, 254, 261, 269, 270, 272, 277, 278, 279, 280, 281, 286-287, 295, 296, 303, 305, 307, 308, 309
Per-Olle Stackman, Tiofoto
122, 124-125
Jan Reitz, Tiofoto
134, 135
Björn Röhsman, Hasselblad
284-285, 288-289, 300-301
Tiofoto
77, 104d
Topham Picture Library
35, 43, 50, 69, 76, 118, 133, 169, 220, 294, 302

INDEX